U0565595

国学经典

孔子家语译注

王盛元 译注

上海三联书店

图书在版编目（CIP）数据

孔子家语译注 / 王盛元译注 . —2 版 . —上海：上海三联书店，2018.9
ISBN 978-7-5426-6370-2
Ⅰ . ①孔… Ⅱ . ①王… Ⅲ . ①孔丘（前 551- 前 479）- 生平事迹②《孔子家语》- 译文③《孔子家语》- 注释
Ⅳ . ① B222.2

中国版本图书馆 CIP 数据核字（2018）第 138151 号

孔子家语译注

译　　注 / 王盛元
责任编辑 / 程　力
特约编辑 / 苏雪莹
装帧设计 / Metis 灵动视线
监　　制 / 姚　军
出版发行 / 上海三联书店
（201199）中国上海市都市路 4855 号 2 座 10 楼
邮购电话 / 021-22895557
印　　刷 / 三河市祥达印刷包装有限公司
版　　次 / 2018 年 9 月第 2 版
印　　次 / 2018 年 9 月第 1 次印刷
开　　本 / 640×960　1/16
字　　数 / 130 千字
印　　张 / 20.5

ISBN 978-7-5426-6370-2/B · 592
定　价：26.80元

目录

前　　言

《孔子家语》又名《孔氏家语》，或简称《家语》，旧题王肃撰，是一部记录孔子及孔门弟子思想言行的著作。今传本《孔子家语》共十卷四十四篇，另外还有三篇序，即“孔安国序”，疑为孔安国后人所写的“后孔安国序”，以及“王肃序”。

《孔子家语》的材料来源

《孔子家语》究竟成于何人之手，成于何时，千百年来，聚讼纷纭，莫衷一是。古人一般认为《家语》是魏人王肃伪作，特别是经历了近代疑古思潮，《家语》的可靠性受到了更多的怀疑，使王肃伪作《孔子家语》几为定案。虽然受到了如此的冷落，但是《家语》却一直流传至今，正说明了此书的价值。实际上，历代学者虽然常以此书为伪书，但是却不能摆脱“知其伪而不能废”的尴尬境地。因此正确认识《孔子家语》的成书是极有必要的。

《孔子家语》最早为《汉书·艺文志》所著录，列在《六艺略》之论语类，共二十七卷，《隋书·经籍志》也记有“《孔子家语》二十一卷”。唐代颜师古为《汉书》作注，却提出《艺文志》所著录的《孔子家语》并非当时所流传的《家语》，于是《家语》的成书及可靠性就成为了困扰学术界的一大公案。

孔安国在序言中说：

> 《孔子家语》者，皆当时公卿士大夫及七十二弟子之所咨访交相对问言语也。既而诸弟子各自记其所问焉，与《论语》《孝经》并时，弟子取其正实而切事者，别出为《论语》，其余则都集录之，名之曰《孔子家语》。

孔安国认为《家语》的材料来源与《论语》相同，皆为七十二弟子所记之孔子言行，只不过在选择编撰的时候，将“正实而切事者”汇编为《论语》，而其余的材料则另成一书，此即为《家语》的最初成书状态。

但是我们在阅读《孔子家语》的时候就会发现，《家语》的语言及体例与《论语》是有所不同的，似乎《论语》的语言较为古朴。但是我们并不能因此就怀疑《家语》为伪作，因为先秦古书在流传过程中受到后人的增益和润色是在所难免的，即《后序》所言：“好事者或各以其意增损其言，故使同是一事而辄异辞。”

但是这并不足以作为“《家语》伪书说”的证据。因此我们认为，从材料来源上说，《孔子家语》是可靠的。

《孔子家语》的写定

《孔子家语》在其流传过程中受到后人的增益与润色是显而易见的，但是《家语》究竟为何人何时写定呢？我们认为今传本《孔子家语》当为孔子第十一代孙孔安国写定。

秦始皇焚书坑儒，“而《孔子家语》于诸子同列，故不见灭”（孔安国《孔子家语后序》）。因此《家语》得以流传至汉代。汉景帝末年，募求天下礼书，曾有人进献《孔子家语》于官府，这说明当时官府中已有《孔子家语》一书，只是其内容混乱驳杂，不成体系。又因为其书藏于秘府，得不到有效的利用。

汉武帝罢黜百家，独尊儒术，这为儒学的发展提供了契机，也为《孔子家语》的整理厘定提供了机会。其时，孔子第十一代孙孔安国曾在京为官，他担心先人之典籍泯灭于后世，于是他在序中指出：

> 因诸公卿大夫，私以人事，募求其副，悉得之，乃以事类相次，撰集为四十四篇。又有《曾子问礼》一篇，自别于《曾子问》，故不复录。其诸弟子书所称引孔子之言者，本不存乎《家语》，亦以其已自有所传也，是以皆不取也，将来君子不可不鉴。

孔安国求得了《家语》的完整材料，并且以“事类”为编次的依据，将原本错乱无序的原始材料厘定为四十四篇。我们现在阅读《家语》可以发现：各篇之间都存在着一定的逻辑关系，比如将《相鲁》与《始诛》排在最前面而且两篇相邻，还有以《五刑》与《刑政》相接，而且同一篇之中的不同章节在内容上也是有联系的。这些都说明《孔子家语》是经过了细致而且较有条理的编次的。但是孔安国在编次的过程中，并没有损害到材料的真实性，而且他还发现在之前的流传过程中这些材料经过了增益的痕迹，这也说明了孔安国在编订的过程中是一直在刻意地保护原始材料的真实性的。

所以，孔安国编次《孔子家语》当属不诬，而其所编成的《家语》也应该是可靠的。

王肃与《孔子家语》

孔安国编订《孔子家语》之后，曾欲将其进献于汉武帝，但是受到当时的“巫蛊之祸”影响，未能实现。因此，终两汉之世，《孔子家语》始终是以家学的形式流传的，及至三国王肃之时，《家语》才得以公开传世。

王肃，字子雍，三国曹魏人。其父王朗，官至司徒。王肃幼承家学，饱读诗书，他觉得郑（玄）学“义理不安，违错者多”，因此他“夺而易之”，与郑学对抗。他和郑玄一样，遍注群经，对后世儒家学说产生了深远的影响。

王肃在其所作的《孔子家语序》中说：

孔子二十二世孙有孔猛者，家有其先人之书。昔相从学，顷还家，方取以来。与予所论，有若重规叠矩。

孔子的二十二代孙孔猛是王肃的学生，因此将其家传的《孔子家语》献于王肃，王肃发现其中很多的记载与其观点不谋而合，因此他对此书非常重视，故为其作注。王肃注《孔子家语》对于《家语》的研究与流传有着极其重要的作用。

王肃在为《家语》作注的过程中指出了其中的很多错误，这表明王肃之于《家语》也是秉持着保存和弘扬圣人之学的审慎态度，因此，认为王肃伪作《孔子家语》是过于武断的。

综上所述，我们认为从《家语》的材料来源，到孔安国的编定，再到王肃为其作注，虽然在此过程中难免有增益和润色，但是总体来说，《孔子家语》的记载是真实的，是可信的。特别是近年来大批出土文献的出现，尤其是河北定州八角廊汉墓竹简、安徽阜阳双古堆汉墓木牍和上海博物馆藏战国楚竹书的出土对于我们重新认识《孔子家语》的真实性提供了可靠而且客观的证据。《孔子家语》正在被越来越多的人重视，这对早期儒学研究特别是对孔子思想的认识和理解正发挥着越来越大的作用。

出于以上的原因，我们译注了《孔子家语》。但由于篇幅和体例的限制，没有办法将《家语》的所有篇目展现给读者。我们选取了其中最具代表性最能反映孔子思想言行的二十五篇，以飨读者。

在以往的《孔子家语》研究中较少有精校本，本书以商务印书馆《四部丛刊》影印明黄鲁曾覆宋本为底本，以中华书局据明毛氏汲古阁本排印《四部备要》本为参校本。在译注的过程中对杨朝明先生的《孔子家语通解》也有参照。杨朝明先生学识渊博，对《孔子家语》颇有研究，其主编的《孔子家语通解》是近年来少有的《家语》研究精品。杨朝明先生的很多观点对本人有很大启迪，在此谨致谢忱。

由于本人才疏学浅，书中难免出现错漏，恳请读者批评指正。

王盛元

2012 年 10 月

相　鲁

题解

本书以《相鲁》为首篇，突出了孔子对政事的重视，也显示了孔子为政的非凡才能。“相”有辅助、帮助之意，也有主持礼仪的意思。本篇依次记载了孔子在鲁国做中都宰、司空和大司寇时的经历。

孔子初仕，为中都宰。在那里孔子大力推行礼乐教化，取得了很好的效果，以至于四方诸侯都向他学习，史称“化行中都”。孔子首次将自己的政治主张付诸实践，既展现了自己卓越的政治才干，也以实践的方式证明了儒家思想和学说在社会治理方面的合理性和优越性。

孔子最为卓越的事迹就是夹谷之会和隳三都。夹谷之会之前，孔子提出“有文事者，必有武备；有武事者，必有文备”，显示出他为政主张宽猛相济、文武兼备的特点。盟会的时候，孔子运用自己掌握的礼仪知识，数次指出了齐国礼节的不合礼之处。面对蛮横的齐国，孔子既机智又勇敢，言辞行为有礼有节，不卑不亢，挫败了齐国的锐气，为鲁国赢得了尊严。正是由于孔子的努力，齐景公不得不将曾经侵占的土地归还给鲁国。孔子以一己之身，维护了鲁国的利益，给我们留下了一个更加光辉的圣人形象。

"正名"是孔子思想的重要方面，正是从此出发，孔子利用三桓与其家臣不合的有利局势，毅然说服鲁定公"隳三都"。虽然孔子的这一主张没有最终实现，但是却在一定程度上削弱了三桓的实力，而更为重要的是孔子以自己的行动表达了自己的"正名"主张，这对于维护鲁国的统治秩序是十分重要的。

但是由于当时的无道政治，孔子最终没有机会充分施展自己的政治才能。但是从此篇当中我们可以看到，孔子不仅重视理论，其政治才能也很卓越。

一

孔子初仕①，为中都宰②，制为③养生送死④之节⑤。长幼异食⑥，强弱异任⑦，男女别涂⑧，路无拾遗，器不雕伪⑨。为四寸之棺，五寸之椁⑩，因⑪丘陵为坟，不封⑫不树⑬。行之一年，而西方⑭之诸侯则⑮焉。

注释

①仕：做官。

②中都宰：中都的地方长官。中都，鲁邑，在今山东汶上西。宰，邑宰，邑的长官，古代官吏一般通称宰。周代将有宗庙或先君神主的城叫都，没有的称邑。

③制为：制定，制作，规定。

④养生送死：使生者生活有保障，死者顺利安葬。

⑤节：礼节。

⑥长幼异食：年长的和年幼的所吃的食物有所不同。王肃注："如礼，年五十异食也。"意思是人到了五十岁后，其吃的食物越来越好，以表示尊重老人。

⑦强弱异任：身体状况不同的人从事不同的工作，以表示照顾弱者。任，任务，工作。

⑧男女别涂：男人和女人走路各走一边，男子在右，女子在左，以表示严守礼节。《吕氏春秋·先识览·乐成》："男子行乎途右，女子行乎途左。"涂，同"途"。道路。

⑨器不雕伪：器物不做过多的纹饰、雕画。雕，雕饰，装饰。伪，人为，人工。

⑩椁：古代套在棺材外面的大棺材。周制只有士以上者下葬时才有棺有椁。

⑪因：凭借，借助。

⑫封：聚土成坟。

⑬树：栽植松柏。

⑭西方：王肃认为因鲁国在东，故相对而言其他各国皆在鲁之西方。另，《史记·孔子世家》"西方"作"四方"。

⑮则：效法，以……为准则。

译文

孔子刚开始从政的时候，做了中都的地方长官，在那里他制定了养生送死的礼节。尊敬长者，年龄不同的人享有不同的食物；帮扶弱者，身体强弱状况不同的人从事不同的工作，各尽其能；严守礼教，男女走路的时候各走一边；掉在路上的东西，没有人捡起来据为已有；崇尚节俭，器物不做过多的雕饰；安葬死者的时候用四寸厚的棺材，五寸厚的椁；凭借丘陵修建坟墓，禁止聚土成坟，也不准在坟墓旁种植松柏。孔子的政策在中都实行了一年之后，西方的各个诸侯国都竞相效仿孔子的做法。

二

定公[①]谓孔子曰："学子[②]此法以治鲁国，何如？"孔子对曰："虽天下可乎，何但鲁国而已哉！"于是二年定公以为司空[③]，乃别五土[④]之性，而物各得其所生之宜，咸[⑤]得厥[⑥]所。

注释

①定公：鲁定公，鲁国国君，名宋，昭公之弟，公元前509—前495年在位。

②子：古代对男子的通称，也可为尊称。

③司空：也作"司工"。古代负责土地管理和工程建设的长官。

④五土：即五种土地，王肃注记载"五土"是指：山林、川泽、丘陵、坟衍、原隰。⑤咸：全，都。⑥厥：代词，其。

译文

鲁定公对孔子说："将您的方法推而广之以治理整个鲁国，怎么样？"孔子回答道："即使用我的办法治理全天下也是可以的，何止鲁国而已！"在此之后的第二年，鲁定公即任命孔子为鲁国的司空。孔子根据鲁国的土地特点，具体区分了五种土地的不同特性，并据此在不同的土地上种植不同的物种。这样，万物都得到了适宜的生长环境，各得其所。

三

先时[①]，季氏[②]葬昭公于墓道之南[③]，孔子沟而合诸墓焉[④]，谓季桓子[⑤]曰："贬君以彰己罪，非礼也。今合之，所以揜[6]夫子[7]之不臣[8]。”由司空为鲁大司寇[9]，设法而不用，无奸民[10]。

注释

①先时：以前，从前。②季氏：指季平子。

③葬昭公于墓道之南：昭公，鲁昭公，名稠，襄公之子，公元前542—前510年在位。昭公在位时，季平子擅政，君臣之间嫌隙甚深。公元前517年，昭公伐季平子，大败，因此昭公奔齐，后死于晋之乾侯。季平子将昭公埋葬在鲁国先公墓地之南，以示贬损。

④沟而合诸墓焉：在鲁先公墓地之外挖沟，以使昭公之墓与鲁国先君墓地之兆域合为一体。

⑤季桓子：名斯，季平子之子。

⑥揜 yǎn：掩藏，遮掩。⑦夫子：此处指季平子。

⑧不臣：不守臣节，违犯为臣之道。

⑨大司寇：古代官职，周代六卿之一，主管刑狱。

⑩无奸 gān 民：不干扰百姓。奸，干扰，干预。

译文

早先的时候，季平子将鲁昭公葬在鲁国先君墓地的南面，孔子担任司空之后，将昭公之墓和先君之墓沟合为一体。并向季桓子解释说：“（季平子）贬损国君的地位，同时也彰显了自己的过错，这是不符合礼制要求的。现在我把墓地合为一体，就是为了掩盖令尊当年的不臣之心。”后来，孔子又由司空升职为司寇（由于孔子治理得当教化有方）。虽然制定了法令，但是无须使用，不干预百姓的日常生活（就使得鲁国秩序井然了）。

四

定公与齐侯会于夹谷[①]，孔子摄相事[②]，曰："臣闻有文事[③]者，必有武备[④]；有武事[⑤]者，必有文备[⑥]。古者，诸侯并[⑦]出疆，必具官[⑧]以从，请具左右司马[⑨]。"定公从之。

注释

①定公与齐侯会于夹谷：事即"夹谷之会"，发生在定公十年。此四段即讲述了夹谷之会中孔子的表现。齐侯，即齐景公，名杵臼，公元前547年—前490年在位。会，会盟。夹谷，春秋时地名，位于齐国境内，在今山东莱芜。

②摄相事：即为国君主持礼仪。摄，主持。相，司仪、赞礼之人。

③文事：文德教化之事。

④武备：武装，军备。

⑤武事：与文事相对，指军队武装之类。

⑥文备：与武备相对，指礼乐教化之类。

⑦并：全部，完全。

⑧具官：配备必要的官员。具，配置，配备。

⑨司马：古代官职，主管军队及其相关的事情。

译文

鲁定公与齐景公在夹谷会盟，孔子负责为定公主持礼仪。在这之前，孔子劝谏定公说："臣认为有文事时不能忘了武备，有武事时不能忘了文备。按照古时惯例，诸侯如果离开疆土，都会配备相应的官员随从而行，（这次会盟）臣请您配备左右司马同行。"定公听取了孔子的建议。

五

至会所，为坛位[1]，土阶三等[2]，以遇礼[3]相见，揖让而登[4]，献酢[5]既毕，齐使莱人以兵鼓谚[6]，劫[7]定公。孔子历阶而进[8]，以[9]公退，曰："士以兵之[10]！吾两君为好，裔夷之俘[11]敢以兵乱之，非齐君所以命[12]诸侯也。裔不谋[13]夏，夷不乱华，俘不干[14]盟，兵不逼[15]好。于神为不祥，于德为愆[16]义，于人为失礼，君必不然。"齐侯心怍[17]，麾[18]而避之。有顷，齐奏宫中之乐，俳优侏儒[19]戏于前。孔子趋进[20]，历阶而上，不尽一等[21]，曰："匹夫荧侮[22]诸侯者，罪应诛，请右司马速刑[23]焉。"于是斩侏儒，手足异处。齐侯惧，有惭色。

注释

①坛位：指盟会用的高台，上设席位。古时祭祀、盟会常于高台上举行，如今之天坛、地坛、神农坛等。

②土阶三等：土阶，用土做成的三级阶梯。三等，三级阶梯。

③遇礼：会遇之礼，指比较简略的礼仪。

④揖让而登：揖让，两国国君所行的礼仪。登，升，登上高坛。

⑤献酢 zuò：宾主双方互相敬酒。《诗经·大雅·行苇》有"或献或酢，洗爵奠斝"之语，郑玄笺谓："进酒于客曰献，客答之曰酢。"

⑥齐使莱人以兵鼓谚 zào：莱人，莱国人。莱国是东夷古国，公元前567年被齐国灭亡。以兵鼓谚，手持兵器呐喊助威。鼓谚，古代战争时提升士气的擂鼓呐喊。

谚，通"噪"。大声呐喊。

⑦劫：威胁，胁迫。

⑧历阶而进：一步一个台阶地快速登台。历，越过。

按照当时的礼法，孔子应当双脚同登一级阶梯后再登下一阶梯慢慢登台，因为当时情况危急，所以孔子顾不得礼法而“历阶而进”。

⑨以：使，此处意指护卫，保卫。

⑩士以兵之：士兵们，拿起武器来。

兵，动词，拿起武器（准备战斗）。

⑪裔夷之俘：指前文所提到的莱国人，因为当时莱国已经被齐国灭亡，所以孔子称他们为“俘”。裔，边远之地。

夷，莱国属东夷。孔子蔑称莱人，表现了他的义正词严。

⑫命：号令，领导。⑬谋：图谋。

⑭干：干预，冒犯。⑮逼：威胁，强迫。

⑯愆 qiān：罪过，过失，此处意思是违犯、违背。

⑰怍 zuò：惭愧，羞愧。

⑱麾 huī：通“挥”。挥手（让莱人退下）。

⑲俳 pái 优侏儒：俳优，古代从事杂耍供人娱乐的艺人。

侏儒，身材矮小的人，古代常以侏儒充当优伶、乐师。

⑳趋进：快步前进。趋，小步疾走。

㉑不尽一等：并未登上最上一级的台阶。

尽，全，穷尽。一等，指最上面一级的台阶。

面对危急而复杂的形势，孔子“历阶而进”，但是他并没有登上最上一级的台阶，而是站在台阶中间，有礼有节。

㉒荧侮：惑乱，怠慢。荧，迷乱，眩惑。侮，轻慢，怠慢。

㉓刑：行刑，诛杀。

译文

到达会盟的地方之后，用于盟会的高台已经建好，并在上面安排了位次，还用土做了通往高台的三级台阶。鲁定公与齐景公以简单的会遇之礼相见，相互揖让之后登上高坛。主宾之间相互敬酒之后，齐国指使莱国人用兵器鼓噪喧哗，以此威胁鲁定公。（面对这样危急的情况，为了维护鲁国的尊严）孔子一步一个台阶，快速登台，保护着鲁定公退回，并且厉声说道：“鲁国的兵士们，拿起武器来！这是我们两国国君的友好会盟，（齐国居然让）莱国夷狄边远之人在此动武施暴，这实在不是齐国作为一个大国领导诸侯的方法。边远之国不当图谋中原，夷狄之族不当扰乱华夏，俘虏不当干扰会盟，更没有用甲兵来威逼对方的道理。这些做法于神灵来说是不祥的，于德行来说是违背的，于人来说也是失礼的。齐侯您是一定不会那样做的吧！”（孔子的一席话让）齐景公感到羞愧难当，挥手让莱国人退下。过了一会儿，齐国人开始演奏宫廷音乐，还让俳优侏儒在台前表演歌舞杂技。孔子一步一个台阶，快步上前，站在中间的台阶上说道：“百姓如有怠慢惑乱诸侯的，其罪当杀，请右司马立即用刑。”于是诛杀了刚才表演的侏儒。（面对孔子的言行）齐景公心怀畏惧，面有惭色。

六

将盟，齐人加载书①曰：“齐师出境，而不以兵车三百乘②从我者，有如此盟。”孔子使兹无还③对曰：“而不返④我汶阳之田，吾以供命⑤者，亦如之。”齐侯将设享礼⑥，孔子谓梁丘据⑦曰：“齐鲁之故⑧，吾子⑨何不闻焉？事既成矣，而又享之，是勤执事⑩，且牺象⑪不出门，嘉乐不野合⑫。享而既具⑬，是弃⑭礼；若其不具，是用秕粺⑮。用秕粺君辱，弃礼名恶，子盍⑯图之！夫享，所以昭⑰德也，不昭，不如其已⑱。”乃不果享⑲。

齐侯归，责其群臣曰："鲁以君子道辅其君，而子独以夷狄道教寡人，使得罪。"于是乃归所侵鲁之四邑⑳及汶阳之田。

注释

①载书：即盟书，会盟时签订的文件条约，需要双方遵守。

②乘 shèng：指古代的兵车，四马一车为一乘。

③兹无还：人名，鲁国大夫。

④返：返还，归还。汶阳曾是鲁国的土地，后被齐国侵占，因此孔子借机向齐国索要汶阳，还可以给齐国施加压力，使得鲁国处于主动的一方。

⑤供命：听从齐国的命令，指上文提到的以兵车三百乘从齐出征。

⑥享礼：宴享之礼，使臣向对方国君进献礼物的礼仪。

⑦梁丘据：人名，齐国大夫，盟会中负责享礼的官员。

⑧故：先例，旧典，传统的礼仪。

⑨吾子：对对方的尊称，一般用于男子，指梁丘据。

⑩勤执事：麻烦齐国的官员。勤，劳烦，使辛劳。执事，办事的官员，此处代指参加盟会的齐国官员。

⑪牺象：指盟会用的酒具等，古代礼仪用的酒具不出宫门。

⑫嘉乐不野合：嘉乐，雅乐，礼仪中所演奏的音乐。野合，在野外演奏。嘉乐是在古代正礼中才能演奏的，在盟会旷野之处演奏嘉乐是不合礼仪的。

⑬具：具备，此处是指只有宴享正礼中才能用的嘉乐和礼器。

⑭弃：违弃，违背。

⑮秕粺 bǐbài：指徒具形式而无用的东西。王肃注曰："秕，谷之不成者；粺，草之似谷者。"

⑯盍：何不。⑰昭：昭明，光大。⑱已：停止，指不用享礼。

⑲乃不果享：结果还是没有举行享礼。此句是否定句，故倒装。

⑳鲁之四邑：指郓、欢、龟、阴四座城邑。

夹谷之会后，由于孔子的据理力争，齐国将侵占鲁国的四邑和汶阳之地一同归还给鲁国。

译文

将要盟誓的时候，齐国一方在盟书上写了一条："齐国的军队出境作战，鲁国必须派三百乘兵车随从出征，如果违反条约，齐国将以盟书为据来惩罚鲁国。"（由于齐国的要求不合理）孔子针锋相对，让兹无还回答道："如果齐国不把侵占我们的汶阳还给鲁国，却让我们单方面地满足齐国的要求，齐国也要按照盟约的条款接受惩罚。"齐国将设宴享之礼款待鲁国国君，孔子再次抓住齐国的疏漏，对齐国负责宴享之礼的大夫梁丘据说："齐鲁两国之间的礼仪惯例，先生您难道不知道吗？事情既然已经完成了，却又要设宴享之礼，这是白白地劳烦你们齐国的办事官员。而且，按照周礼的要求，在庙堂之中行礼用的礼器是不能出门的，雅乐更是不能在旷野之处演奏的。照此来说，如果在旷野举行宴享礼仪而且万事俱备，是不合乎礼仪的；如果只是进行比较简略的礼仪，又显得不够郑重其事。礼仪不正规是对国君的侮辱，违犯礼仪的要求同样也会使国君臭名昭著。请您好好考虑一下吧！宴享礼是为了昭明德行的，否则，还是不要那样做了吧！"最后还是没有行宴享礼。

齐景公回国之后，责备群臣说："鲁国的臣子用君子之道辅佐君主，而你们却偏偏用夷狄之道辅佐寡人，以致得罪于鲁国。"于是齐国就只得把以前侵占的四个城邑和汶阳之地归还给鲁国。

七

孔子言于定公曰："家不藏甲[①]，邑无百雉之城[②]，古之制[③]也。今三家[④]过制，请皆损[⑤]之。"乃使季氏宰仲由[⑥]隳三都[⑦]。叔孙不得意于季氏[⑧]，因费宰公山弗扰[⑨]，率费人以袭鲁。孔子以公与季孙、叔孙、孟孙入于费氏之宫，登武子之台。费人攻之，及台侧，孔子命申句须、乐颀[⑩]勒士众下伐之[⑪]，费人北[⑫]，遂隳三都之城[⑬]。强公室[⑭]，弱私家[⑮]，尊君卑臣，政化大行。

注释

①家不藏甲：卿大夫不能私藏军备武器。家，卿大夫称家。甲，铠甲，武器。

②邑无百雉 zhì 之城：邑，封邑，卿大夫的采邑。百雉之城，面积为百雉的城墙。雉，古代计算城墙面积的单位，长三丈高一丈为一雉。周代制度，封邑的城墙不能超过百雉。

③制：典制，制度。

④三家：指当时左右鲁国政权的季孙、叔孙、孟孙三家。三家都是春秋时期鲁桓公的后裔，所以又称为"三桓"。三桓实力强大，以季氏为最。

⑤损：消损，消减。

⑥仲由：即子路，孔子弟子，以从政和勇敢著称。鲁国卞（今泗水）人，当时任季氏宰，即季氏的家臣。

⑦隳 huī 三都：毁坏三家的封邑。隳，毁坏，破坏。三都，指季孙氏之费，叔孙氏之郈hòu，孟孙氏之成三座城邑。

⑧叔孙不得意于季氏：叔孙辄在叔氏一族中不被看重。叔孙，即叔孙辄，为叔孙氏家族庶子。

季氏，据《左传·定公八年》记载“叔孙辄无宠于叔孙氏”，故“季氏”当作“叔孙氏”。

⑨因费bì宰公山弗扰：因，依靠，借助。费，春秋时地名，在鲁国境内，在今山东费县西北，曾赐予季氏，其时公山弗扰据费叛乱。公山弗扰，人名，当即为公山不狃，《左传》中记载有公山不狃据费叛鲁之事，与此处合。

⑩申句须、乐颀：人名。

⑪勒士众下伐之：率领士兵下台战斗。勒，率领。伐，战斗，征伐。

⑫北：败北，战败，失败。

⑬遂隳三都之城：此处记载与《左传》《国语》不合。孔子隳三都，起初进展迅速，成功地毁掉费、郈两城，但是后来由于孟懿子的反对，并没有毁掉孟孙氏的成邑。

⑭公室：指鲁国国君。⑮私家：指三桓。

译文

孔子对鲁定公说：“按照周的典制，卿大夫不能私藏铠甲、武器，封邑的城墙面积不能超过百雉，自古以来都是这样。但是现在三桓都超过了制度的规定，请您下令消损他们的城邑。”于是任命季氏的家臣子路负责“隳三都”。当时，叔孙辄在叔氏一族中不受重用，因此他投靠费宰公山弗扰，并带领费人攻击鲁国国都。孔子保护着鲁定公跟随季孙氏、叔孙氏、孟孙氏躲进了季氏的宫室，登上了武子之台。费人向武子之台发起进攻，到达台边的时候，孔子命令申句须、乐颀率兵士下台与费人战斗，费人战败，于是成功地毁掉三桓的城邑。（孔子的功劳）壮大了公室的力量，削弱了三桓的实力。鲁国君是君，臣是臣，无有僭越。使得鲁国的政治教化为之一新。

八

初，鲁之贩羊[1]有沈犹氏[2]者，常朝饮[3]其羊以诈市人[4]；有公慎氏者，妻淫不制[5]；有慎溃氏，奢侈逾法[6]；鲁之鬻[7]六畜者，饰之以储[8]价。及孔子之为政也，则沈犹氏不敢朝饮其羊，公慎氏出[9]其妻，慎溃氏越境而徙。三月，则鬻牛马者不储价，卖羊豚者不加饰。男女行者别其涂，道不拾遗。男尚忠信，女尚贞顺。四方客至于邑，不求有司，皆如归焉[10]。

注释

①贩羊：贩羊的人，羊贩。

②沈犹氏：与下文提到的公慎氏、慎溃氏都是鲁国人。

③饮 yìn：动词，喂……喝水。

④市人：买东西的人。⑤制：制止。

⑥逾法：不守法度，逾越法度。逾，逾越，超过。

⑦鬻：卖，出售。⑧储：夸大，欺诳。此处指抬高物价。

⑨出：休，古代休妻叫“出”。

⑩皆如归焉：意即宾至如归，指来到鲁国就像回到家一样。

译文

起初，鲁国有个贩羊的人沈犹氏，常常在早上喂羊喝水(增加重量)，以此来欺诈买羊的人；有个叫公慎氏的人，妻子十分淫乱，他却不能加以制止；有个叫慎溃氏的人，生活奢侈而且不遵守法度；鲁国卖六畜的人，也常常装扮牲畜以抬高价格。但是到了孔子从政的时候，沈犹氏早上再也不敢给羊喝水，公慎氏休掉了他淫乱的妻子，慎溃氏离开了鲁国。三个月之后，卖牲畜的人再也不装扮牛马猪羊以哄抬物价。男子和女子走路的时候各走一边，掉在路上的东西没有人捡起来据为己有。男子崇尚忠诚讲信用，女子崇尚坚贞顺从。四方的宾客到达鲁国之后，从不向当地政府求助，都像是回到了自己的家里一样。

始 诛

题解

本篇讲述了两件事。第一件是孔子诛杀少正卯的事情，第二件事记载孔子在处理一对父子之间的诉讼时所发表的言论。这两件事情是相互关联的，因为他们都与孔子的刑罚思想有关，因此这两件事合为一篇。因为前一件事当中有“父子为政而始诛之”之语，故名“始诛”。

孔子诛杀少正卯之后，在向子贡解释自己为什么要这样做的时候，阐述了他“天下有大恶者五”的观点。孔子认为，对于那些心术不正妖言惑众却又有知识有地位的人更要坚决地予以惩罚，因为正是他们的知识和地位会引导百姓走向歧途，这是和孔子礼乐教化的思想相违背的。

孔子在处理一对父子之间的诉讼案件的时候，并没有按照常规的办法去审理，而是将他们关押在同一间牢房中。孔子的目的是使他们二人认识到自己的过失，而不必加以刑罚。孔子认为管理一个国家，最重要的是礼乐教化，而非刑罚。如果没有用适当的方法教化百姓，而直接用刑罚来管理国家，孔子认为这样的做法是“上失其道而杀其下”，并不能彻底地解决问题的根本，只能使国家越来越趋于混乱。先用礼乐教化百姓，使民心向善，如果这样不行，才能施以刑罚，这才是孔子心中正确的治国之法。

此篇主要讲述了孔子的政治教化思想。孔子的礼乐教化和刑罚思想是孔子教化思想的两极，不可偏废。但是总的来说，孔子的政治思想可以概括为“德主刑辅”，即以礼乐教化为主，以刑罚为辅。

一

孔子为鲁司寇，摄行相事，有喜色。仲由问曰：“由闻君子祸至不惧，福至不喜，今夫子得位而喜，何也？”孔子曰：“然，有是言也。不曰‘乐以贵下人[①]’乎？”于是朝政，七日而诛乱政大夫少正卯[②]，戮之于两观之下[③]，尸[④]于朝[⑤]三日。

子贡进曰：“夫少正卯，鲁之闻人[⑥]也，今夫子为政而始诛之，或者为失乎？”

孔子曰：“居[⑦]，吾语汝以其故。天下有大恶者五，而窃盗不与[⑧]焉。一曰心逆而险[⑨]，二曰行僻而坚[⑩]，三曰言伪而辩[⑪]，四曰记丑而博[⑫]，五曰顺非而泽[⑬]。此五者有一于人，则不免君子之诛，而少正卯皆兼有之。其居处足以撮徒成党[⑭]，其谈说足以饰褒荣众[⑮]，其强御足以反是独立[⑯]，此乃人之奸雄者也，不可以不除！夫殷汤诛尹谐[⑰]，文王诛潘正[⑱]，周公诛管蔡[⑲]，太公诛华士[⑳]，管仲诛付乙[㉑]，子产诛史何[㉒]，是此七子皆异世而同诛者，以七子异世而同恶，故不可赦也。诗云：‘忧心悄悄，愠于群小。[㉓]’小人成群，斯足忧矣。”

注释

①乐以贵下人：以谦虚对待下人为乐。

②少正卯：鲁国大夫，据《论衡·讲瑞》篇记载，少正卯曾在鲁国讲学，与孔子并肩，导致孔子之门“三盈三虚”。

③戮之于两观之下：戮，杀戮，诛杀。两观，宫门外的两座高台。

④尸：陈尸。⑤朝：朝廷，庙堂。

⑥闻人：著名、知名的人物。⑦居：坐下。⑧不与：不在其中。

⑨心逆而险：心思乖违而为人险恶。

⑩行僻而坚：行为古怪而固执。

⑪言伪而辩：言论不实却又有诡辩之才。

⑫记丑而博：对怪异的事情知道得很多。

⑬顺非而泽：顺从不端的言行却又广施恩泽。泽，动词，施加恩泽于他人。

⑭撮徒成党：聚集徒众，结党营私。

⑮饰褒荣众：指粉饰褒扬自己的不端言行以迷惑众人。荣，迷惑。

⑯其强御足以反是独立：他强大的能力足以违犯法度而自成一派。强御，强大而有能力。反是，违犯法度。独立，自成一派。

⑰殷汤诛尹谐：殷汤，指商朝的建立者商汤，又名天乙。尹谐，人名，事迹不详。

⑱文王诛潘正：文王，周文王，名姬昌，武王之父，生前励精图治，为诸侯所拥戴，称西伯，奠定了歼灭殷商的基础。潘正，人名，事迹不详。

⑲周公诛管蔡：周公，即周公旦，文王第三子，武王之弟，曾辅佐武王灭商，摄政成王，功勋卓著。管蔡，指文王庶子管叔、蔡叔，周公摄政时，管叔、蔡叔

出于对周公的不满，联合商纣之子武庚叛乱，后被周公击败，管叔、武庚被杀，蔡叔被流放，周公此举使得周朝的局势得到了稳定。

⑳太公诛华士：太公，即姜太公、姜子牙、吕尚、姜尚，辅佐文王、武王，极富军事才能，被后世称为“武成王”。华士，人名，事迹不详。

㉑管仲诛付乙：管仲，名夷吾，春秋时期齐国人，辅佐齐桓公成为春秋首霸。付乙，人名，事迹不详。

㉒子产诛史何：子产，姓公孙，名侨，春秋时期著名的政治家，曾长期执政郑国。史何，人名，事迹不详。

㉓忧心悄悄，愠于群小：语出《诗经·邶风·柏舟》。忧虑重重难除掉，小人成群太可恼。

译文

孔子做了鲁国的大司寇，还兼任为国君相礼的职务，脸上显现出喜悦的颜色。子路问孔子说：“我听说对于君子来说祸患来了不应该害怕，福禄来了也不欢喜，但是老师您现在得到了高官厚禄却十分的高兴，这是为什么呢？”

孔子回答道：“是的，是有这样的话。但是大家不也经常说‘以谦虚对待下人为乐事’吗？”

孔子当政七天就诛杀了扰乱鲁国朝政的大夫少正卯，在宫门前行刑，并陈尸于朝廷三天。

子贡向孔子进言道：“少正卯是鲁国非常著名的人物，您刚当政就将其诛杀，是不是于理不当？”

孔子说：“坐下来，我告诉你这样做的原因。天下有最不可宽恕的五大罪行，而盗窃并不包含其中。第一种是心思乖违而为人险恶，第二种是行为古怪而固执，第三种是言论不实却又有诡辩之才，第四种是对于怪异的事情很是精通，第五种是顺从不端的言行却又能广施恩惠。一个人有这五大恶行之一就免不了受君子的诛杀，但是少正卯却每一种都有。在他活动的地方就有足够的力量聚集徒众，结党营私。他的不当言论足以粉饰自己，迷惑众人。他的强大足以自成一派，与国家分庭抗礼。这就是人中之奸雄，所以不能不把他除掉！当初商汤诛杀尹谐，周文王诛杀潘正，周公旦诛杀管叔、蔡叔，太公诛杀华士，管仲诛杀付乙，子产诛杀史何，这七个人虽然处在不同的时代，但是同样都当杀。因为这七个人的言行都与当时的世道相违背，都罪无可赦，所以不能宽恕他们。《诗经》上说：‘忧虑重重难除掉，小人成群真可恼。’小人成群，很令人担忧的。”

二

孔子为鲁大司寇，有父子讼[①]者，夫子同狴执之[②]，三月不别[③]。其父请止，夫子赦之焉。季孙闻之，不悦，曰："司寇欺余，曩[④]告余曰：‘国家必先以孝。’余今戮一不孝以教民孝，不亦可乎？而又赦，何哉？"冉有[⑤]以告孔子。

子喟然叹曰："呜呼！上失其道而杀其下，非理也。不教以孝而听[⑥]其狱，是杀不辜。三军大败，不可斩也；狱犴[⑦]不治，不可刑也。何者？上教之不行，罪不在民故也。夫慢令谨诛[⑧]，贼[⑨]也；征敛无时，暴也；不试责成[⑩]，虐也。政无此三者，然后刑可即也。《书》云：‘义刑义杀，勿庸以即汝心，惟曰未有慎事。[⑪]’言必教而后刑也。既陈道德，以先服之[⑫]；而犹不可，尚贤以劝之；又不可，即废之；又不可，而后以威惮之。

若是三年，而百姓正矣。其有邪民不从化者，然后待之以刑，则民咸知罪矣。诗云：‘天子是毗，俾民不迷。[13]’是以威厉而不试，刑错而不用[14]。今世则不然，乱其教，繁其刑，使民迷惑而陷焉[15]，又从而制之，故刑弥繁，而盗不胜也。夫三尺之限[16]，空车不能登者，何哉？峻[17]故也。百仞之山，重载陟焉[18]，何哉？陵迟[19]故也。今世俗之陵迟久矣，虽有刑法，民能勿踰乎？”

注释

①讼：诉讼，打官司。

②同狴 bì 执之：将他们关押在同一间牢房里。

狴，监狱，本来是一种神兽的名字，因为常常图画在牢狱的大门上，故作为监狱的代称。执，关押。

③别：审判，审理。④曩：以往，过去。

⑤冉有：即冉求，字子有，孔子弟子，擅长政事，当时是季氏家臣。⑥听：听讼，审理。

⑦狱犴 àn：乡间的牢狱，此处代指牢狱之事。

⑧慢令谨诛：法度松弛但处罚严厉。慢，怠慢，此处是松弛之意。谨，严谨，这里是严厉的意思。

⑨贼：残害，虐待。

⑩不试责成：法令不经实行却希望百姓能严格遵守之。

⑪义刑义杀，勿庸以即汝心，惟曰未有慎事：出自《尚书·康诰》，原文为“用其义刑义杀，勿庸以次汝封。乃汝尽逊曰时叙，惟曰未有逊事”。意思是刑罚要以适当为准，不能随心所欲，不是什么事都会顺自己的心意的。

义，宜，适宜，适当。庸，用。即，就。慎，通“顺”。

⑫既陈道德，以先服之：先将道德教化陈说明白，自己首先

身体力行之以使百姓信服。

⑬天子是毗 pí，俾 bǐ 民不迷：此句出自《诗经·小雅·节南山》。尽力辅佐天子，使百姓心里不迷惑。

毗，辅佐，辅助。俾，使。

⑭刑错而不用：虽有刑法，却闲置而不用。

错，通“厝”。放置，闲置。

⑮陷：本义为陷落，掉进，此处指违反法度而陷入牢狱之灾。

⑯限：本义是阻隔，门槛，此处引申为高地，险阻。

⑰峻：险峻，陡峭。

⑱重载陟焉：重载，指装满货物的车。陟，从下往上走，攀登。

⑲陵迟：斜坡的坡度比较和缓，慢慢上升。下文“陵迟”的意思是事物慢慢地发生变化，尤其是指向坏的方向发展。

译文

孔子做了鲁国的大司寇之后，有一次有父子二人前来打官司，孔子把他们关押在同一间牢房里，连续三个月不予审理。后来，那个父亲请求停止诉讼，孔子就将他们释放了。季孙氏听说这件事之后，非常不高兴，说：“司寇是在欺骗我吧，他从前对我说过：‘治理国家首要的大事就是提倡孝道。’现在我杀掉一个不孝之人以教导臣民恪尽孝道，不也是可以的吗？但是司寇却把他们赦免了，这是为什么呢？”冉有把季孙氏说的话告诉了孔子。

孔子感叹地说：“唉！身居高位的执政者没有践行治国之道，却把有过失的老百姓杀掉，这是不合道理的。不教导民众遵循孝道，却审理他们违反孝道的案件，这是在屠杀无辜的人。三军打了败仗，是不能靠诛杀将士就能取得胜利的；狱讼案件屡禁不止，靠刑罚老百姓是徒劳无功的。为什么呢？

在上位的人推行道德教化不力，罪责就不在老百姓一方。那种法度松弛刑罚严苛的行为，是在荼毒生灵；过度征收赋税，也是暴虐百姓的行为；凡是法令不经实行却责令其成功，这也是在残害百姓。政治上没有上面提到的三种情况，才能使用刑罚。《尚书》上说：‘刑罚要恰如其分，以义为本，不能随心所欲，出现不顺心的事情是难免的。’说的就是先行教化、后施刑罚的道理。先把道德教化向民众解释明白，统治者自己首先要身体力行作为模范，以使百姓信服；如果这样还是行不通的话，就要以尊尚贤人的办法劝勉民众；如果还是不行，则罢免无能之辈；这样仍然不行，才可以以刑罚威慑百姓。按照这样的办法行之三年，那么百姓就自然会走上正道。如果还有刁邪之民不服教化，再以刑罚待之，那么百姓都会明白什么是犯罪的行为了。《诗经》中说：‘尽力辅佐天子，使百姓不惶惑。’这样就无需用威势惮压百姓，刑罚也可以闲置不用。但是，当今之世却不是这样，教化纷乱芜杂，刑罚繁多，这只能使百姓更加迷惑而陷入牢狱之灾。（牢狱之事多了）这样就需要更多的刑罚加以遏止，这就会使刑罚越来越繁多而盗贼却不见减少。三尺高的限阻，空车子却不能逾越，为什么呢？这是因为陡峭的缘故。高达百仞的山岭，装满货物的车子也能翻越，为什么呢？这是因为山岭坡度缓和的缘故。当今的社会风俗败坏已久，即使有刑罚，百姓又怎能不违反呢？”

王言解

题解

本篇主要讲述了孔子心目中的王道政治，以孔子和曾参对话的形式，记载了孔子关于王道政治的看法。因为篇中有“吾以王言之”“何谓王者之言”等语句，故以“王言”为篇名。

王道政治是孔子心目中的理想政治形式。孔子认为王道政治的关键是施行“七教”与“三至”，只要“内修七教，外行三至”，就可以达到“内修七教而上不劳,外行三至而财不费”的王道政治。

《大戴礼记》中有《主言》篇,与本篇大体相同,可为参照。

一

孔子闲居[①]，曾参侍[②]。孔子曰:“参乎，今之君子，唯士与大夫之言可闻也，至于君子之言者，希也。於乎[③]！吾以王言之，其不出户牖而化天下[④]。”曾子起，下席而对曰:“敢问何谓王之言？”孔子不应。曾子曰:“侍夫子之闲也，难对，是以敢问。”孔子又不应。曾子肃然而惧,抠衣[⑤]而退,负席[⑥]而立。有顷,孔子叹息,顾谓曾子曰:“参，汝可语明王之道[⑦]与？”曾子曰:“非敢以为足也，请因所闻而学焉。”

注释

①闲居：闲来无事，居闲在家。②侍：侍从，陪侍。

③於 wū 乎：通“呜呼”。感叹词。

④不出户牖而化天下：不出门户而化成天下。

户，门户。牖 yǒu，窗户。化，教化，化成。

⑤抠衣：提起衣服的前襟，表示对人的尊重。抠，抓，提。

⑥负席：背对着坐席。

⑦明王之道：圣明君王的道德教化之道。

译文

孔子闲居在家，曾参在旁边陪侍。

孔子说：“曾参，如今身居高位的君子，仅仅能听到士与大夫处理政事的一般言论，而关于治国安天下的君子之言，却很少能听到。唉！我如果能够把王道政治的言论告诉给那些在上位的人，那么他们足不出户就可以化成天下了。”（听到这些）曾参忽然站了起来，离开坐席对孔子说：“老师，请问什么是王者之言？”孔子不回答。曾子说：“正好赶上老师闲居无事，我对此又难以理解，所以才向您请教。”孔子还是不回答。曾子感到很是惶恐，提起衣襟退到后面，背对着坐席站着。过了一会儿，孔子叹了口气，看着曾子说：“曾参，我可以跟你谈谈明王之道的问题吗？”曾子说：“我不敢说我有足够的学识听懂您说的话，还是我就您所说的话来学习吧。”

二

子曰：“居，吾语汝。夫道者，所以明德也；德者，所以尊道也。是以非德，道不尊；非道，德不明。虽有国之良马，不以其道服[①]乘之，不可以道里[②]；虽有博地众民，不以其道治之，不可以致霸王。是故昔者明王内修七教，外行三至[③]。七教修然后可以守，三至行然后可以征。明王之道，其守也，则必折冲[④]千里之外；其征也，则必还师衽席之上[⑤]。故曰：内修七教而上不劳，外行三至而财不费，此之谓明王之道也。”

注释

①服：乘，使用，如“服牛乘马”。

②道里：在道路上行驶。道，通“蹈”。赴，奔赴。

③内修七教，外行三至：七教，七种教化，指敬老、尊齿、乐施、亲贤、好德、恶贪、谦让七种道德规范。

三至，三条至上的法则，指下文的“至礼不让而天下治，至赏不费而天下士悦，至乐无声而天下民和”。

④折冲：克敌制胜，原意是指使对方的战车折返，此处是指抵御击退敌人。

⑤还师衽 rèn 席之上：指凯旋回师。衽席，泛指卧具。

译文

孔子说：“坐下来，我告诉你。所谓的道，是用来彰显德行的；所谓的德，是用来尊崇道义的。那么，如果没有德，道就得不到尊崇；没有道，德就得不到彰显。即使有一国之中最好的马匹，如果不用正确的方法驾驭它，也是寸步难行的；即使拥有广博的土地和众多的人口，不用正确的方法治理，也是很难实现王霸之业的。因此，古代圣明的君王在国内施行七教，对外施行三至。七教施行得好了，才能够保住国家；三至推行得成功，才能够征伐不义之国。圣明君王的治国之道，如果用来守卫自己的国家，则必可以御敌于千里之外；如果用来征伐不义之国，则必可以毫不费力地凯旋。所以说：在国内施行七教，居上位者就可以免去劳顿之苦；

对外施行三至，就不会耗费过多的财富。这就是所谓的圣明君王的治国之道。”

三

曾子曰：“不劳不费之谓明王，可得闻乎？”

孔子曰：“昔者帝舜左禹而右皋陶[①]，不下席而天下治，夫如此，何上之劳乎？政之不平，君之患也；令之不行，臣之罪也。若乃十一而税[②]，用民之力，岁不过三日，入山泽以其时而无征[③]，关讥市廛[④]，皆不收赋，此则生财之路。而明王节[⑤]之，何财之费乎？”

注释

①昔者帝舜左禹而右皋陶 gāoyáo：意思是舜从前有禹和皋陶二人辅佐。

②十一而税：十一税，指赋税十取其一。

③入山泽以其时而无征：按一定的时令进入山泽樵采，却不征收赋税。

④关讥市廛 chán：关卡稽查及市场中的店铺。

讥，通“稽”。稽查，检查。廛，储存货物的栈房或店铺。

⑤节：节约，节制使用。

译文

曾子说：“您能告诉我不为政事劳顿不耗费货财的圣明君王的治国之道吗？”孔子说：“从前，帝舜有禹和皋陶两位贤臣辅佐，不出门户而使天下大治，如果这样的话，在上位者又有什么劳顿的呢？政治的不安定，是君主所忧虑的；法令得不到施行，是臣子的罪过。可以施行十一之税，民众服徭役每年不超过三天，允许人们按时令进入山林川泽樵采却不征收赋税，其他的关卡稽查及市场中的店铺同样不征收赋税，这些都是生财之道。而圣明君主懂得量入为出地节约使用财物，又怎么会耗费过多的财富呢？”

四

曾子曰：“敢问何谓七教？”孔子曰：“上敬老则下益孝，上尊齿则下益悌①，上乐施则下益宽，上亲贤则下择友，上好德则下不隐②，上恶贪则下耻争，上廉让则下耻节，此之谓七教。七教者，治民之本也。政教定，则本正也。凡上者，民之表也，表正则何物不正？是故人君先立仁于已，然后大夫忠而士信，民敦俗璞③，男悫而女贞④，六者，教之致也。布诸天下四方而不窕⑤，纳诸寻常之室而不塞⑥。等之以礼，立之以义，行之以顺，则民之弃恶如汤之灌雪焉。”

注释

①尊齿：尊敬年龄比自己大的人。齿，岁数，年龄。

②隐：隐逸，隐居。

③璞：原意是指含有玉的石头或未经雕琢过的玉，引申为质朴纯朴。

④男悫 què 而女贞：男人朴实，女人贞洁。

悫，诚实，朴实。

⑤窕 tiǎo：有空隙，不充实。

⑥纳诸寻常之室而不塞：实行于普通的百姓之家而不会阻塞。

译文

曾子说："请问老师什么是'七教'呢？"

孔子说："在上位者尊敬老人，那么在下位者就会更加孝顺父母；在上位者尊敬年龄长于自己的人，那么在下位者就会更加尊敬兄长；在上位者乐善好施，那么在下位者就会更加仁慈宽厚；在上位者亲近贤者，那么在下位者就会选择君子贤良为朋友；在上位者推崇德行教化，那么在下位者就不会隐居不仕；在上位者厌恶贪污贿赂之人，那么在下位者就会以争夺为耻；在上位者清廉谦让，那么在下位者就会以不讲礼仪为耻，这就是所谓的'七教'。七教是治理民众的根本。只要确定了这种政治教化的原则，那么治理国家的根本就会端正。凡是在上位的人，都是老百姓的表率，如果表率端正了，那么还有什么东西不端正呢？因此，国君首先要以仁道为己任，然后大夫忠诚而士守信用，百姓敦厚，作风纯朴，男子忠厚而女子贞洁，这六项，是要靠道德教化才能实现的。这样的教化可以布施于天下而无所不至，被寻常百姓接受而毫不阻塞。用礼仪来作为区别等级的依据，用道义来立身处世，以和顺的方式来推行教化，那么百姓的弃恶从善就如同热汤浇在雪地上使雪融化一样轻而易举了。"

五

曾子曰："道则至矣，弟子不足以明之。"

孔子曰："参以为姑止乎[①]？又有焉。昔者明王之治民也，法必裂地以封之，分属以理之，然后贤民无所隐，暴民无所伏。使有司日省[②]而时考之，进用贤良，退贬不肖，然则贤者悦而不肖者惧。哀鳏寡[③]，养孤独[④]，恤贫穷，诱[⑤]孝悌，选才能。此七者修，则四海之内无刑民矣。上之亲下也，如手足之于腹心；下之亲上也，如幼子之于慈母矣。上下相亲如此，故令则从，施则行，民怀其德，近者悦服，远者来附，政之致也。夫布[6]指知寸，布手知尺，舒肘知寻，斯不远之则也。周制三百步为里，千步为井[7]，三井而埒[8]，埒三而矩[9]，五十里而都[10]，封百里而有国，乃为福积资求焉[11]，恤行者有亡[12]。是以蛮夷诸夏，虽衣冠不同，言语不合，莫不来宾[13]。故曰'无市而民不乏，无刑而民不乱'。田猎罩弋[14]，非以盈宫室也；征敛百姓，非以盈府库也。惨怛[15]以补不足，礼节以损有余，多信而寡貌[16]，其礼可守，其言可覆[17]，其迹可履。如饥而食，如渴而饮，民之信之，如寒暑之必验。故视远若迩，非道迩也，见明德也。是故兵革不动而威，用利不施而亲，万民怀其惠。此之谓明王之守，折冲千里之外者也。"

注释

①参以为姑止乎：曾参，你以为就仅此而已吗？

姑，暂且，已经。止，停止。

②省：省察，视察。③鳏寡：没有妻子和没有丈夫的人。

④孤独：没有孩子和没有父亲的人。

⑤诱：诱导，教导，引导。⑥布：伸开，张开。

⑦井：古代面积单位，三百步为里，方圆一里为一井。

⑧埒 liè：本义为矮墙，也有界域界限的意思，这里是用作地域单位。

⑨矩：方形，也是古代地域单位。⑩都：动词，建立都城。

⑪乃为福积资求焉：这样就可以积聚福禄和财富了。

清人陈士珂《孔子家语疏证》中写作"蓄积资聚"。

⑫恤行者有亡：体恤出门在外需要帮助的人。

行者，出门在外的人。亡，通“无”。

⑬宾：宾服，归附。

⑭田猎罩弋：代指打猎。田，同“畋”。打猎。

罩，捕鱼或者捕鸟的竹笼。弋，带有绳子的弓箭，用以射鸟。

⑮惨怛dá：悲伤，此处是同情的意思。

⑯多信而寡貌：多讲诚信而少些虚伪不实。

貌，原意是外貌外表，此处是指修饰外貌，引申为虚伪。

⑰覆：遵从，履行。

译文

曾参说：“老师您讲的明王之道真是太高深莫测了，弟子还不能深刻地理解它。”

孔子说：“曾参，你以为明王之道就仅此而已吗？还有呢。从前圣明君王治理百姓的时候，必然要按照礼法的要求划分土地实行分封，并派官员去管理，这样贤人就不会隐居不仕，而且残暴的人也无处隐藏了。派各部官员经常视察各地并且按时考核官员的业绩，选用贤良之人，贬退无能之辈，这样一来贤良之人就会高兴，而无能之辈就会畏惧。哀悯无依无靠的鳏寡之人，帮助无父和无子的孤苦之人，体恤救济贫穷的人，教导百姓孝顺友悌，选拔才能卓著的人。如果能将这七教做好，那么整个国家就不需要用刑罚来管理了。在上位者亲近百姓，就如同手足和腹心的关系一样友好，那么，在下位者也会亲近在上位者，就如同幼子对慈母的感情一样亲密。上下如此相亲相爱，那么政策法令就会得到遵从，措施也会得到贯彻执行，百姓感激在上者的德行，近处的人会心悦诚服，远方的人也会争相归附，这就是政治所要达到的最高境界了。伸开手指会知道一寸的长度，伸开手掌会知道一尺的长度，伸开胳膊会知道一寻的长度，这都是我们身边的法则。按照周代制度，三百步为一里，一千步为一井，三井为一埒，三埒为一矩，方圆五十里的地方就可以建立都邑，方圆一百里的封地就可以建立国家，这样就可以积聚福禄和财富，也可以体恤出门在外需要帮助的人了。这样，不管是中原华夏，还是蛮夷戎狄，尽管衣服冠戴不同，言语也不通，但是没有不来归附的。所以说‘不用到市场上交易百姓也不乏吃穿，刑罚搁置不用百姓也不会犯上作乱’。打猎不是为了充盈宫室；向百姓征收赋税也不是为了充实国库。哀悯百姓并且予以赈济，用礼节来防范骄奢淫逸，多一些诚信，少一些虚伪狡诈，那么百姓就会遵守礼节，就会遵从国家的法令，就会效仿国君的言行。这就如同饿了要吃东西，渴了要喝水一样，百姓对国君的信任就像四季寒暑的变化一样坚定。所以，百姓以为国君就在自己身边，这并不是因为距离近了，而是因为百姓感受到了国君的明德教化。因此即使不动用军队也会产生极大的威慑力，不用财物爵位来奖赏臣民，百姓也会亲附他，万民都会感怀他的恩惠。这就是圣明君王守卫国家的方法，足以御敌于千里之外。”

六

曾子曰：“敢问何谓三至？”孔子曰：“至礼不让①而天下治，至赏不费②而天下士悦，至乐无声③而天下民和。明王笃行三至，故天下之君可得而知，天下之士可得而臣，天下之民可得而用。”曾子曰：“敢问此义何谓？”孔子曰：“古者明王必尽知天下良士之名，既知其名，又知其实，又知其数及其所在焉。然后因④天下之爵以尊之，此之谓至礼不让而天下治。因天下之禄以富天下之士，此之谓至赏不费而天下之士悦。如此则天下之民名誉[⑤]兴焉，此之谓至乐无声而天下之民和。故曰：‘所谓天下之至仁者，能合天下之至亲也；所谓天下之至明者，能举天下之至贤者也。’此三者咸通，然后可以征。是故仁者莫大乎爱人，智者莫大乎知贤，贤政者莫大乎官能[⑥]。有土之君修此三者，则四海之内供命[⑦]而已矣。夫明王之所征，必道之所废者也，是故诛其君而改其政，吊[⑧]其民而不夺其财。故明王之政，犹时雨之降，降至则民悦矣。是故行施弥博，得亲弥众。此之谓还师衽席之上。”

注释

①至礼不让：至高境界的礼不用讲求谦让。

②至赏不费：至高境界的奖赏不用耗费财物。

③至乐无声：至高境界的音乐没有声音。

④因：凭借，借助。

⑤名誉：名誉，声望。

⑥官能：让贤能之人做官，给贤能之人以职位。官，动词，让……做官，给……以官职。

⑦供命：执行命令，听从差遣。

⑧吊：体恤，抚恤，慰问。

译文

曾子说：“请问老师什么是‘三至’？”孔子说：“至高境界的礼节不用讲求谦让，而天下就自然会得到治理；至高境界的赏赐不用耗费财物，而天下之士就会欢欣鼓舞；至高境界的音乐没有声音，而天下的百姓就会和睦相处。圣明的君王努力奉行‘三至’，那么全天下的国君就都会知道他的英明，天下的士人也都会前来臣服，天下的百姓也都会为他所用。”曾子说：“请问老师这怎么解释呢？”孔子说：“古代圣明的君王一定会知道天下最为贤良的人的姓名，知道他们的名字之后，还要弄清楚他们的实际才能，技艺水平以及他们所居住的地方。然后将天下的爵位封给他们，使他们得到应有的尊崇，这就叫做‘至礼不让而天下治’。用天下的爵禄使士人的生活变得富足，这就叫做‘至赏不费而天下士悦’。这样天下的百姓都会自然地追求声誉而不会甘心堕落，这就叫做‘至乐无声而天下民和’。所以说：‘天下最有仁德的人，一定能使天下百姓和睦相处；天下最圣明的君王，一定能任用天下最为贤良的人才。’如果这三点都可以做到的话，就可以征伐不义之国。因此，仁德莫过于关爱百姓，智慧莫过于了解贤才，而为政莫过于给有能之人以官职。拥有疆土的君王做好了这三点，那么四海之内的人都会听命于他。圣明的君王所征伐的对象，必定是道义废弛的国家，因此才要诛杀它的国君，改变这个国家的政治局势，抚慰国家的百姓而不抢掠他们的财物。圣明君王施行的贤明政治，就如同及时雨的降临一样，一旦降雨百姓就会欢欣鼓舞。所以，他的德行施行得越广博，就会得到越多人的亲附，这就是所谓军队凯旋的道理。”

儒行解

题解

本篇主要讲述了孔子心目中的儒者的德行，故名为“儒行”。

全篇通过孔子回答鲁哀公的问题，表达了孔子心目中儒者应有的理想形象。孔子通过阐述儒者的自立，容貌，备预，近人，特立，刚毅，进仕，忧思，宽裕，交友，尊让等，把自己所赞赏的特立独行，卓尔不群，宽厚仁义，恭敬谦让，严于律己的儒者形象栩栩如生地刻画出来。

在孔子的论说中，原本柔弱的“儒”的形象完全颠覆了，孔子赋予了“儒”以新的形象。儒不再是柔弱的书生形象，而增加了“儒有不宝金玉，而忠信以为宝，不祈土地，而仁义以为土地，不求多积，多文以为富”，“见利不亏其义，见死不更其守”，“可亲而不可劫，可近而不可迫，可杀而不可辱”的刚毅果决的性格。

孔子关于“儒行”的论述既是孔子自身人格的写照，也被后世儒者奉为处世之圭臬，产生了深远的影响。中国古代颇不乏杀身成仁舍生取义的儒者，他们的形象已经铭刻在了中国人的心中。因此，孔子所阐述的“儒行”已经深化为中华民族的民族性格。“儒行”对于今人的修身养性和人格的完善也是大有裨益的。

另，《礼记》中也有《儒行》一篇，但是二者有所不同，可为参照。

一

孔子在卫[1]，冉求[2]言于季孙曰："国有圣人而不能用，欲以求治，是犹却步而欲求及前人[3]，不可得已。今孔子在卫，卫将用之。己有才而以资邻国，难以言智也。请以重币迎之[4]。"季孙以告哀公[5]，公从之。

注释

①卫：国名，周武王的弟弟康叔的封地，在今河北南部和河南北部一带，孔子周游列国时曾屡次居卫。

②冉求：字子有，孔子的学生，以政事著称。

③是犹却步而欲求及前人：这就像往后退却想追赶前面的人一样。

④请以重币迎之：请以隆重的礼节将孔子迎接回来。重币，重金，厚礼。

⑤哀公：鲁哀公，名将，定公之子，公元前494—前468年在位。

译文

孔子在卫国的时候，冉有对季孙氏说："一个国家有圣人但是自己却不能任用，却还想着要治理好国家，这就好像退着走路却想要追赶前面的人一样，是不可能达到的。现在孔子正在卫国，卫国将要任用他。自己有贤才却要以之来资助邻国，这不能说是明智。请您用丰厚的聘礼迎接孔子回国。"季孙氏将冉有的话告诉了鲁哀公，哀公表示同意。

二

孔子既至，舍哀公馆焉[①]。公自阼阶[②]，孔子宾阶[③]，升堂立侍[④]。

公曰："夫子之服，其儒服[⑤]与？"孔子对曰："丘少居鲁，衣逢掖之衣[⑥]。长居宋，冠章甫之冠[⑦]。丘闻之，君子之学也博，其服以乡[⑧]，丘未知其为儒服也。"

公曰："敢问儒行？"孔子曰："略言之，则不能终其物；悉数之，则留更仆未可以对[⑨]。"

哀公命席[⑩]，孔子侍坐，曰："儒有席上之珍以待聘[⑪]，夙夜强学以待问[⑫]，怀忠信以待举，力行以待取。其自立有如此者。"

注释

①舍哀公馆焉：居住在哀公招待客人的馆舍里。

舍，动词，居住。

②公自阼 zuò 阶：鲁哀公从堂前东面的台阶上来。

阼阶，即东阶，大堂前东面的台阶，古代主宾相见时，客人走西面的台阶，主人走东面的台阶。

如《仪礼·乡饮酒》："主人阼阶上，……宾西阶上。"

③宾阶：即西阶。

④升堂立侍：升堂，登上厅堂。立侍，站着侍从。

⑤儒服：儒者所穿的衣服。

⑥衣逢掖之衣：穿着宽大的衣服。

衣，动词，穿衣。逢掖，宽大的衣袖。

⑦冠章甫之冠：带着黑布的帽子。冠，动词，戴帽子。

章甫之冠，殷商时流行的一种黑布做的帽子。

⑧其服以乡：他所穿着的衣服就会受到当地风俗的影响。

⑨留更仆未可以对：留下来讲到侍卫换岗的时候我也讲不完。更仆，侍卫换岗。仆，仆从，侍卫。⑩席：安排坐席。

⑪儒有席上之珍以待聘：儒者可以凭借先王珍贵的道义来等待聘任。席，凭借，借助。上，先王，上古之帝王。珍，此处为名词，珍贵的道义。

⑫夙夜强学以待问：不分白天黑夜的学习以等待闻达于诸侯。问，通“闻”。闻名，声名在外。

译文

孔子来到鲁国之后，住在哀公招待客人的馆舍里。哀公从堂前东面的台阶上来，孔子从西面的台阶上来，孔子陪同哀公登上大堂，站在哀公旁边侍从。

哀公说：“夫子穿的衣服是儒服吗？”

孔子回答说：“我小时候在鲁国居住，穿着带有肥大的袖口的衣服。年长的时候在宋国居住，戴着商朝的时候流行的一种黑布做的帽子。我听说过这样一句话：君子的学问广博，他所穿的服装都是入乡随俗的。我不知道我所穿的是不是儒服。”

哀公问道：“请问夫子，儒者的行为是怎样的呢？”

孔子回答道：“简单地解释这一问题是不能把它说得完整明白的；如果细细地解释的话，又会需要很长的时间，即使讲到侍卫换岗也讲不完。”

哀公命人安排了座位让孔子坐下来讲。孔子坐着陪侍哀公，说道：“有的儒者能够借助先王的宝贵的道义来等待王者的聘任，有的儒者能够不分白天黑夜地努力学习以期闻达于诸侯，有的儒者心怀忠信以等待别人的举用，有的儒者能够努力践行仁义道德以等待任用。儒者的修身自立是这样的。”

三

“儒有衣冠中[①]，动作顺[②]，其大让如慢[③]，小让如伪[④]。大则如威[⑤]，小则如愧[⑥]，难进而易退，粥粥若无能也[⑦]。其容貌有如此者。”

注释

①中：适当，适中，端正，周正。②顺：和顺，从容。

③大让如慢：推让大的事情的时候直截了当，好像很傲慢。

④小让如伪：推让小的事情的时候很委婉，好像很虚伪。

⑤大则如威：做大事的时候十分谨慎，再三权衡，好像心怀畏惧。威，通“畏”。

⑥小则如愧：做小事的时候不草率，好像心怀愧疚。

⑦粥粥yù若无能也：表情谦卑，好像很无能的样子。粥粥，谦卑的样子。

译文

“有的儒者衣冠穿戴适中，动作从容和顺。他推让大的事情的时候直截了当，好像很傲慢；推让小的事情的时候很委婉，好像很虚伪。做大事的时候很谨慎，好像心怀畏惧；做小事的时候不草率，好像心怀愧疚。他们进取的时候十分谨慎却易于退让，表现出来一种谦卑，就好像很无能的样子。儒者的外在容貌是这样的。”

四

“儒有居处齐难[①]，其起坐恭敬，言必诚信，行必忠正，道涂不争险易之利[②]，冬夏不争阴阳之和[③]，爱其死以有待也[4]，养其身以有为也。其备预有如此者。”

注释

①齐难：严肃谨慎而不易做到。齐，同“斋”。

②道涂不争险易之利：走路的时候不争着走平坦的地方。涂，同“途”。道路。

③冬夏不争阴阳之和：不争冬暖夏凉的地方。

④爱其死以有待也：珍惜自己的生命以等待机遇的到来。

译文

“儒者的日常起居非常严肃谨慎，这不是一般人所能做到的。他们坐立的时候都表现出十分恭敬的样子，说话讲究诚信，行为不偏不倚忠信正派。走路的时候不与别人争抢平坦的地方，不与别人争抢冬暖夏凉的地方。珍惜自己的生命以等待时机的到来，修养自己身心以期奋发有为。儒者为未来做准备是这样的。”

五

“儒有不宝金玉[1]，而忠信以为宝；不祈土地[2]，而仁义以为土地；不求多积，多文以为富。难得而易禄也[3]，易禄而难畜也[4]。非时不见[5]，不亦难得乎？非义不合[6]，不亦难畜乎？先劳而后禄，不亦易禄乎？其近人情有如此者。”

注释

①不宝金玉：不以金玉为宝。宝，动词，以……为宝贝。

②不祈土地：不谋求占有土地。祈，求，谋求。

③难得而易禄也：儒者难以得到，但是一旦得到了就不需要太多的俸禄来供养。禄，动词，以俸禄供养。

④易禄而难畜也：意为易于供养却难以罗致。

⑤非时不见 xiàn：不是恰当的时机儒者就不会出现。

⑥非义不合：不合道义的事情是不会去做的。

译文

“儒者不以金玉为宝贝，而以忠孝诚信为宝贝；不谋求占有土地，而以仁义道德为土地；不求过多地积聚财富，而把很多的知识作为财富。儒者难以得到，但是一旦得到就不需要用太多的俸禄去供养；儒者易于供养却难以罗致。不是恰当的时机，儒者就不会出现，这不是很难以得到吗？不是正义的事情是不会去做的，这不是很难以罗致吗？先效力然后才得到俸禄，这不是很容易用俸禄供养吗？儒者通于人情是这样的。”

六

“儒有委[①]之以财货而不贪，淹之以乐好而不淫，劫之以众而不惧，阻之以兵而不慑。见利不亏[②]其义，见死不更其守[③]。往者不悔，来者不豫[④]，过言不再[⑤]，流言不极[⑥]，不断其威[⑦]，不习其谋[⑧]。其特立有如此者。”

注释

①委：托付，委托，致送。②亏：毁坏，损坏。

③守：操守。

④豫：同“预”。考虑，顾虑。

⑤过言不再：错误的话不说第二遍。

过，过错，错误。再，第二次。

⑥流言不极：听到的流言蜚语不去刨根问底。

流言，指谣言，流言飞语。极，追究到底，刨根问底。

⑦威：威严，庄重的样子。⑧不习其谋：不学习权术谋略。

译文

“对于儒者来说即使别人将货财送给他，他都不会去贪图，更不会沉溺于玩乐淫佚之中。即使受到很多人的威胁，他也不会感到畏惧；哪怕用武力来恐吓他，他也不会感到害怕。见利而不忘义，即使是面对生命危险也不会改变自己的操守。对于过去的事情不会感到后悔，对于未来的事情不会去疑虑。曾经说过的错话不会再说第二次，对于流言飞语不去刨根问底，始终保持着尊严，从不去学习权术谋略。儒者的特立独行是这样的。”

七

“儒有可亲而不可劫[①]，可近而不可迫[②]，可杀而不可辱。其居处不过[③]，其饮食不溽[④]，其过失可微辩[⑤]而不可面数[⑥]也。其刚毅有如此者。”

注释

①劫：胁迫，威逼。

②迫：逼迫，胁迫。

③过：过分，指奢侈，奢华。

④溽rù：食物味道浓厚，指饮食丰厚。

⑤微辩：委婉地提醒。⑥面数：当面数落指责。

译文

"儒者可以亲近却不可以威逼利用，可以接近却不能被逼迫，可以被杀害却不可以被侮辱。他们居住的地方非常简朴，一点儿都不奢华；他们的饮食并不丰厚；对于他们的过失可以委婉地提醒却不可以当面数落。儒者的刚强坚毅是这样的。"

八

"儒有忠信以为甲胄①，礼义以为干橹②，戴仁而行，抱德而处。虽有暴政，不更其所③。其自立有如此者。"

注释

①甲胄：指古代的铠甲和头盔。

②干橹：指盾牌。干，盾牌。橹，大盾牌。

③不更其所：不改变自己的信念。其所，指心志之所在，志向，信念。

译文

"儒者将忠信作为自己的盔甲，将礼仪作为盾牌。做任何事情都不违反仁义，与人相处也不违反道德。即使出现暴政，也不会改变自己心中的信仰。他们的自立不群是这样的。"

九

"儒有一亩之宫①，环堵之室②，荜门圭窬③，蓬户瓮牖④，易衣而出⑤，并日而食⑥。上答之，不敢以疑⑦；上不答之，不敢以谄⑧。其为士有如此者。"

注释

①宫：宅院，房屋，古代不分贵贱，其居处皆称宫。

②环堵之室：住着一堵见方的房屋，此处是指房子极小。环，房屋的四周。堵，古代建筑单位。

③荜门圭窬 yú：用荆竹编制的门和很狭窄的小旁门。荜门，用竹条或荆条编制的门，柴门。圭，通“闺”。闺门，是一种上圆下方的小门。窬，指的是正门旁边的小门。

④蓬户瓮牖：用蓬草塞着门，用破瓦做窗子。户，单扇的小门。瓮，古代用来盛酒或水的缸，此处指破瓦片。牖，小窗户。

⑤易衣而出：出门的时候需要换上像样的衣服，形容贫困。

⑥并日而食：两天才吃一顿饭，形容儒者的清苦。

⑦上答之，不敢以疑：在上位者采纳他的建议，他不会怀疑，而一定会一心地效忠。答，采纳。

⑧谄：奉承，谄媚。

译文

“有的儒者居住的地方占地只有一亩，房屋的四壁都只有一堵的面积，房屋的正门是用荆竹编成的，在正门旁边只有很小的上圆下方的小侧门。门上面塞着蓬草，墙上的小窗户是用破瓦片做成的。每次都要换上像样的衣服才出门，有时候两天才吃一顿饭。在上位者采纳了他的建议，他会心无疑虑地效忠；如果不采纳，他也不会做奉承谄媚之事。儒者做官出仕是这样的。”

十

“儒有今人以居，古人以稽[①]。今世行之，后世以为楷。若不逢世，上所不受[②]，下所不推[③]，诡谄之民有比党而危之[④]，身可危也，其志不可夺也[⑤]。虽危起居，犹竟信[⑥]其志，乃不忘百姓之病[⑦]也。其忧思有如此者。”

注释

①今人以居，古人以稽：与现在的人居住在一起，却和古代的人情投意合。稽，合，相合。

②上所不受：不被在上位者所接受。③推：推荐，荐举。

④诡谄之民有比党而危之：狡诈谄媚之徒成群结党去陷害他。诡，狡诈，欺诈。比，勾结。比党，指拉帮结派。

⑤夺：强行改变。⑥信：通“伸”。伸展，施展。⑦病：疾苦。

译文

“有的儒者和现在的人居住在一起，却和古代的人情投意合。他们在当世的行为，堪为后世之楷模。如果没有赶上政治清明的世道，在上位者不接受他，下面也没有人荐举他，狡诈献媚之徒成群结党地去陷害他，但是这也只能危害他的身体，而不能改变他的志向。即使危害到了他的日常起居，他也会坚持去施展自己的抱负，而且不会忘掉百姓的疾苦。儒者的忧国忧民是这样的。”

“儒有博学而不穷[①]，笃行而不倦，幽居而不淫[②]，上通而不困[③]，礼必以和，优游以法[④]，慕贤而容众，毁方而瓦合[⑤]。其宽裕有如此者。”

注释

①穷：穷息，停止。

②幽居而不淫：独自一人居住却不会放纵自己。幽居，独处之时。淫，放纵，无节制。

③上通而不困：仕途通达之时却不会背离仁义道德。上通，通达于上，即官运亨通。

④优游以法：悠闲的时候也不忘记用礼法来约束自己。优游，悠闲自得的样子。

⑤毁方而瓦合：指儒者在一些次要的小问题上不标新立异，可以和百姓打成一片。《礼记·儒行》孔颖达疏："防，谓物质方正，有圭角锋芒也。瓦和，谓瓦器破而相合也。言儒者身虽方正，毁屈己之方正，下同凡众，如破去圭角与瓦器相合也。"

译文

"有的儒者善于广博地学习而且永无止境，坚定地践行德行而且从未倦怠，即使独自一人居住也不会放纵自己。仕途通达的时候不会背离道德仁义，行礼的时候谨记和顺的原则，悠闲的时候也不会忘记用礼法来约束自己。崇慕贤人而且大肚能容，能够毁方瓦合，与众人打成一片。"

十二

"儒有内称①不避亲，外举不避怨，程功积事②不求厚禄，推贤达能③不望其报，君得其志，民赖其德，苟利国家，不求富贵。其举贤援能④有如此者。"

注释

①称：推举，荐举。

②程功积事：考核功业，积累政绩。程，衡量，考核。

③达能：使贤能的人得以施展抱负。达，动词，使发达，使通达。

④援能：引进贤能之人。援，引领，引进。

译文

“有的儒者举荐贤才的时候，对内不避自己的亲属，对外不避与自己有仇怨的人。考核功业，积累政绩，不是为了求取高官厚禄；推荐贤能的人也不是为了获取回报。儒者们的志向使得君主深受其益，老百姓也非常依赖他们的仁德。儒者只求自己的所作所为对国家有利，而从不祈求富贵。儒者的荐举贤能是这样的。”

十三

“儒有澡身浴德①，陈言而伏②，静言而正之③，而上下不知也④，默而翘之，又不急为也⑤。不临深而为高⑥，不加少而为多⑦。世治不轻，世乱不沮⑧。同己不与，异己不非⑨。其特立独行⑩有如此者。”

注释

①澡身浴德：经常清洗自己的身体和德行，意思就是十分注重道德修养。

②陈言而伏：陈述自己的言行，伏听国君的采纳。

③静言而正之：指国君如果有过失，委婉地提出自己的意见，以促使国君改正。

静言，委婉、含蓄地表达自己看法。

④上下不知也：如果君主还不知道自己的错误。下，衍文。

⑤默而翘之，又不急为也：默默地期望着，而不急躁行事。翘，期望，盼望。

⑥不临深而为高：意思是一旦自己得志了，就不在卑微的人面前炫耀自己。

⑦不加少而为多：意思是不夸大自己的功劳。

⑧世治不轻，世乱不沮：世道安平的时候，（虽然贤人很多）也不轻视自己；世道混乱的时候，也不会沮丧消沉。

⑨同己不与，异己不非：不胡乱结交与自己志向相同的人，也不攻击与自己意见相左的人。

⑩特立独行：指卓尔不群，不随波逐流。

译文

“有的儒者经常用道德仁义涤荡自己的身心，陈述自己的言行的时候伏听君主的采纳。如果君主有过失，会委婉地提出自己意见，以促使君主改正。但是当君主仍然不知道自己的错误的时候，他还会默默地期望，不会去急躁行事。当自己得志的时候，不会在卑微的人面前炫耀自己，也不会夸耀自己的功劳。世道安平的时候，（即使贤人很多）也不会轻视自己；世道混乱的时候不沮丧消沉。不胡乱结交与自己志趣相投的人，也不会去攻击与自己意见相左的人。儒者的卓尔不群是这样的。”

十四

“儒有上不臣天子，下不事诸侯，慎静尚宽，底厉廉隅[①]，强毅以与人[②]，博学以知服[③]，虽以分国，视之如锱铢[④]，弗肯臣仕。其规为[⑤]有如此者。”

注释

①底厉廉隅：磨练自己讲求气节的端庄品行。

底厉，通“砥砺”。磨砺，磨练。廉隅，原来的意思是棱角，此处指人的品行端庄，有浩然正气。

②强毅以与人：在与人交往的时候不乏刚强坚毅之气。

与，结交，亲附。

③博学以知服：广泛学习以知道自己应当从事什么。

服，从事，做。

④锱铢：喻微不足道的东西。

锱铢，古代的重量单位，六铢为一锱，四锱为一两。

⑤规为：行为准则。

译文

“有的儒者对上不臣服于天子，对下不为诸侯做事，谨慎安静而崇尚宽厚，磨砺自己端正而有气节的品行，与人交往的时候刚强而坚毅，广泛地学习以知道自己应该做什么，即使分封给他一个国家，他也会不以为意，不肯做别人的臣属。儒者的行为准则是这样的。”

十五

“儒有合志同方①，营道同术②，并立则乐③，相下不厌④，久别则闻流言不信⑤，义同而进，不同而退⑥。其交有如此者。”

注释

①合志同方：有同样的志向，遵守同样的法则。

合，相合，匹配。方，方法，法则。

②营道同术：以相同的方法研究道术。

营，经营，谋求，此处为学习研究。术，方法，办法。

③并立则乐：意思是彼此都有所成就时就会感到快乐。

并，一起，同。

④相下不厌：指都不得志的时候也不会彼此厌倦。

相，一起，共同。

⑤久别则闻流言不信：久不相见，听到流言飞语也不会相信。

⑥义同而进，不同而退：志向相同就保持友谊，不同就不会再交往。

译文

“有的儒者与人交往时要求彼此有一样的志向，并且遵守同样的法则。追求道义也有相同的方法，当彼此都有所成就的时候就会感到快乐，彼此都不得志的时候也不会互相厌倦。彼此久不相见，即使听到关于对方的流言飞语也不会相信。志趣相投时就互相交往，志向相悖时就会互相疏远。儒者的交友是这样的。”

十六

“夫温良者，仁之本也；慎敬者，仁之地[1]也；宽裕者，仁之作[2]也；逊接[3]者，仁之能[4]也；礼节者，仁之貌也；言谈者，仁之文[5]也；歌乐者，仁之和也；分散者，仁之施[6]也。儒皆兼而有之，犹且不敢言仁也。其尊让有如此者。”

注释

①地：质地，底子，基础。

②作：开始，兴起。

③逊接：待人接物谦逊而恭敬。

④能：功能，作用。

⑤文：文饰，修饰。⑥施：施行。

译文

"温和善良是仁的根本；谨慎恭敬是仁的基础；宽宏大量是仁人的开始；待人接物时谦逊恭敬是仁的作用；礼节是仁的表象；言谈是仁的文饰；歌曲乐舞表现了仁的和谐；乐善好施则是仁的施行。儒者兼有这几样美德，尚且还不敢说自己做到了'仁'。儒者的尊让是这样的。"

十七

"儒有不陨获于贫贱[①]，不充诎于富贵[②]，不溷君王[③]，不累长上[④]，不闵有司[⑤]，故曰儒。今人之名儒也妄[⑥]，常以儒相诟疾[⑦]。"

哀公既得闻此言也，言加信，行加敬，曰："终殁吾世，弗敢复以儒为戏矣。"

注释

①不陨获于贫贱：指不因贫困而烦闷不安。陨货，烦闷不安的样子。

②不充诎 qū 于富贵：不因富贵而得意忘形。充诎，得意欢快的样子。

③不溷 hùn 君王：不为君王所诟病，指做事能让君王满意。溷，原意是浑浊、污浊，此处是指侮辱，玷污，诟病。

④不累长上：意思是不使在上者成为自己的负累。

⑤不闵有司：不会被官吏的无理取闹所干扰。闵，本义是忧患、忧虑，此处是干扰，刁难的意思。

⑥今人之名儒也妄：现在的人虽然有的也被称为儒者，但是都是虚妄的，不是真正的儒者。名，动词，称名，称作。妄，虚妄，不真实。⑦诟疾：诟病，辱骂。

译文

“儒者不会因为贫贱而烦闷不安，也不会因为富贵而得意忘形。他们不会被君王所诟病，不会被在上者所累，不会被官吏的无理取闹所干扰，这样才能称为儒。现在的人虽然有些也被称为儒，但是都不是真正意义上的儒，而且人们常常把儒作为讥讽和诟病的对象。”

哀公听完孔子说的这些话之后，平时说话更加严守诚信，行为也更加恭敬有礼。

哀公说：“我这辈子，再也不敢拿儒者来开玩笑了。”

问　礼

题解

本篇主要围绕着“礼”而谈，分为两部分：一是“哀公问礼于孔子”；二是孔子弟子言偃问礼于孔子。故以“问礼”为篇名。

孔子十分重视礼，有些学者认为孔子思想的核心就是礼。在本篇中，孔子强调了礼的重要性，追述了上古明王之时所施行的礼仪，分析了礼制产生的渊源，这对于我们理解中国的文化传统和孔子的礼学思想有很大帮助。

本篇中孔子与哀公的对话也见于《礼记·哀公问》和《大戴礼记·哀公问孔子》，第二部分孔子与言偃的对话又见于《礼记·礼运》，可相互参照。

一

哀公问于孔子曰：“大礼①何如？子之言礼，何其尊②也！”孔子对曰：“丘也鄙人③，不足以知大礼也。”公曰：“吾子④言焉！”

孔子曰：“丘闻之，民之所以生者，礼为大。非礼则无以节事天地之神焉⑤；非礼则无以辩⑥君臣、上下、长幼之位焉；非礼则无以别男女、父子、兄弟、婚姻、亲族、疏数之交焉⑦。是故君子此之为尊敬，然后以其所能教顺百姓，不废其会节⑧。既有成事，而后治其文章[⑨]、黼黻[⑩]，以别尊卑、上下之等[⑪]。其顺之也，而后言其丧祭之纪[⑫]、宗庙之序[⑬]，品其牺牲[⑭]，设其豕腊[⑮]，修其岁时[⑯]，以敬其祭祀，别其亲疏，序其昭穆[⑰]。而后宗族会宴[⑱]，即安其居，以缀恩义[⑲]。卑其宫室，节其服御，车不雕玑[⑳]，器不彤镂[㉑]，食不二味[㉒]，心不淫志[㉓]，以与万民同利。古之明王，行礼也如此。”

公曰：“今之君子，胡莫之行也？”

孔子对曰：“今之君子，好利无厌，淫行不倦[㉔]，荒怠慢游[㉕]，固民是尽[㉖]，以遂其心，以怨其政[㉗]。忤[㉘]其众，以伐有道。求得当欲，不以其所[㉙]；虐杀刑诛，不以其治[㉚]。夫昔之用民者由前，今之用民者由后。是即今之君子莫能为礼也。”

注释

①大礼：隆重的礼节。②尊：重，尊重。

③鄙人：鄙陋之人，这里是孔子自己的谦称。

④吾子：对孔子的敬称，就像说“我的先生”。

⑤非礼则无以节事天地之神焉：没有礼就不能用礼节来祭祀天地之神灵。节事，用礼节来侍奉。

⑥辩：通“辨”。辨别，辨明，分辨。

⑦疏数：疏远的人和亲密的人，就是指远近亲疏的关系。交，交往，关系。

⑧会节：即礼节。会，相见。节，礼节。

⑨文章：指车服旌旗等物。文，文献典籍。章，典制，规章。

⑩黼黻 fǔfú：古代礼服上所绣的花纹，这里指礼服。黼，古代贵族衣物上黑白相间的斧形图案。黻，古代贵族礼服上青黑相间的图案。

⑪等：等级，级别。

⑫丧祭之纪：丧葬祭祀的原则。

纪，法度，准则。未葬之祭称为奠，葬后之祭称为丧祭。

⑬宗庙之序：宗庙排列的顺序。序，次序，顺序。

⑭品其牺牲：区别好祭祀时使用的牺牲。

品，品评，区分，区别。牺牲，祭祀时用的牲畜。

⑮设其豕腊 shǐxī：摆设祭祀时用的干肉。

豕，猪。腊，干肉。

⑯修其岁时：确定一年中祭祀的时间。

岁时，每年中一定的时节。

⑰序其昭穆：排列好祖先的位次。序，动词，依照次序排列。昭穆，昭穆制度源于古代宗法制，主要是为了区别祖宗的亲疏，祖宗宗庙、陵墓、神主一般按照昭穆的次序依次排列，始祖庙居中，以下按照父、子的顺序排列为昭穆，昭居左，穆居右。

⑱会宴：会聚宴饮。

⑲即安其居，以缀恩义：大家都安于自己在宗族中所处的位置，并且把同族人之间的情谊连接起来。

居，处在某种地位或者某个地方。缀，缀合，连接。

⑳车不雕玑 jī：车上不雕刻凹凸不平的花纹。

玑，原意指不圆的珠子，这里是指各种各样雕刻的花纹。

㉑器不彤 tóng 镂：指器物上不装饰彩色的花纹也不雕刻出花纹。彤，朱红色。镂，雕刻。

㉒食不二味：饮食简单，不追求多种多样的味道。

㉓心不淫志：内心没有过分强烈的欲望。淫，过度，过分。

㉔淫行不倦：放纵自己的行为而没有停止的时候。

㉕荒怠慢游：荒淫懒散，好逸恶劳。

㉖固民是尽：必定使百姓将竭尽财力。固，一定，必定。

㉗以怨其政：使百姓怨恨统治者的所作所为。

㉘忤：违逆，违背。

㉙求得当欲，不以其所：为了满足自己的欲望，会不择手段。

㉚不以其治：不按照法度办事。

译文

鲁哀公问孔子说："隆重的礼仪是怎么样的呢？您谈到礼的时候，往往都很重视它。"孔子说："我是一个鄙陋的人，不能确切地说出到底什么是隆重的礼仪。"

哀公又说道："您还是为我讲讲吧！"

孔子说："我听说，在老百姓的生活中，最重要的事情就是礼仪了。没有礼仪就不能侍奉天地神灵；没有礼仪就没有办法区分君臣、上下、长幼之间所处的位置；没有礼仪也没有办法区别男女、父子、兄弟之间的关系和婚姻、亲族之间交往的亲疏关系。因此，君子一般都把礼仪的地位看得非常高，认识到了这一点，他们都会尽自己最大的力量去对百姓施行礼乐教化，不会使百姓将彼此之间的各种礼节搞乱。等到礼乐教化已经起到一定的作用之后，他们才开始纹饰车马、礼服来区别上下尊卑。当百姓顺从了这些礼乐教化的时候，然后才能谈到丧葬祭祀的原则，宗庙的排列顺序，区分开祭祀时使用的牺牲，摆设好祭祀时用的干肉，选定一年中特定的时间祭祀，这样才能够恭敬地举行祭祀礼仪，才能区别远近亲疏的关系，才能排列好祖先的位次。然后同族的人会聚在一起宴饮，使大家都知道自己在宗族中的位置，并且可以把同族人之间的情谊连接起来。住着低矮的房子，节约使用日常用的车马和衣服。车子不加雕饰，日常器物也不做装饰，食物简单，没有什么美味佳肴，心中没有过分的欲望，这样他们才能与老百姓共享利益。古代圣明的君王，他们就是这样严格地遵行礼制的。”

哀公又问道：“但现在居上位的人，怎么没人能做到这些呢？”

孔子回答说：“现在处在上位的人，贪婪好利没有满足的时候，放纵自己的行为从没有停止的时候。他们荒淫懒散，好逸恶劳，必定会使百姓竭尽财力以满足自己的私欲，这样下去是一定会引起百姓的怨恨的。违背百姓的意愿，去侵犯有道义的国家。为了满足自己的欲望，无所不用其极；用极其残酷的手段对待百姓，从不按照法度行事。从前统治百姓的人用的是前面说到的那种方法，而现在统治百姓的人用的是后面说到的方法。现在居上位的人之所以不能施行礼教就是因为这样的原因。”

二

言偃[①]问曰：“夫子之极言[②]礼也，可得而闻乎？”

孔子言：“我欲观夏道，是故之杞[③]，而不足征[④]也，吾得《夏时》[⑤]焉。我欲观殷道，是故之宋[⑥]，而不足征也，吾得《乾坤》[⑦]焉。《乾坤》之义，《夏时》之等[⑧]，吾以此观之。

“夫礼初也，始于饮食。太古之时，燔黍擘豚[⑨]，污樽抔饮[⑩]，蒉桴土鼓[⑪]，犹可以致敬鬼神。及其死也，升屋而号[⑫]，告曰：‘高[⑬]！某复[⑭]！’然后饮腥苴熟[⑮]。形体则降，魂气则上，是谓天望而地藏也[⑯]。故生者南向，死者北首，皆从其初也[⑰]。昔之王者，未有宫室，冬则居营窟，夏则居橧巢[⑱]。未有火化[⑲]，食草木之实、鸟兽之肉，饮其血，茹[⑳]其毛。未有丝麻，衣其羽皮。后圣有作[㉑]，然后修火之利，范金合土[㉒]，以为宫室户牖，以炮以燔[23]，以烹以炙，以为醴酪[24]。治其丝麻，以为布帛。以养生送死，以事鬼神。

故玄酒在室[25]，醴醆在户[26]，粢醍在堂[27]，澄酒在下[28]。陈其牺牲，备其鼎俎[29]，列其琴、瑟、管、磬、钟、鼓，以降上神与其先祖[30]，以正君臣，以笃父子，以睦兄弟，以齐上下，夫妇有所，是谓承天之祐[31]。作其祝号[32]，玄酒以祭，荐其血毛[33]，腥其俎，熟其殽[34]。越席以坐，疏布以幂[35]。衣其浣帛[36]，醴醆以献，荐其燔炙。君与夫人交[37]献，以嘉[38]魂魄。然后退而合烹[39]，体[40]其犬豕牛羊，实其簠簋笾豆铏羹[41]。祝以孝告，嘏以慈告[42]，是为大祥[43]。此礼之大成也。”

注释

①言偃：姓言，名偃，字子游，又称言游，孔子弟子，以文学和明礼著称。

②极言：说道极点，说道最高的境界，说得很重要。

③杞：杞国，周初所封的诸侯国。姒姓，相传开国君主是夏禹后裔东楼公。初都雍丘（今河南杞县），后东迁至今山东新泰境内。公元前445年为楚所灭。因为杞国君主是夏禹的后裔，因此它保存了很多夏朝的东西，故孔子如此说。

④征：证，验证。⑤《夏时》：夏历，夏代的历法，今存有《夏小正》，收入《大戴礼记》中。

⑥宋：宋国，周初所封的诸侯国。子姓，开国君主是商纣王的庶兄微子启。周公平定了武庚的叛乱之后，将商的旧都周围的地区封给了微子启，建都商丘（今河南商丘附近）。

⑦《乾坤》：古《易》书。

⑧《乾坤》之义，《夏时》之等：意为《乾坤》所体现出的

变化之义和《夏时》所体现的等级区分。

⑨燔 fán 黍擘 bò 豚：烤黍米，剖猪肉。燔，炙，烤。黍，黍米，黍子。擘，剖，分裂。豚，小猪，泛指猪。

⑩污 wā 樽抔 póu 饮：在地上挖一个坑当作酒樽，用手捧着酒喝。污，挖土，掘地。樽，古代盛酒的器具。抔，用手捧。

⑪蒉桴 kuàifú 土鼓：用草扎成鼓槌，敲打在用土做的鼓上。蒉，植物名，即赤苋。桴，鼓槌。

⑫升屋而号：登上屋顶大声呼喊。升，登。号，呼喊，呼叫。这是古代为死者招魂的习俗。死者刚断气的时候，要登上屋顶呼唤他的魂魄归来。

⑬高：通“嗥”。拖长声音叫，相当于“啊”“唉”等大声呼号的声音。

⑭某复：某某你回来啊。某，代指刚刚失去的亲人。复，回来。

⑮饮腥苴 jū 熟：这是古代的葬俗，人刚死的时候，要在他的嘴里放置珠贝等物，称饭含。将要下葬的时候，用蒲草包裹一些熟食，奠送死者，使死者不致挨饿。腥，指生的东西，如珠贝等物。苴，用蒲草等物包裹。熟，熟食。

⑯形体则降，魂气则上，是谓天望而地藏也：古代人认为，死者的身体虽然埋在地下，但是他的魂魄却已经升上天去。

⑰故生者南向，死者北首，皆从其初也：古人认为南方属阳，北方属阴，故活着的人以南为尊，死去的人下葬时头要朝北。

⑱橧 zēng 巢：在高处用草木堆积而成的巢或巢形居所。

⑲火化：用火把食物做熟。⑳茹：吃。㉑作：起，兴，出现。

㉒然后修火之利，范金合土：然后才知道利用火的作用，用模子浇铸金属器皿，用泥土等烧制砖瓦。

范，模子，浇铸金属器皿时所使用的型范，此处用作动词。

㉓以炮以燔：炮，烧烤，古代的一种烹饪方法，把食物涂上泥放在火上烤熟。燔，炙，烤。

㉔醴酪：醴，甜酒。酪，乳酪。

㉕玄酒在室：把祭祀用的清水放在室内。玄酒，古代时祭祀用的清水，上古时无酒，以水为酒，又因其色黑，故谓之玄酒。室内在北，地位最尊，故把玄酒摆在室内。

㉖醴醆 zhǎn 在户：把稍微浑浊的酒放在靠近门口的地方。古时酒按其清浊和厚薄分为五等，叫“五齐”。

《周礼·天官·酒正》：“辨五齐之名：一曰泛齐，二曰醴齐，三曰盎齐，四曰缇（醍）齐，五曰沈齐。”

醴，指醴齐。醆，稍微清澈的浊酒。

㉗粢醍 zītǐ 在堂：把浅赤色的清酒放在行礼的堂上。

粢醍，一种浅赤色的清酒。

㉘澄酒在下：最为清澈的淡酒放在堂下。澄酒，淡酒。

㉙鼎俎：古代祭祀时盛放祭品的礼器。鼎为青铜器，三足两耳，也可用来煮或者盛放食物，多为贵族使用。

俎，原是指切肉用的小案子，形状为两端有足的长方形平板，古代祭祀或者宴会时也用其来盛放祭品或者食品。

㉚以降上神与其先祖：以使上神和先祖的神灵降临人间。

古代人认为祭祀上神和祖先会让他们降临以护佑族人。这源于上古时期的降神仪式，有明显的宗教痕迹。

㉛承天之祜：承奉了上天的护佑。

㉜祝号：即祝辞中特别加美的名号，祭祀时神鬼皆加美号，如称神为“皇天上帝”。祝，祭祀时的祝告祝祷。

㉝荐其血毛：进献牺牲的血毛。荐，进献。

㉞腥其俎，熟其殽：进献生肉以及熟的鱼肉等。

腥，生肉。殽，通“肴”。煮熟的鱼肉。

㉟越席以坐，疏布以幂：踩踏着蒲席走上坐席，端着用粗布覆盖的酒樽。越席以坐，王肃注："翦蒲席也。"翦，通"践"。蒲席，指蒲草编成的草席。古代习俗，主人主妇都要踏着蒲席走上坐席。疏布以幂，王肃注："幂，覆酒巾也。质，故用疏也。"疏布，即粗布。幂，盖，覆盖。

㊱衣其浣帛：穿着新织的绸衣。衣，动词，穿着。

浣帛，新织的绸衣。

㊲交：交替。㊳嘉：嘉赞，赞美。

㊴合烹：把半生不熟的祭品放在一起烹煮。

㊵体：动词，分解肢体。

㊶实其簠簋笾 fǔguǐbiān 豆铏 xíng 羹：簠簋盛满粮食，笾豆盛满果脯和肉酱，用铏盛放肉羹。

簠簋，两种盛黍稷稻粱的礼器。簠方形，有短足，有盖。簋圆形。笾和豆是古代祭祀和宴会时盛食品的两种礼器。笾，用竹制，盛果脯等。豆，用木制，也有用铜或陶制的，形似高脚盘，一般有盖，盛齑酱等。铏，盛羹及菜的器皿。

㊷祝以孝告，嘏 gǔ 以慈告：祝告的言辞将主人的孝心告诉给先祖的神灵，致福的话语则把先祖神灵的慈爱转达给主人。祝，祭祀时主持祝告的人，这里是指祝告辞。

嘏，古代祭祀，执事人代神灵为受祭者向主人致福叫嘏。

㊸大祥：大善，大吉。

译文

言偃问孔子说："老师您把礼看得如此重要，能不能给我讲讲礼的精髓呢？"

孔子说："我想看看夏朝的礼仪制度，因此我曾经到杞国去过，但是因为年代过于久远，已经无法考证夏朝的礼仪了，但是我却看到了他们的历书《夏时》。我想看看殷商的礼仪制度，因此我曾到宋国去过，同样是因为年代久远，商朝的礼仪也无从考证了，但是我看到了他们的《易》书《乾坤》。我从《乾坤》中看到了阴阳变化的道理，从《夏时》中看到了礼的等级区分，我从中看到了礼的重要性。

“礼最初肇端于饮食。上古的时候，人们只知道用火把黍米烤熟，把猪剖开放在火上烧熟，在地上挖一个坑当做酒樽，用手捧着酒喝，用草扎成鼓槌，敲打在用土做的鼓上，当时人们就是用这样简单的方法向鬼神表达自己的诚敬之心。当自己的亲人死的时候，人们登上屋顶大声呼喊，向上天祷告说：‘啊！某某快回来吧！’这样之后就在死者的口中放入珠贝等物作为饭含之礼，并在下葬的时候给死者包裹一些熟食（以防死者挨饿）。尸体埋在地下，灵魂却在天上，这就是为什么尸体埋在地下而招魂时却仰望天空的缘故。之所以活着的人要面向南方而死去的人头朝着北面，就是因为这是很早的时候就传下来的习俗。

“早先的君王没有居住的宫室，他们冬天就住在用土垒成的土窟里面，夏天居住在树上面用草木堆积而成的巢穴里。当初的人们还不知道用火把食物做熟，因此只能生吃草木的果实和鸟兽的肉，喝动物的血，有时候把毛也吞到了肚子里。当时也没有麻布和蚕丝，因此人们只能穿着动物的羽毛和皮毛。后来有圣人出现，然后人们才开始利用火的作用，他们用模子来浇铸金属器皿，用泥土来烧制砖瓦，再用这些东西建造宫室和门窗。用火来烧、烤、煨、炸食物，酿造出甜酒以及乳酪。人们开始种植桑蚕和麻，用来做麻布和丝绸。人们用这些东西使得活着的人更好地生存，也用来安葬死者和祭祀鬼神。

“因此，祭祀的时候要把用于祭祀的清水放在地位最高的屋内，稍微浑浊的酒放在靠近门口的地方，浅赤色的清酒放在行礼的大堂上，而最为澄澈的淡酒就只能放在堂下。然后开始陈列祭祀时使用的牺牲，把它们放在盛放祭品的大鼎和肉俎上，同时也要把琴、瑟、管、磬、钟、鼓等乐器陈放好，用这些东西来迎接神祇和祖先神灵的降临。这些祭祀活动可以端正君臣之间的位置，可以加深父子之间的孝慈之情，可以使兄弟之间变得更加团结和睦，整齐上下尊卑之间的关系，男女都知道自己所处的位置。这就是因为承奉了上天的护佑。主祭的人向上天祝祷，用酒来祭祀神明，并且进献牺牲的血液和皮毛，同时进献禽兽的生肉以及煮熟的鱼。祭者踩踏着蒲席走上坐席，端着用粗布覆盖的酒樽，穿着新织的绸衣，向神灵进献醴酦以及烤熟的肉。主人与夫人交替进献祭品，以此来嘉赞神明。然后将祭祀时使用过的半生不熟的祭品合在一起煮熟，把那些狗、猪、牛、羊的肢体分解开来，将簠簋盛满粮食，笾豆盛满果脯和肉酱，肉羹则盛入铏中，用这些事物来飨尸及招待参加祭祀的族人。祝告辞把主人的孝心传达给了祖先神灵，致福辞则把祖先神灵的慈爱传达给主人，这样才能叫做大吉。到此祭礼才完满结束。”

五仪解

题解

本篇记载了孔子对于“五仪”即五种人的理解。

孔子认为，按照一定的标准可以把人分为五个等级，即庸人、士人、君子、贤人、圣人。故以“五仪”为篇名。

区别这五等人的标准主要是个人的道德修养，因此按照这五等人的标准来选拔人才，必定可以得天下之英才而用之，实现王道政治的目的。

既然是按照道德修养来区分“五仪”，那么个人修养对于一个人，尤其是君主来说就十分重要。篇中所讲的“君子不博”、“夫君者，舟也；庶人者，水也。水所以载舟，亦所以覆舟”以及“灾妖不胜善政”都与个人的修养有关。

一

哀公问于孔子曰：“寡人欲论①鲁国之士，与之为治，敢问如何取之？”孔子对曰：“生今之世，志②古之道；居今之俗，服古之服③。舍此而为非者④，不亦鲜⑤乎？”

注释

①论：通“抡”。选择，选拔。②志：倾慕，向往。

③服古之服：穿着古人的衣服。

前一个“服”是动词，后一个“服”是名词。

④舍 shè 此而为非者：能有这样的行为而不是人才的。

舍，动词，处于，居于。

⑤鲜 xiǎn：少。

译文

鲁哀公问孔子说：“我想选拔鲁国的贤能之士，和他们一同治理国家，请问先生应该怎样来选拔人才呢？”

孔子回答道：“生活在当今之世，却向往古代的治世之道；处于现在的风俗习惯当中，却穿着古代人的衣服。如果一个人能有这样的行为却不是一个贤才，难道不是很少见的吗？”

二

曰：“然则章甫绚履、绅带缙笏[①]者，皆贤人也。”孔子曰：“不必然也[②]。丘之所言，非此之谓也。夫端衣玄裳、冕而乘轩者[③]，则志不在于食荤[④]；斩衰菅菲、杖而啜粥者[⑤]，则志不在于酒肉。生今之世，志古之道；居今之俗，服古之服，谓此类也。”

注释

①章甫绚 qú 履、绅带缙笏 hù：头上戴着殷商时流行的黑色帽子，脚上穿着带钩饰的鞋子，腰上束着大带子，腰间插着笏板。绚，古代鞋头上的一种装饰，钩状，上翘。绅带，古代士大夫束在衣外腰间的大带子。缙，通“搢”。插。笏，朝笏，又叫手板，古代君臣在朝廷上相见时手中所持的狭长板片，用玉、象牙或竹制成，用以比画或在上面记事。

②不必然也：不一定是那样的。必，一定。

③端衣玄裳、冕而乘轩者：穿着黑色的祭服，头戴礼冠，乘坐轩车。端衣，古代祭祀时所穿的服装。玄，黑色。裳，古人谓上衣曰衣，下衣曰裳。冕，动词，原意是古代帝王、诸侯、卿大夫所戴的礼帽，这里是戴着礼帽的意思。轩，古代大夫以上乘坐的车子。

④荤：葱蒜等有刺激性味道的菜蔬。

⑤斩衰 cuī 菅菲、杖而啜 chuò 粥者：身穿丧服，脚上踏着丧鞋，手拄丧杖，而且还喝稀粥。斩衰，古代用粗麻布做成丧服，不缉边，在丧服中是最重的一种，表明与死者的关系最为密切，需要为死者服三年之丧。衰，通“缞”。菅菲，据《荀子·哀公》应为“菅屦”，即草鞋。菅，菅草。屦，鞋。啜，喝。

译文

哀公说：“但是那些戴着殷商时候流行的黑色帽子，穿着带钩饰的鞋子，腰上束着大带子，腰间插着笏板的人，就都是贤人了。”

孔子说：“不一定是那样，我刚才所说的不是这个意思。那些穿着黑色的祭服，头戴礼冠，乘坐轩车的人，他们的心志不在荤食上面。那些穿着很重的丧服，脚上踏着丧鞋，手拄丧杖而且还喝着稀粥的人，他们的心志不在酒肉上面。‘生活在当今之世，却向往古代的治世之道；处于现在的风俗习惯当中，却穿着古代人的衣服’，说的就是这样的人。”

三

公曰：“善哉！尽此而已乎[①]？”孔子曰：“人有五仪[②]：有庸人，有士人，有君子，有贤人，有圣人。审[③]

此五者，则治道毕[4]矣。”

注释

①尽此而已乎：做到这些就可以停止了吗？已，停止。

②仪：标准，等级，等次。③审：明白，清楚。④毕：全，完备。

译文

哀公说：“您说得太好了，仅此而已吗？”

孔子说：“人可以分为五个等级：庸人，士人，君子，贤人，圣人。弄清楚这五种人，那么治国之道就尽在其中了。”

四

公曰：“敢问何如斯可谓之庸人？”孔子曰：“所谓庸人者，心不存慎终之规[1]，口不吐训格之言[2]，不择贤以托其身，不力行以自定[3]。见小暗[4]大，而不知所务[5]；从物如流[6]，不知其所执[7]。此则庸人也。”

注释

①慎终之规：始终谨慎如一的原则。

慎终，谨慎地选择结束。规，原则，规矩。

②训格之言：可以奉为法则的言语。训，法度。格，法则，法式。

③定：有所止，止而后能定。④暗：愚昧，糊涂。

⑤不知所务：不知道该做什么。务，致力于，努力从事于。

⑥从物如流：跟随外物，随波逐流。⑦执：守，执守。

译文

哀公问道：“请问怎么样的人叫做庸人？”

孔子回答说：“所谓的庸人，在他们心里没有行事谨慎并且始终谨慎如一的原则，他们从没有说出过可以奉为法则的言语，不选择贤人作为自己的依靠，不努力行动以找到自己的归宿。对小事明白而对于大事却很糊涂，最重要的是不知道自己究竟该做什么；他们盲目地跟随外物，随波逐流，不知道自己所需要坚守的是什么。这样的人就是所谓的庸人。”

五

公曰：“何谓士人？”孔子曰：“所谓士人者，心有所定，计有所守。虽不能尽道术之本，必有率也①；虽不能备百善之美，必有处也②。是故知不务多，必审其所知；言不务多，必审其所谓③；行不务多，必审其所由④。智既知之，言既道之，行既由之，则若性命之形骸之不可易也⑤。富贵不足以益，贫贱不足以损。此则士人也。”

注释

①必有率也：心中必然有遵循的原则。率，遵循，遵从。

②必有处也：心中必然有所坚守。处，居，引申为执守，坚守。

③必审其所谓：一定会明白所说的是否有理。审，明白，清楚。

④由：行，经历。⑤若性命之形骸之不可易也：就像是自己的性命和身体一样不可替代。易，替代，交换。

译文

哀公问道：“请问什么是士人？”

孔子回答说：“所谓的士人，他的内心非常的安定，制定出的计划都会坚持执行。虽然不能够完全精通治国的原则，（对这些原则）也一定是有所遵循的；即使不能够具备各种各样的美德，（对这些美德）肯定是有所执守的。因此知识不在于有多么广博，重要的是要明白这些知识所蕴含的道理；言语不在于说了多少，一定要知道所说的是否有理有据；事情不在于做了多少，重要的是要知道所做之事是否遵循事理。自己的能力足以明白这些知识，所说的话是有理的，所做的事情也已经是遵循事理的，那么这些东西就像自己的性命和身体一样不可替代了。富贵不会使他增加什么东西，贫贱也不会使他减少什么东西。这样的人才是所谓的士人。”

六

公曰：“何谓君子？”孔子曰：“所谓君子者，言必忠信而心不怨①，仁义在身而色无伐②，思虑通明而辞不专③，笃行信道④，自强不息，油然若将可越而终不可及者⑤。此则君子也。”

注释

①怨：咎，怨咎。

②色无伐：脸上没有炫耀之色。色，脸色，神情。伐，自夸，炫耀。

③专：专擅，专横，自以为是。

④笃行信道：努力践行自己所信奉的道义。笃，坚定，诚笃。

⑤油然若将可越而终不可及者：他们是那样的从容自若，貌似很快就会被超越，然而终究没有谁可以赶得上他们。油然，态度舒缓，安然自若的样子。

译文

哀公问道：“请问什么是君子呢？”

孔子回答说：“所谓的君子，说话必定是恪守忠信的，而心里却没有怨咎。自己能够做到仁义，但是却没有炫耀的神色。思考问题通达明智，但是言辞并不专横。坚定地践行自己所信奉的道义，自强不息，他们是如此从容自若，好像很快就要被超越了，但是最终还是没有谁可以赶得上。这样的人就是所谓的君子。”

七

公曰：“何谓贤人？”孔子曰：“所谓贤人者，德不踰闲[①]，行中规绳[②]，言足以法于天下而不伤于身[③]，道足以化于百姓而不伤于本[④]。富则天下无宛[⑤]财，施则天下不病贫[⑥]。此则贤者也。”

注释

①德不踰闲：德行不会超越一定的界限。

踰，超越。闲，限制，约束，指一定的界限和范围。

②行中 zhòng 规绳：行为中规中矩，符合法度。中，符合。规，原意是画圆的工具圆规，此处指规矩，法则。

绳，原意是木匠用的墨线，用来打出直线来。

规绳此处引申为准则，法度的意思。

③言足以法于天下而不伤于身：

言辞足以被天下人所效法而不会招惹灾祸。法，效法。

④道足以化于百姓而不伤于本：

其主张足以化成百姓而不伤害人们的本性。

⑤宛：通“蕴”，积蓄。

⑥施则天下不病贫：广施恩泽，那么天下人都不会再担心贫困。施，乐善好施之意。病，担忧，担心。

译文

哀公问道："请问什么是贤人呢？"

孔子回答道："所谓的贤人，他的德行不会超越一定的范围，行为也中规中矩，符合法度。他的言语足以为天下人所效法却不会招来灾祸，他的主张足以化成百姓而不会伤害人们的本性。如果他富有了，那么天下的人都不需要再积蓄资财；他广施恩泽，天下的人就不会再担忧贫困之苦了。所谓的贤人是这样的。"

八

公曰："何谓圣人？"孔子曰："所谓圣者，德合于天地①，变通无方②，穷万事之终始③，协庶品之自然④，敷其大道而遂成情性⑤。明并日月⑥，化行若神。下民不知其德，睹者不识其邻⑦。此谓圣人也。"

注释

①德合于天地：德行与天地相合。合，符合，齐。

②变通无方：变通自如。方，准则。无方，没有准则，无常。

③穷万事之终始：推究万事万物的发展规律。究，推究，探究。终始，事物的发展规律。

④协庶品之自然：顺应万物之本性。协，和，协和，协调。庶品，指万物。自然，指万物的本性。

⑤敷其大道而遂成情性：广布大道而使万物成其情性。敷，布，施。

⑥明并日月：他的光辉与日月等齐。并，齐，与……相同。

⑦睹者不识其邻：见到他的人也不知道圣人就在自己身边。邻，身边的人。

译文

哀公问道："什么是圣人呢？"

孔子回答道："所谓的圣人，他的德行与天地之道齐同，他的行为干练通达以至于变化无常。他能够探究出事物发展的规律，顺应万物之本性，广布其大道而成就万物的性情。他的光辉与日月等齐，化成天下犹如神明。天下的百姓不知道他的德行究竟有多么崇高，即使见到他的人也不知道圣人就在自己身边。这样的人就是所谓的圣人。"

九

公曰："善哉！非子之贤，则寡人不得闻此言也。虽然[①]，寡人生于深宫之内，长于妇人之手，未尝知哀，未尝知忧，未尝知劳，未尝知惧，未尝知危，恐不足以行五仪之教，若何？"孔子对曰："如君之言，已知之矣。则丘亦无所闻[②]焉。"

注释

①虽然：即使这样，即便如此。

②闻：动词，使……闻，使……知道。

译文

哀公说："好啊！如果不是您的贤明，那么我是不会听到这些话的。即便如此，我生长在深宫之中，被妇人养大，所以不曾知道什么是悲哀，什么是忧虑，什么是劳苦，什么是恐惧，什么是危殆，所以恐怕我自己没有足够的能力施行这'五仪'之教，这该怎么办呢？"

孔子回答说："如果按您说的这样，您已经知道究竟该怎么去做了。那么我也就没有什么话再告知您了。”

十

公曰：“非吾子，寡人无以启其心[1]，吾子言也。”

孔子曰：“君子入庙，如右[2]，登自阼阶，仰视榱桷[3]，俯察机筵[4]，其器皆存，而不睹其人[5]。君以此思哀，则哀可知矣。昧爽夙兴[6]，正其衣冠，平旦视朝[7]，虑其危难，一物失理，乱亡之端[8]。君以此思忧，则忧可知矣。日出听政，至于中冥[9]，诸侯子孙，往来为宾，行礼揖让，慎其威仪[10]。君以此思劳，则劳亦可知矣。缅然[11]长思，出于四门[12]，周章[13]远望，睹亡国之墟，必将有数[14]焉。君以此思惧，则惧可知矣。夫君者，舟也；庶人者，水也。水所以载舟，亦所以覆舟。君以此思危，则危可知矣。君既明此五者，又少留意于五仪之事，则于政治何有失矣？”

注释

①启其心：启迪自己的心志。

启，启迪，启发。其，自己的，我的。

②如右：靠在门内的东边走。如，到……去。右，指门内东边。

③榱桷 cuījué：屋椽。

④机筵：几席，是祭祀的席位，后来泛称灵坐为几筵。

⑤其人：指逝去的祖先。

⑥昧爽夙兴：清晨早早地起来。

昧，昏暗。爽，拂晓，黎明。夙，早。兴，起来。

⑦平旦：天大亮的时候。视朝：上朝听政，处理朝政。

⑧一物失理，乱亡之端：一件事情处理不当，就会成为混乱和灭亡的开始。失理，疏于治理，处理不当。端，端绪，开始。

⑨中冥：日过午西斜。中，日中。冥，黑暗，昏暗。

⑩慎其威仪：谨慎地施行各种礼节，保持自己的威仪。

⑪缅然：遥远的样子。

⑫四门：即城门。

⑬周章：彷徨，惶恐。

⑭数：天数，天命。

译文

哀公说："如果没有您的话，我是没有办法来打开自己的心智的，您还是说说吧。"

孔子回答说："君主您进入宗庙，靠在大门的东边走，从东边的阶梯走上去，抬头看见屋顶的椽子，低头就看见祭祀的几席，这些器物都还在，但是却看不到逝去的祖先了。您以此来引发自己悲伤的感情，就会知道什么是悲伤了。天刚拂晓的时候就早早起来，衣帽穿戴整齐，到天大亮的时候去处理朝政，担忧国家治理的种种危难，一件事情处理不当，就可能是混乱和灭亡的开始。您以此来引发自己忧虑的心情，就会知道什么是忧虑了。日出的时候就开始处理朝政，一直到太阳西斜，各国诸侯及其子孙作为宾客往来不绝，行礼揖让，谨慎地施行各种礼仪，以保持自己的威仪。您以此来引发自己忧劳的心情，就会知道什么是忧劳了。缅怀久远的史事，走出城门，彷徨忧惧，这必然会了解朝代兴衰的天数，您以此来引发自己恐惧的心情，就会知道什么是恐惧了。国君是舟，老百姓是水，水可以负载舟，也可以使舟覆没。您以此来思考危险，就会知道什么是危险了。您明白这五种情况之后，再稍稍留意五仪，那么在政治上还会有什么过失呢？"

十一

哀公问于孔子曰："请问取人之法。"孔子对曰："事任于官[①]，无取捷捷[②]，无取钳钳[③]，无取啍啍[④]。捷捷，贪也；钳钳，乱也；啍啍，诞也[⑤]。故弓调而后求劲焉[⑥]，马服而后求良焉[⑦]，士必悫[⑧]而后求智能者焉。不悫而多能，譬之豺狼不可迩[⑨]。"

注释

①事任于官：因其所能之事而授予相应的官职。

②捷捷：花言巧语的样子。

③钳钳：妄言乱语的样子。

④啍啍 zhūn：多言多语的样子。啍，通"谆"。

⑤诞：欺诈，欺骗。

⑥弓调而后求劲焉：必先调好弓箭然后射出去的箭才有力量。

⑦马服而后求良焉：马匹必须首先被驯服然后才能被称为是良马。服，驯服。

⑧悫 què：诚实谨慎。⑨迩：动词，靠近。

译文

哀公问孔子说："我想问问您选取人才的标准是什么。"

孔子回答说："根据每个人所擅长的事情授予相应的官职，不要选取花言巧语的人，不要选取妄言乱语的人，不要选取多言多语的人。花言巧语的人会贪得无厌，妄言乱语的人会混淆视听，多言多语的人会欺诈寡信。因此必须先调好弓箭然后才能使射出去的箭有力量，马必须首先被驯服然后才能被称为良马，士必须诚实谨慎而后才能利用他的聪明才干。不诚实谨慎而又多才多能，这就好像是豺狼一样不可以靠近。”

十二

哀公问于孔子曰：“寡人欲吾国小而能守，大则攻，其道如何？”孔子对曰：“使[①]君朝廷有礼，上下相亲，天下百姓皆君之民，将谁攻之？苟违此道，民畔如归[②]，皆君之仇也，将与谁守？”公曰：“善哉！”于是废山泽之禁[③]，弛关市之税[④]，以惠百姓。

注释

①使：假使，假如，如果。

②民畔如归：百姓背叛您就像回家一样迫切。畔，通“叛”。背叛。归，回家。

③废山泽之禁：于是废除了禁止在山林川泽中樵采的禁令。

④弛关市之税：取消了市场关卡上的税收。弛，禁止，取消。

译文

哀公问孔子说：“我想让我们的国家弱小的时候足以防守，强大的时候可以出兵攻伐别的国家，有什么办法可以做到这些吗？”

孔子回答说：“假如您的人在朝廷上都能遵行礼仪，君臣上下之间相敬相亲，那么天下的百姓都是您的臣民，谁还会攻打您呢？如果违背了这一原则，那么百姓背叛您就像回家一样地迫不及待，他们都会成为您的仇敌，那时您还怎样防守呢？”

哀公说：“说得好啊！”

于是哀公废除了禁止在山林川泽中樵采的禁令，取消了市场关卡上的税收，以使百姓得到恩惠。

十三

哀公问于孔子曰："吾闻君子不博[1]，有之乎？"

孔子曰："有之。"公曰："何为？"

对曰："为其有二乘[2]。"公曰："有二乘，则何为不博？"

子曰："为其兼行恶道[3]也。"哀公惧焉。

有间[4]，复问曰："若是乎？君子之恶恶道[5]至甚也。"孔子曰："君子之恶恶道不甚，则好善道亦不甚，好善道不甚，则百姓之亲上亦不甚。《诗》云：'未见君子，忧心惙惙。亦既见止，亦既觏止，我心则悦。[6]'《诗》之好善道甚也如此。"公曰："美哉！夫君子成人之善，不成人之恶。微[7]吾子言焉，吾弗之闻也。"

注释

①博：古代一种赌输赢的游戏，与下棋类似。

②二乘 chéng：指两方互相侵凌争胜。乘，凌驾，侵凌。

③恶道：邪道。

④有间：过了一会儿。

⑤恶恶道：厌恶邪道。前一个"恶"为动词，憎恶、厌恶的意思；后一个"恶"为形容词。

⑥未见君子，忧心惙惙 chuò。亦既见止，亦既觏 gòu 止，我心则悦：没有见到君子，忧心忡忡。等到见了君子，等到遇上君子，满心欢喜。惙惙，忧愁的样子。既，已经。止，通"之"。觏，遇见。语出《诗经·召南·草虫》。

⑦微：如果没有，表假设语气。

译文

哀公问孔子说：“我听说君子是不下棋的，有这回事吗？”

孔子回答说：“有。”

哀公说：“为什么呢？”

孔子回答说：“因为二人下棋都是两个人互相侵凌的。”

哀公说：“互相侵凌为什么就不能下棋呢？”

孔子说：“因为互相侵凌会导致人们走上邪道。”

哀公听了之后不禁感到恐惧。

过了一会儿，哀公又问道：“真是像您说的这样吗？那么君子对邪道真可以说是深恶痛绝了。”

孔子回答说：“君子对邪道的厌恶如果不是很强烈的话，那么对善道的向往也不会十分强烈，对善道的向望不强烈，那么老百姓对在上位者就不会十分亲近。《诗经》上说：‘没见到君子，就会忧心忡忡。等见到了君子，遇见了君子，就会满心欢喜。’原来《诗经》对善道的向往也是这样强烈的啊！”

哀公说道：“太好了！君子成全别人的好事，不成全别人的坏事。没有您的这番话，我是不可能听到这些道理的。”

十四

哀公问于孔子曰：“夫国家之存亡祸福，信[①]有天命，非唯[②]人也。”

孔子对曰：“存亡祸福皆己而已，天灾地妖[③]不能加[④]也。”

公曰：“善！吾子之言，岂有其事乎？”

孔子曰：“昔者殷王帝辛[⑤]之世，有雀生大鸟于城隅[⑥]焉，占[⑦]之，曰：‘凡以小生大，则国家必王而名必昌[⑧]。’于是帝辛介雀之德[⑨]，不修国政，亢暴无极[⑩]，朝臣莫救[11]，外寇乃至，殷国以亡。此即以己逆天时，诡[12]福反为祸者也。又其先世殷王太戊[13]之时，道缺法圮[14]，以致夭蘖[15]。桑穀[16]于朝[17]，七日大拱[18]，占之者曰：‘桑穀野木而不合生朝，意者[19]国亡乎！’太戊恐骇，侧身[20]修行，思先王之政，明养民之道。三年之后，远方慕义，重译至者[21]，十有六国。此即以己逆天时，得祸为福者也。故天灾地妖，所以儆[22]人主者也；寤梦征怪[23]，所以儆人臣者也。灾妖不胜善政，寤梦不胜善行，能知此者，至治之极也，唯明王达此。”

公曰：“寡人不鄙固此[24]，亦不得闻君子之教也。”

注释

①信：确实，真的。②唯：以，因为，由于。

③天灾地妖：天反时为灾，地反物为妖，此处指反时反常的现象。

④加：改变。⑤帝辛：即商纣王。⑥隅：角，角落。

⑦占：占筮，占卜。⑧昌：昌盛，显赫。

⑨介雀之德：借助麻雀的德行。介，凭借，依赖。德，德行。

⑩亢暴无极：极度残暴，没有尽头。

亢，极度，过分。极，尽头，极点。

⑪救：止，阻止。⑫诡：违背，违反，违逆。

⑬太戊：商王名，太庚之子，任用伊陟、巫咸等人使商朝复兴。

⑭道缺法圮 pǐ：道义缺失，礼法毁坏。圮，毁坏。

⑮夭蘖：即“妖蘖”。指反常怪异的现象或事物。

⑯穀 gǔ：楮木，古时以桑、穀二木生于朝为不祥之兆。

⑰朝：朝廷，庙堂。⑱大拱：大到两手合围那么粗了。

拱，两手合围。⑲意者：大概，恐怕，表示猜测语气。

⑳侧身：恐惧不安的样子。

㉑重 chóng 译至者：通过使者辗转传译前来朝拜。译，传译四夷之语。

㉒儆：告诫，儆告，儆戒。

㉓寤梦征怪：各种梦异和怪诞的征兆。寤，梦异。征，信，验。

㉔不鄙固此：如果不是这般庸鄙固陋。

译文

哀公问孔子说："国家的存亡祸福，确实是由天命操纵的，不会以人的意志为转移吗？"

孔子回答说："国家的存亡祸福都是由人自己决定的，反常的事物和现象都不能改变国家的命运。"

哀公说道："说得好啊！您说的有什么事实的根据吗？"

孔子说："从前商纣王的时候，有一只麻雀在国都的城墙边生了一只大鸟。占卜的人说：'凡是出现以小生大的，那么国家必定会称王于天下，而且声名也一定会显赫。'于是乎商纣王借助麻雀所带来的好兆头，不好好处理国家的政务，极度残暴，没有朝臣能够阻止他，因此招致了外寇的入侵，殷商也因此灭亡了。这就是因为自己违逆天时，使上天的福祉转变为灾祸。还有就是商纣王的先祖殷王太戊的时候，社会上道义缺失，礼法崩颓，因此招致了反常树木的生长。桑树和楮木生长于朝廷之上，只七天的时间就长到了两手合围的程度了。占卜它的人说：'桑树和楮木是野外生长的树木，如今却长在了朝廷之上，恐怕国家要灭亡了吧！'太戊感到十分惊恐，于是就只能诚惶诚恐地修养自己的德行，思考学习先王的为政之道以及养民之道。三年之后，远方的国家倾慕殷商的道义，通过使者辗转传译来朝拜的国家达到十六个。这就是靠自己的修养以改变天时，将灾祸转变为福佑的事例。

所以天地的各种灾异和妖孽，都是为了儆告君王的。灾异和妖孽是胜不过清明的政治的，不好的梦兆也是胜不过高尚的品行的。明白了这个道理，就可以达到天下大治，这是只有圣明的君王才能做到的。”

哀公说：“我如果不是这样的浅俗固陋也就听不到您的这番教诲了。”

十五

哀公问于孔子曰：“智者寿乎？仁者寿乎？”孔子对曰：“然，人有三死[1]，而非其命也，行己自取也。夫寝处不时[2]，饮食不节，逸劳过度者，疾共杀之；居下位而上干[3]其君，嗜欲无厌而求不止者，刑共杀之；以少犯众，以弱侮强，忿怒不类[4]，动不量力[5]者，兵共杀之。此三者死非命也，人自取之。若夫智士仁人，将身[6]有节，动静以义，喜怒以时，无害其性，虽得寿焉，不亦可乎？”

注释

①三死：三种死亡的方式，就是指下文的疾、刑、兵。

②寝处不时：生活起居没有规律。

③干：干预，冒犯。

④忿怒不类：忿怒不合礼法。类，法则，标准。

⑤动不量力：做事不考虑自己的能力，自不量力。

⑥将身：行事。

译文

哀公对孔子说：“聪明的人和仁德的人能长寿吗？”

孔子回答说：“是的。人的死亡主要有三种方式，但都不是天命所决定的，而是由于人们自己的行为所导致的。起居没有规律，饮食不加节制，安逸或者劳累过度，就会使疾病丛生以致丧命；身居下位却冒犯君主，嗜欲不止贪得无厌的人，刑罚会使他丧生；以少数冒犯多数，以弱者侮慢强者，忿怒不合礼法，做事情不考虑自己的能力的人，兵战会使他丧生。这三种死法全都不是命中注定的，而是由于人自己的行为招致的。像那些智士仁人，做事都有所节制，动静都合乎时宜，喜怒都适可而止，也不戕害自己的天性，即使能够长寿，不也是应该的吗？”

致 思

题解

本篇篇幅较长，因开头一段“农山言志”中有“于斯致思，无所不至矣”，故以“致思”为篇名。

虽然本篇记述的事件很多，但是都能够贴合于“致思”的篇名，表现了孔子对各种人物、事件的深刻思考和见地。如孔子批评子路擅自与民“箪食壶浆”，这表明孔子看到了仁与政治的密切关系；称赞子羔治狱能够“思仁恕则树德”，表达了施行刑罚不可以没有“仁恕”的观点。孔子对事物的思考不受思维定势的局限，思想入木三分，有着常人难以企及的通透。

一

孔子北游于农山[①]，子路、子贡、颜渊侍侧[②]。孔子四望，喟然而叹曰：“于斯致思[③]，无所不至矣[④]。二三子各言尔志，吾将择焉。”

子路进曰：“由愿得白羽若月[⑤]，赤羽若日[⑥]，钟鼓之音上震于天，旍旗缤纷下蟠于地[⑦]。由当一队而敌之[⑧]，必也攘[⑨]地千里，搴旗执聝[⑩]。唯由能之，使二子者从我焉。”夫子曰：“勇哉！”

子贡复进曰：“赐愿使齐楚合战于漭瀁之野[⑪]，两垒[⑫]相望，尘埃相接，挺[⑬]刃交兵。赐着缟衣白冠[⑭]，陈说其间，推论利害，释国之患。唯赐能之，使夫二子者从我焉。”夫子曰：“辩哉！”颜回退而不对。

孔子曰：“回，来！汝奚[15]独无愿乎？”颜回对曰：“文武之事，则二子者既言之矣，回何云焉？”孔子曰：“虽然，各言尔志也，小子言之。”对曰：“回闻薰、莸不同器而藏[16]，尧、桀不共国而治，以其类异也。回愿得明王圣主辅相[17]之，敷其五教[18]，导之以礼乐，使民城郭不修，沟池[19]不越，铸剑戟以为农器，放牛马于原薮[20]，室家无离旷之思[21]，千岁无战斗之患。则由无所施其勇，而赐无所用其辩矣。”

夫子凛然[22]曰：“美哉德也！”

子路抗手[23]而对曰：“夫子何选焉？”孔子曰：“不伤财，不害民，不繁词[24]，则颜氏之子有矣。”

注释

①农山：山名，在鲁国北部。

②子路、子贡、颜渊侍侧：子路、子贡、颜渊三人在孔子旁边陪侍。子路，即仲由，孔子弟子，以军事才能著称。子贡，即端木赐，孔子弟子，有雄辩之才，具有极强的政治和经商才能。颜渊，即颜回，孔子弟子，最为孔子所赞赏，得孔子之真传。

③于斯致思：在此处进行深刻的思考。斯，此处。致思，集中心思进行思考。

④无所不至矣：指心中千头万绪，什么都可以想到。

⑤白羽若月：像月亮一样洁白的帅旗。白羽，军队中主帅所执的指挥旗，也称白旄。羽，旌旗。

⑥赤羽若日：像太阳一样鲜红的战旗。赤羽，红色的战旗。

⑦旍 jīng 旗缤纷下蟠 pán 于地：旌旗飘扬，有的拖在地面上。旍，同“旌”。蟠，委曲环绕。

⑧由当一队而敌之：我率领一支军队与敌人战斗。当，率领。

⑨攘：夺取，占领。

⑩搴 qiān 旗执馘 guó：一定能够夺取敌人的军旗，割取敌人的左耳。指胜利完成战斗。

搴，取，拔取。馘，割掉所杀敌人的左耳，论数计功。

⑪漭瀁 mǎngyàng 之野：广阔的原野。

⑫垒：堡垒，壁垒，古代战争中用于防护军营的建筑物。

⑬挺：举起。

⑭缟 gǎo 衣白冠：白色的衣冠。缟，一种白色的绢。

⑮奚：为什么，怎么。

⑯薰莸 xūnyóu 不同器而藏：薰、莸不应该放在同一个器皿中收藏。薰，香草。莸，一种臭草。

⑰辅相：辅佐，辅助。

⑱敷其五教：施行五种教化。敷，敷施，施行。

五教，五种教化，即父义、母慈、兄友、弟恭、子孝。

⑲沟池：护城河。

⑳原薮 sǒu：原野，草地。薮，湖泽，低湿的水草地。

㉑室家无离旷之思：妻子不用再思念离家在外的丈夫。

室家，指妻子。离旷之思，指妻子思念在外的丈夫。

㉒凛然：神情严肃的样子。

㉓抗手：举手行礼。抗，举。

㉔不繁词：不用太多的言辞。

译文

孔子到达鲁国北部，登上农山山顶，子路、子贡、颜回三人在孔子旁边陪侍。孔子向四处远望，感慨地说道：

“在这儿专心地思考问题，什么都会想到的。你们三个人可以谈谈自己的志向，我会从中作出选择。”

子路走向前说：“我愿意手持如月亮般洁白的帅旗，挥动如红日般鲜红的战旗。战鼓的声音响彻云霄，缤纷的旌旗迎风飘展。我率领一支军队与敌人战斗，必定能够夺取敌人千里的土地，拔取敌人的战旗，割取敌人的左耳来报功。这只有我能做到，他们两个人就只能跟着我了。”

孔子说：“多么勇敢啊！”

子贡又走上前说：“我希望齐楚两国在辽阔的原野上交战，两军营垒相对，尘埃漫天飞扬，将士们挥动兵器勇猛战斗。而那时候，我穿着白色的衣帽，在两国之间奔走劝说，陈说利害，以解除国家的患难。这只有我能做到，他们两个人就只能跟着我了。”

孔子说：“多么善辩啊！”

颜回退在后面缄口不言。

孔子说：“颜回，你过来！难道单单就你没有志向吗？”

颜回回答说：“文武二事，他们两个已经说过了，那么我还能说什么呢？”

孔子说：“即使这样，只是各人说说各人的志向而已，你也说说吧。”

颜回回答道：“我听说薰、莸不应该放在同一件器皿中收藏，尧、桀不可以共同治理一个国家，因为他们不是同一类的。我愿意找到明王圣主并辅佐他，施行五教，并用礼乐来教导百姓，使得百姓不用修建城墙，也不要越过护城河去打仗，把兵器都化铸成农具，在原野草地上放牧牛马，妻子也不用再思念离家在外的丈夫，千年没有战争带来的灾难。这样的话，子路就没有办法去施展他的勇猛，子贡也没有办法去施展他的雄辩了。”

孔子严肃地说道：“多么美好的德行啊！”

子路举手行礼问道："老师您将怎样作出选择呢？"

孔子说："不耗费货财，不危害百姓，也不用说太多的话，这样来治理国家，只有颜回才能办得到。"

二

鲁有俭啬[1]者，瓦鬲[2]煮食，食之，自谓其美，盛之土型之器[3]，以进孔子。孔子受之，欢然而悦，如受大牢之馈[4]。子路曰："瓦甂[5]，陋器也；煮食，薄膳[6]也。夫子何喜之如此乎？"子曰："夫好谏者思其君，食美者念其亲。吾非以馔具之为厚[7]，以其食厚而我思焉[8]。"

注释

①俭啬：节俭吝啬。②瓦鬲 lì：指瓦釜，一种陶制炊具。

③土型之器：一种陶制的瓦罐。

型，铸造器物的模子，用泥做的叫型。

④如受大牢之馈：就像接受了太牢用的牛羊豕这样的馈赠。大牢，即"太牢"，指祭祀时牛羊猪三牲皆备。大，同"太"。

⑤瓦甂 biān：小瓦盆。⑥薄膳：寡薄无味的饭食。

⑦吾非以馔 zhuàn 具之为厚：我高兴并不是因为食物的丰厚。馔具，原义指陈设或准备食物的餐具，此处意谓餐具及其里边盛的食物。

⑧以其食厚而我思焉：而是因为他吃丰厚的食物的时候想起来让我尝尝。我思，即思我，想起了我。

译文

鲁国有一个吝啬的人，用瓦锅煮了食物，自己尝了尝，感觉味道十分鲜美，就用小瓦盆盛好了，进献给孔子。孔子接受了这些食物，非常喜悦，就像接受了作为太牢的牛羊猪的馈赠一样。子路说："小瓦盆是十分简陋的食器，煮出来的食物也寡薄无味，老师您却为什么这么高兴呢？"

孔子说："喜欢进谏的人总是想着自己的国君，吃美味的人总会想起自己的亲人。我感到高兴并不是因为食物的丰厚，而是因为他吃好的食物的时候会想着让我也尝尝。"

三

孔子之楚，而有渔者而献鱼焉，孔子不受。

渔者曰："天暑市远，无所鬻也。思虑弃之粪壤[①]，不如献之君子，故敢以进焉。"于是夫子再拜[②]受之，使弟子扫地，将以享祭[③]。门人曰："彼将弃之，而夫子以祭之，何也？"孔子曰："吾闻诸惜其腐饪而欲以为施者，仁人之偶也[④]。恶[⑤]有受仁人之馈，而无祭者乎？"

注释

①粪壤：粪土。②再拜：拜了两拜。③享祭：祭祀。

④吾闻诸惜其腐饪而欲以为施者，仁人之偶也：我听说因怜惜食物会变得腐烂而想把它送给别人的人，这和仁人是一样的。腐饪，食物腐烂。偶，同伴，同类。

⑤恶：疑问词，哪里，怎么。

译文

孔子到楚国去，有一个渔夫要送给他一些鱼，孔子不想接受。打渔的人说："天气很热，而且卖鱼的市场又很远。我想与其都扔到粪土中去，还不如献给像您这样的君子呢，所以我才敢把这些鱼献给您。"孔子听后，拜了两拜，接受了这些鱼，然后让弟子们把地打扫干净，准备用鱼来祭祀。弟子们说："他差点要把这些鱼扔掉，而老师您却要用这些鱼来举行祭祀，为什么呢？"孔子说："我听说那些因为怜惜食物变得腐烂而想着把这些食物送给别人的人，都和仁人是一样的。哪有接受仁人的馈赠，而不举行祭祀的道理呢？"

四

季羔为卫之士师①，刖②人之足。俄而③，卫有蒯聩之乱④，季羔逃之，走郭门。刖者守门焉，谓季羔曰："彼有缺⑤。"季羔曰："君子不逾⑥。"又曰："彼有窦⑦。"季羔曰："君子不隧⑧。"又曰："于此有室⑨。"季羔乃入焉。既而追者罢，季羔将去，谓刖者："吾不能亏主之法而亲刖子之足矣⑩。今吾在难⑪，此正子之报怨之时，而逃我者三⑫，何故哉？"刖者曰："断足固我之罪，无可奈何。曩者君治臣以法令，先人后臣，欲臣之免也，臣知；狱决罪定，临当论刑，君愀然⑬不乐，见君颜色，臣又知之。君岂私臣哉⑭？天生君子，其道固然。此臣之所以悦君也。"

孔子闻之曰："善哉为吏，其用法一也。思仁恕则树德，加严暴则树怨，公以行之，其子羔乎？"

注释

①季羔为卫之士师：季羔担任卫国的狱官。

季羔，即高柴，字子羔，孔子弟子。士师，狱官。

②刖 yuè：砍断人的脚。古代的一种酷刑。

③俄而：不久，过了一段时间。

④蒯聩 kuǎikuì 之乱：发生于春秋末年卫国的一次动乱。卫灵公太子蒯聩有罪，出奔到晋国。灵公卒后，立了蒯聩的

儿子辄，蒯聩从晋国攻袭卫国以夺取君位。

当时孔子的弟子子羔、子路都在卫国做官。

⑤彼有缺：那儿的城墙上有缺口。缺，城墙上的缺口。

⑥踰：同“逾”。本义为越过，超越，此处指逾墙，跳墙。

⑦彼有窦：那边有个洞口。窦，洞，孔穴。

⑧隧：地道，这里作动词，意思是从洞口爬出去。

⑨室：房子。

⑩吾不能亏主之法而亲刖子之足矣：过去我因为不能破坏国君的法令，所以亲自下令砍断了你的脚。

亏，破坏。亲，亲自下令。

⑪在难：处在困难之中。

⑫而逃我者三：而三次想办法让我逃走。逃，使……逃。

⑬愀然：忧伤的样子。

⑭君岂私臣哉：你哪里对我存在私自偏心呢？

私，对……有私心。

译文

子羔担任卫国的狱官，判了一个人刖足之刑。不久之后，卫国发生了蒯聩之乱。子羔准备逃走，跑到了卫国都城的门口。正好是那个曾经受刖刑的人守城门，对子羔说：“那儿城墙上有个缺口。”子羔回答说：“君子不跳墙。”他又说：“那边有个洞口。”子羔说：“君子不钻洞。”又说：“那里有间房子。”于是子羔就到房子里面去躲避。过了一会儿，追捕子羔的人走了。子羔准备马上离开，对受刖刑的那个人说：“过去我因为不能破坏国君的法令，所以亲自下令砍断了你的脚。现在我处在困难当中，这正是你报仇的好时机，而你却三次想办法让我逃走，这是为什么呢？”断足的人说：“被砍掉脚本来就是我罪当如此，这是没有什么办法的。以前你是依据法令审理我的案子。您当时下令先审理别人的案件，再审理我的案件，您是希望我能免除刑罚，这我都知道。案件审完，确定了我的罪行，等到行刑的时候，您显得十分忧伤，看见您的表情，我再一次明白了您的心情。您哪里对我心存偏私呢？那些天生的君子，他们的为人之道本来就是这样，这就是我之所以爱戴您的原因。”

孔子听说这件事之后说：“子羔真是善于做官啊，审理案件的时候对所有人使用的都是同一个法度。常存仁义宽恕之心就会树立恩德，而用刑严酷暴虐就会树立仇怨。能够公正地执行法度的，大概只有子羔吧！”

五

孔子曰：“季孙之赐我粟千钟也，而交益亲[①]；自南宫敬叔之乘我车也，而道加行[②]。故道虽贵，必有时而后重[③]，有势而后行[④]。微夫二子之贶[⑤]财，则丘之道殆将废矣。”

注释

①季孙之赐我粟千钟也，而交益亲：此处不是指和季孙氏“交益亲”。

②南宫敬叔之乘我车也，而道加行：此事是指孔子想去拜访老聃，顺便去周朝看看。敬叔将这件事报告给了鲁国国君，国君为孔子提供了车马，孔子这才得以问礼于老聃，并参观了周朝的庙堂。从周回来之后，各地的学生都来向孔子求教、学礼。南宫敬叔，原姓孙名仲，孟僖子之子，鲁国大夫，僖子去世时遗言让南宫敬叔兄弟二人向孔子学礼。

③故道虽贵，必有时而后重：因此道义主张虽然重要，必须

在得到有利的时机后才能被看重。时，时机。

④有势而后行：得到有利的条件后才能得到推行。势，条件，形势。

⑤贶 kuàng：赐，赠送。

译文

孔子说："季孙氏送给了我千钟的粮食，而我却把这些粮食都转送给了我的那些短缺粮食的亲朋，自此之后，我和亲朋的关系变得更加亲密了。自从南宫敬叔帮我弄到了乘坐的车子之后，我的道义主张就可以更好地推行了。因此，道义主张虽然很重要，可是必须得到有利的时机，然后才能被看重，必须在得到了一定的条件之后才能得以推行。没有这两个人资助给我财物，那么我的道义主张可能就会被废弃了。"

六

孔子曰："王者有似乎春秋①，文王以王季为父，以太任为母，以太姒为妃，以武王、周公为子，以太颠、闳天为臣，其本美矣②。武王正其身以正其国，正其国以正天下，伐无道，刑有罪，一动而天下正，其事成矣。春秋致其时而万物皆及③，王者致其道而万民皆治，周公载己行化④，而天下顺之，其诚至矣。"

注释

①王者有似乎春秋：意思是说文王能够称王，就像四季的变换一样正常自然。

②文王以王季为父，以太任为母，以太姒为妃，以武王、周公为子，以太颠、闳天为臣，其本美矣：这里是在铺陈文王所具备的各种可以称王的因素。

文王，即周文王，姬姓，名昌，西周王朝的奠基者。王季，周先王，名季历，周文王的父亲。太任，王季之妃，周文王的母亲。太姒，周文王之妃，生子周武王、周公等人。武王，周武王，名发，周文王的第二子，西周王朝的建立者。周公，周文王之子，周武王之弟，名旦，西周初年杰出的政治家。太颠、闳夭，二人是辅佐周文王的大臣。本，根基，根本。美，美好。

③春秋致其时而万物皆及：如果春夏秋冬按照正常的规律运转，那么万物的生长就会正常。

致其时，季节按一定的规律转换。及，及时生长。

④载己行化：以身作则来教化百姓。载，饰，修饰。

译文

孔子说："王者之所以能够称王就像四季的变换一样顺利、自然，文王有王季这样的父亲，太任这样的母亲，太姒这样的妃子，有武王、周公这样的儿子，还有太颠、闳夭这样的大臣辅佐，所以文王的根基是非常好的。武王首先端正自身，然后再去治理好自己的国家；治理好自己的国家，然后再去治理好全天下。征伐无道之国，惩罚有罪之人，他以自己的行动使天下得到了治理，完成了千载的伟业。如果春夏秋冬都按照正常的规律运转，那么万物也都会正常地生长；如果王者能够遵循一定的道义，那么天下百姓都能得到有效的治理。周公以身作则推行教化，而天下百姓都望风归顺，他的诚心可以说已经达到了最高的境界。"

七

曾子[①]曰："入是国也，言信于群臣，而留可也[②]；行忠于卿大夫[③]，则仕可也；泽施于百姓，则富可也。"

孔子曰："参之言此，可谓善安身[④]矣。"

注释

①曾子：即曾参，孔子高徒。

②而留可也：意思是这样就可以留下来。

③行忠于卿大夫：意思是行为被卿大夫认为是忠信的。

④安身：安身立命。

译文

曾参说："到了一个国家，如果他的言行被这个国家的大臣们认为是可信的，那么他就可以留下来；如果他的行为被这个国家的卿大夫们认为是忠诚的，那么他就可以在那里做官了；如果他的恩泽能够施行于百姓之中，那么他就可以在那里求富了。"孔子说："曾参能够说出这样的话，可以说他是很精通安身立命的道理了。"

八

子路为蒲宰[①]，为水备[②]，与其民修沟渎[③]。以民之劳烦苦也，人与之一箪食一壶浆[④]。孔子闻之，使子贡止之。子路忿然[⑤]不悦，往见孔子，曰："由也以暴雨将至，恐有水灾，故与民修沟洫以备之，而民多匮饿[⑥]者，是以箪食壶浆而与之。夫子使赐止之，是夫子止由之行仁[7]也。夫子以仁教而禁其行，由不受也。”孔子曰：“汝以民为饿也，何不白[8]于君，发仓廪以赈之[9]？而私以尔食馈[10]之，是汝明[11]君之无惠，而见[12]己之德美矣。汝速已则可[13]，不则汝之见罪必矣[14]。”

注释

①为蒲宰：担任蒲地的地方长官。蒲，卫国城邑。

②为水备：建设防备水患的设施。为，做，建设。水备，防备水患设施、工程。③沟渎：沟渠，水渠。

④人与之一箪食一壶浆：给每人一篮食物和一壶水。箪，古代盛饭的圆形竹器。浆，古代一种带酸味的饮料。

⑤忿然：忿怒、怨恨的样子。⑥匮饿：因缺少粮食而挨饿。

⑦行仁：施行仁德。⑧白：告诉。

⑨发仓廪以赈之：打开粮仓以赈济百姓。发，打开。仓廪，粮仓。赈，赈济。

⑩馈：馈赠，以食物送人。⑪明：表明，彰显。

⑫见：表现，使显现。

⑬汝速已则可：你赶快停止这件事还来得及。已，停止。

⑭不则汝之见罪必矣：不然的话你肯定会被治罪。不，同“否”。见罪，被治罪。

译文

子路在蒲地做地方长官，为了防备水患，就率领蒲地的百姓修建沟渠。因为百姓的劳动繁重而且辛苦，所以子路给了每人一篮食物和一壶水。孔子听说了这件事，就让子贡去阻止子路这样做。子路非常不高兴，就去拜见孔子说：“弟子担心暴雨将要到来，害怕出现水患，所以和百姓一起修理沟渠以作防备。但是百姓在劳动过程中却因为缺少粮食而忍饥挨饿，所以我才给了他们每人一篮食物和一壶水。老师您让子贡去阻止我，您这是在阻止我施行仁德啊！老师您用仁德来教育我们却不让我们按照仁德的要求来行动，我不能接受您的做法！”孔子说：“您觉得百姓都在忍饥挨饿，为什么不告诉国君，好让国君去开仓赈民呢？私自用自己的粮食来救济民众，你这是在彰示国君没有对百姓施加恩惠，而显示自己德行的高尚。你现在赶快停止这件事还来得及，否则你必将会被治罪的。”

九

子路问于孔子曰：“管仲①之为人何如？”子曰：“仁也。”子路曰：“昔管仲说②襄公③，公不受，是不辩④也；欲立公子纠而不能，是不智也；家残于齐而无忧色，是不慈也⑤；桎梏而居槛车⑥，无惭心，是无丑⑦也；事所射之君，是不贞也；召忽死之，管仲不死，是不忠也⑧。仁人之道，固若是乎？”孔子曰：“管仲说襄公，襄公不受，公之暗⑨也；欲立子纠而不能，不遇时也；家残于齐而无忧色，是知权命⑩也；桎梏而无惭心，自裁审⑪也；事所射之君，通于变也；不死子纠，量轻重也。夫子纠未成君，管仲未成臣⑫。管仲才度义，管仲不死束缚而立功名，未可非也⑬；召忽虽死，过与取仁⑭，未足多⑮也。”

注释

①管仲：名夷吾，春秋时代齐国政治家，辅佐齐桓公成为春秋霸主。在辅佐桓公之前，管仲曾经和召 shào 忽一起辅佐公子纠（齐襄公之弟，公子小白之兄），齐襄公被杀后，

管仲和召忽领着公子纠从鲁国赶回齐国，想争夺君位，不料公子小白捷足先登，抢先赶回做了国君，是为齐桓公，并派人杀了公子纠。

②说 shuì：劝谏。

③襄公：齐襄公，名诸儿，骄淫奢侈，被臣下所杀。

④辩：雄辩，有口才，善言辞。

⑤家残于齐而无忧色，是不慈也：管仲的父母家人在齐国因罪被杀，他却没有忧伤的神色，这是他没有慈爱之心。残，伤害，杀害。慈，慈爱。

⑥桎梏而居槛 jiàn 车：戴着脚镣、手铐被关在囚车里。桎梏，原指拘系犯人的脚镣、手铐，此处指戴着脚镣，手铐而被拘禁。槛车，囚禁押解犯人的车。在公子纠争夺君位失败之后，管仲就被押解回齐国。

⑦丑：羞耻之心。

⑧事所射之君，是不贞也；召忽死之，管仲不死，是不忠也：管仲在陪同公子纠赶回齐国的时候，鲍叔牙也带着公子小白日夜兼程赶回齐国，两方在路上恰恰相遇，管仲以箭射公子小白，不料却射在其带钩（腰带）上，公子小白诈死，躲过一劫。公子纠以为除掉了公子小白，就没有了争夺君位的竞争者，于是放慢了行程。而公子小白却利用了公子纠的这一心理，日夜兼程地往齐国赶，终于赶在公子纠之前到达，顺利继承王位。公子纠被杀，召忽从其而去，而管仲却做了桓公的宰相。

⑨暗：昏庸，无道。⑩知权命：懂得审视度命。

⑪自裁审：自己裁断慎重。裁，裁断，决定。甚，审慎，谨慎，认真。

⑫夫子纠未成君，管仲未成臣：意思是公子纠没有成为国君，管仲也没有成为公子纠的臣子。

⑬管仲才度义，管仲不死束缚而立功名，未可非也：管仲的才能超过了他的道义，他没有死于囚禁却建立了功名，这是无可非议的。度，超过，越过。束缚，囚禁。

⑭过与取仁：为了成仁做得太过度了。过，过度，过分。

⑮多：称赞。

译文

子路问孔子说："管仲的为人是怎么样的呢？"

孔子说："他是仁德的人。"

子路说："当初管仲向齐襄公进谏，襄公没有接受，这说明他不够雄辩；他想立公子纠为国君，但是却没有做到，这说明他不够智谋；管仲的父母家人在齐国因罪被杀，但是管仲却丝毫不哀伤，这说明他没有慈爱之心；管仲戴着脚镣、手铐被关在囚车里，但却没有一点惭愧的感觉，这说明他没有羞耻之心；辅佐他曾经用箭射过的国君，说明他不够忠贞；召忽为公子纠而死，但是管仲却没有这样做，这说明管仲没有忠心。仁人的处事原则，真的是这样的吗？"

孔子说："管仲劝谏襄公，襄公没有接受，这是因为襄公本人的昏庸；想立公子纠为国君而没有成功，是因为没有赶上好的时机；父母家人在齐国被杀而没有忧伤的神色，是因为他懂得审时度势；戴着脚镣、手铐被关在囚车里，但是却没有羞惭之心，表明他自己裁断得非常慎重；辅佐自己曾经用箭射过的君主，因为他懂得变通；不为公子纠死节，因为他懂得权衡死生之轻重。公子纠没有成为国君，管仲没有成为公子纠的臣子。管仲的才能超过了他的道义，他没有死于囚禁却建立了功名，这是无可非议的；召忽虽然为了公子纠而死，但是他为了仁德做得太过分了，并不值得称赞。"

十

孔子适齐，中路[①]闻哭者之声，其音甚哀。孔子谓其仆曰:“此哭哀则哀矣，然非丧者之哀矣。”驱[②]而前，少进[③],见有异人[④]焉,拥镰带索[⑤],哭音不衰。孔子下车，追而问曰:“子何人也？”对曰:“吾，丘吾子也。”曰:“子今非丧之所，奚哭之悲也？”丘吾子曰:“吾有三失，晚而自觉[⑥]，悔之何及？”曰:“三失可得闻乎？愿子告吾，无隐[⑦]也。”丘吾子曰:“吾少时好学，周遍天下，后还，丧吾亲，是一失也；长事齐君，君骄奢失士，臣节不遂[⑧]，是二失也；吾平生厚交[⑨]，而今皆离绝，是三失也。夫树欲静而风不停，子欲养而亲不待。往而不来者,年也;不可再见者,亲也。请从此辞。”遂投水而死。孔子曰:“小子识之[⑩]！斯足为戒矣。”自是弟子辞归养亲者十有三。

注释

①中路：中途，半路上。

②驱：驱车。

③少进：走了没多远。

④异人：不一般的人，非同寻常的人。

⑤拥镰带索：拿着镰刀，束着白色的带子。

拥，持，拿着。索，绳子，带子。

⑥晚而自觉：到了晚年自己才醒悟过来。觉，觉醒，醒悟。

⑦隐：隐瞒。⑧臣节不遂：没有尽到臣节。遂，实现，完成。

⑨厚交：重视交友。厚，重视，看重。交，交友。

⑩识 zhì：记住。

译文

孔子到齐国去，半路上听到有人在哭泣，声音甚是哀伤。孔子对跟随着的学生说："哭声倒是很哀伤，但是并非死去亲人的那种哀伤。"于是驱车向前，没过多远，就看见有个非同寻常的人，手里拿着镰刀，身上束着白色的带子，一直不停地哭泣。孔子从车上下来，追上那个人问道："请问您是什么人？"

那个人回答说："我是丘吾子。"

孔子问："您现在不是在办丧事的地方，怎么哭得这么伤心呢？"

丘吾子说："我一生做过三件大错事，到了晚年才觉醒过来，后悔莫及。"

孔子说："我可以听听是哪三大错事吗？希望您告诉我，不要隐瞒。"

丘吾子说："我年轻的时候十分好学，游学四方，等到回来的时候，我的父母却都已经去世了，这是第一大过失；等长大了做齐国国君的臣下，国君骄奢淫逸，失去臣下的拥护，我没有尽力于臣节，这是我的第二大过失；我一生重视交朋友，但是现在他们都离开了我，或者和我断绝了关系，这是我的第三大过失。树想静下来，但是大风却还在不停地刮；子女想要侍奉双亲而父母却已经不在身边。过去了就再也不会回来的是岁月；失去了就再也不能见到的是父母。就让我们从此诀别吧！"于是他投水自尽。

孔子说："学生们都应该记住丘吾子说过的话，这些教训完全可以作为你们的儆戒。"在这之后，弟子们告别老师回家侍奉父母的有十三人。

十一

孔子谓伯鱼[①]曰："鲤乎，吾闻可以与人终日不倦者，其唯学焉！其容体[②]不足观[③]也，其勇力不足惮[④]也，其先祖不足称[⑤]也，其族姓不足道也。终而有大名，以显闻四方，流声后裔者，岂非学之效[⑥]也？故君子不可以不学，其容不可以不饬[⑦]，不饬无类[⑧]，无类失亲，失亲不忠，不忠失礼，失礼不立。夫远而有光者，饬也；近而愈明者，学也。譬之污池[⑨]，水潦注焉[⑩]，雚苇[⑪]生焉，虽或以观之，孰知其源乎[⑫]？"

注释

①伯鱼：即孔鲤，字伯鱼，孔子之子。②容体：容貌、体态。

③观：炫耀，显示给人看。④惮：畏惧，害怕。

⑤称：称颂，称道，赞许。⑥效：功效，效果。

⑦饬：通"饰"。修饰，装饰。⑧无类：没有好的容貌。

⑨污池：池塘，深池。

⑩水潦 lǎo 注焉：雨水流注到里面。水潦，雨水，积水。

⑪雚 huán 苇：两种芦类植物。

⑫孰知其源乎：有谁会知道它的源头呢？意思是只要将所学的东西真正据为己有，又何谓从哪里学来的呢？

译文

孔子对伯鱼说："孔鲤啊，我听说整天做但是却不感到厌倦的，大概只有学习这一件事吧！一个人的容貌体态是不值得向别人炫耀的，勇猛和力量也是不足以使人害怕的，他的先祖也没有什么值得赞扬的地方，他的族姓也没有什么值得称道的。最后有了好的名声，扬名于四方，流芳于后世，这难道不是学习的结果吗？所以君子不能不学习，他的容貌也不能不修饰，不修饰的话就没有好的形容举止，没有好的形容举止别人就不会亲近，失去了彼此之间的亲近就会失去忠信，没有忠信也就失去了礼，没有礼就无法立足。让人远看起来有光彩，是修饰容貌的结果；靠近看更加耀眼，却是学习的结果。这就好像平静的深水池塘一样，经常有雨水流到里面，水面上苇草丛生，虽然有人来观看，但是谁又知道它的源头呢？”

十二

子路见于孔子曰：“负重涉远，不择地而休；家贫亲老，不择禄而仕。昔者由也事二亲之时，常食藜藿之实[①]，为亲负米百里之外。亲殁之后，南游于楚，从车百乘，积粟万钟，累茵而坐[②]，列鼎而食[③]，愿欲食藜藿，为亲负米，不可复得也。枯鱼衔索，几何不蠹[④]？二亲之寿[⑤]，忽若过隙。”孔子曰：“由也事亲，可谓生事尽力，死事尽思者也。”

注释

①藜藿 líhuò 之实：指粗劣的饭菜。

藜，一种野菜，又名灰菜，嫩叶可吃。藿，豆叶。

②累茵而坐：坐在好几层的垫子上。累，堆叠，积累。茵，坐垫，车垫。

③列鼎而食：吃饭的时候，将盛有各种食物的鼎依次排开。

④枯鱼衔索，几何不蠹 dù：枯鱼干串在绳子上，离生蠹虫还会久远吗？蠹，蛀蚀，为蛀虫所坏。几何，什么时候。

⑤寿：寿命。

译文

子路拜见孔子说："如果背负着很重的东西去走很远的路，那么就不应当选择好的地方去休息；如果家中贫困而且还有双亲需要侍奉，那么就不应当选择俸禄比较高的官职去做。当初我侍奉父母的时候，经常吃十分粗劣的饭菜，为了父母从百里之外背着米回来。父母去世之后，我南下到楚国做官，随从的车辆多达数百乘，积蓄的粮食也有万钟之多，坐在铺了好几层的垫子上，吃饭的时候摆出好多个盛放实物的大鼎。但是这时候我想去吃粗劣的饭菜，为父母去背米，却是再也不可能的事情了。枯鱼干串在绳子上，离生蠹虫还会久远吗？父母的寿命，快得就像白驹过隙一般。"

孔子说："子路侍奉双亲，可以说在父母活着的时候竭尽了全力，在父母去世之后也竭尽了哀思。"

十三

孔子之郯①，遭程子②于涂，倾盖③而语，终日，甚相亲。顾④谓子路曰："取束帛以赠先生。"子路屑然⑤对曰："由闻之，士不中间见，女嫁无媒，君子不以交，礼也⑥。"有间，又顾谓子路。子路又对如初。孔子曰："由，《诗》不云乎：'有美一人，清扬宛兮。邂逅相遇，适我愿兮。⑦'今程子，天下贤士也。于斯不赠，则终身弗能见也。小子行之！"

注释

①郯：郯国，春秋时为鲁之属国，在今山东郯城北。

②程子：应为当时的贤达之士，具体事迹不详。

③倾盖：指车上的伞盖相互倾靠，意思就是两辆车子停放在一起。

④顾：回头。⑤屑然：重视谨慎的样子。

⑥士不中间见，女嫁无媒，君子不以交，礼也：士人没有经过人介绍就互相见面，女子没有媒人就嫁到丈夫家，君子不能这样相互交往，这是礼的规定。中间，指经过中间人介绍。

⑦有美一人，清扬宛兮。邂逅相遇，适我愿兮：路上有一位美人，长得眉清目秀。和她邂逅相识，这正适合我的想法。出自《诗经·郑风·野有蔓草》。清扬，眉清目秀。宛，今本《毛诗》作“婉”，美好。邂逅，不期而遇。适，适合。

译文

孔子到郯国去，在路上遇见了程子，两人便把车子停放在一起交谈，整整谈了一整天，彼此十分投机。于是孔子回头对子路说：“去取一束帛来送给先生。”子路极其谨慎地回答道：“士人没有经过人介绍就互相见面，女子没有媒人就嫁到丈夫家，君子不应该用这样的办法来相互交往的，这是礼的规定。”过了一会儿，孔子又回头对子路说了一声，子路还是用同样的话来回答。孔子说：“仲由啊，《诗经》上不是说：‘路上有一位美人，长得眉清目秀。和她不期而遇，这正适合我的想法。’眼前的这位程先生，是天下贤士。如果现在不送给他东西，那么以后都没有机会再见到了。你还是按照我说的做吧！”

十四

孔子自卫反鲁，息驾于河梁而观焉[①]。有悬水三十仞，圜流九十里，鱼鳖不能导，鼋鼍不能居[②]。有一丈夫，方将厉[③]之。孔子使人并涯[④]止之曰：“此悬水三十仞，圜流九十里，鱼鳖鼋鼍不能居也，意者难可济[⑤]也。”丈夫不以措意[⑥]，遂渡而出。孔子问之，曰：“子巧[⑦]乎？

有道术乎？所以能入而出者，何也？”丈夫对曰：“始吾之入也，先以忠信；及吾之出也，又从以忠信。忠信措吾躯于波流⑧，而吾不敢以用私⑨，所以能入而复出也。”孔子谓弟子曰：“二三子识之，水且犹可以忠信成身亲之⑩，而况于人乎？”

注释

①息驾于河梁而观焉：在桥上停下车来观赏河上的风景。息驾，停车。梁，桥梁。

②有悬水三十仞，圜流九十里，鱼鳖不能导，鼋鼍 yuántuó 不能居：河上的瀑布高达三十仞，河水的旋涡急流长达九十里，鱼鳖不能游走，鼋鼍也无法停留。悬水，瀑布。仞，古代长度单位，以八尺（一说七尺）为一仞。圜流，漩涡急流。导，游，游走。鼋，大鳖。鼍，鳄鱼的一种，又称鼍龙。

③厉：涉水，渡水。

④并 bàng 涯：靠近岸边。并，通“傍”。靠近。涯，指河边。

⑤济：过河，渡河。⑥措意：在意，放在心上。措，放置，安放。

⑦巧：技巧，绝技。⑧忠信措吾躯于波流：忠信将我安放在急流中。

⑨用私：怀着私心杂念。

⑩水且犹可以忠信成身亲之：以忠信成就自身尚且可以用来亲近水。亲，亲近。

译文

孔子从卫国返回鲁国的路上，在一条河的桥梁上停下车休息观赏。河上的瀑布高达三十仞，河水的旋涡急流长达九十里，鱼鳖不能游走，鼋鼍也无法停留。有个男子正要准备渡河过去。

孔子派人过去劝阻道："这个地方的瀑布高达三十仞，漩涡急流长达九十里，鱼鳖鼋鼍尚且不能在这儿停留，想来是很难渡过去的。"那个男子并不把这话放在心上，最后成功地渡河到达对岸。孔子问他说："您是有什么绝技吗？还是有什么法术呢？您能进去又出来，是靠的什么呢？"那个男子回答说："我刚开始潜入水中的时候，心中首先是充满了忠信之心；等到我游出来的时候，依然带着忠信之心，是忠信之心让我得以安然渡河，这是不能有丝毫私心的，这就是我之所以能安全出入急流的原因。"孔子对弟子们说："你们要记住了，以忠信成就自身尚且可以用来亲近水，更何况亲近人呢？"

十五

孔子将行，雨而无盖[①]。门人曰："商[②]也有之。"

孔子曰："商之为人也，甚吝于财。吾闻与人交，推其长者[③]，违其短者[④]，故能久也。"

注释

①盖：车盖，即车上的伞盖。

②商：即卜商，字子夏，孔子高徒。

③推其长者：推重他的长处。推，推重，推崇。长，长处，特长。

④违其短者：避开他的短处。违，避开。

译文

孔子马上就要出发，但是突然下起了雨，他却没有车盖。弟子们说："子夏有个车盖。"孔子说："卜商的为人是很看重财物的，我听说与人交往，一定要推崇他的长处，避开他的短处，这样才能长久地交往。"

十六

楚王渡江，江中有物，大如斗，圆而赤，直触王舟①。舟人取之。王大怪之，遍问群臣，莫之能识。王使使聘于鲁②，问于孔子。子曰：“此所谓萍实③者也，可剖而食之，吉祥也，唯霸者为能获焉。”使者反。王遂食之，大美。久之，使来，以告鲁大夫。大夫因④子游问曰：“夫子何以知其然乎？”曰：“吾昔之郑，过乎陈之野，闻童谣曰：‘楚王渡江得萍实，大如斗，赤如日，剖而食之甜如蜜。’此是楚王之应⑤也，吾是以知之。”

注释

①直触王舟：径直向楚王的船碰过来。触，撞、碰。

②王使使聘于鲁：楚王派使者访问鲁国。使使，派使者。聘，诸侯之间或者诸侯与天子之间互派使节问候的礼节。

③萍实：萍草的果实。

④因：通过，借助。

⑤应：应验。

译文

楚王渡江的时候，看见江水中有一个东西，如斗般大小，又圆又红，径直向楚王的船碰过来。船夫将这个东西打捞上来。楚王看到之后感到非常奇怪，问遍了所有的大臣，没有一个认识这是什么东西。楚王就派使者去访问鲁国，向孔子询问。孔子说：“这就是所谓的萍草的果实啊！可以剖开来食用，这是吉祥的象征，只有能称霸的国君才能得到。”使者返回楚国，告诉楚王，楚王于是就把萍草的果实吃掉了，味道很是鲜美。很久之后，楚国的使者又去访问鲁国，并把这件事情告诉了鲁国大夫。大夫通过子游向孔子请教："先生您是怎么知道那是萍草的果实的呢？"孔子回答说："我曾经去过郑国，路过陈国国都的郊外，听到过这样的童谣：'楚王渡江得到萍实，如斗一样大小，像太阳一样鲜红，把他剖开吃掉，味道十分甜蜜。'那次楚王真的应验了，所以我才知道。"

十七

子贡问于孔子曰："死者有知[①]乎？将[②]无知乎？"子曰："吾欲言死之有知，将恐孝子顺孙妨生以送死[③]；吾欲言死之无知，将恐不孝之子弃其亲而不葬。赐欲知死者有知与无知，非今之急，后自知之。"

注释

①知：知觉。

②将：抑或，还是。

③将恐孝子顺孙妨生以送死：却担心孝子顺孙伤害自己的生命来葬送死者。将，却、又。妨，妨害，伤害。

译文

子贡问孔子说："死者有知觉还是没有知觉呢？"孔子回答说："我想说死者有知觉，却担心孝子顺孙伤害自己的生命来安葬死者。我想说死者没有知觉，却又担心不孝子孙将自己的亲人弃而不葬。赐啊，你想知道死者是有知觉还是没有知觉，这不是现在急需解决的问题，以后你就会知道的。"

十八

子贡问治民于孔子。子曰："懔懔焉若持腐索之扞马[①]。"子贡曰："何其畏也！"孔子曰："夫通达御皆人也，以道导之，则吾畜也[②]；不以道导之，则吾仇也。如之何其无畏也？"

注释

①懔懔 lǐn 焉若持腐索之扞 hàn 马：要谨慎恐惧，好像拿着腐朽的缰绳驾驭凶猛的烈马一样。

懔懔焉，谨慎恐惧的样子。腐索，腐朽的缰绳。扞马，凶猛的烈马。扞，通"悍"。

②夫通达御皆人也，以道导之，则吾畜也：在通畅顺达的地方驾驭马到处都会遇到人，用正确的方法引导它，它就会听自己的话。

通达，名词，指四通八达的道路。御，此处指驾驭马。以道导之，用正确的方法引导它。畜，蓄养。

译文

子贡向孔子请教治理百姓的方法。孔子说："要谨慎恐惧，好像拿着腐朽的缰绳驾驭凶猛的烈马一样。"子贡说："那该是多么可怕的事情啊！"孔子说："在通畅顺达的地方驾驭马到处都会遇到人，用正确的方法引导它，它就会像自己蓄养的马一样听话。如果不用适当的方法加以引导，那么它就像是自己的仇敌。那样怎么能不害怕呢？"

十九

鲁国之法，赎人臣妾于诸侯者，皆取金于府[①]。子贡赎之，辞[②]而不取金。孔子闻之曰："赐失之矣。夫圣人之举事[③]也，可以移风易俗，而教导可以施之于百姓，非独适身之行也[④]。今鲁国富者寡而贫者众，赎人受金则为不廉，则何以相赎乎？自今以后，鲁人不复赎人于诸侯。"

注释

①赎人臣妾于诸侯者，皆取金于府：谁要是从其他诸侯国赎回做奴隶的鲁国人，谁就可以从鲁国府库里领取金钱。赎，赎买。臣妾，此处指古时对奴隶的称谓，男称臣，女称妾。府，府库，官府储存财物等重要物品的仓库。

②辞：推辞，辞让。③举事：做事情。

④适：合，迎合。

译文

按照鲁国法律的规定，谁要是从其他诸侯国赎回做奴隶的鲁国人，谁就可以从鲁国的府库里领取一定的钱财。子贡赎回了奴隶，却推辞不去领取钱财。孔子听说了这件事，说："这是子贡的不对啊。圣人做事情，可以以此来改变百姓的不良习俗，而且还可以通过它来教化引导百姓，并非单单是为了迎合自己的行为。现在鲁国富裕的人少而贫穷的人很多，如果赎回奴隶而从府库中领取钱财的行为是不廉洁的话，那么以后还用什么来赎人呢？从今之后可能就没有鲁国人愿意从别国赎回奴隶了。"

二十

子路治蒲，请见于孔子曰："由愿受教于夫子。"子曰："蒲其何如？"对曰："邑多壮士，又难治也。"子曰："然，吾语尔，恭而敬，可以摄勇①；宽而正，可以怀强②；爱而恕，可以容困③；温而断④，可以抑奸⑤。如此而加⑥之，则正⑦不难矣。"

注释

①摄勇：使勇猛的人敬畏。

摄，通"慑"。震慑，威慑，此处为使动词。

②怀强：怀柔强悍之人。怀，怀柔，安抚。

③容困：容纳贫困的人。

④温而断：温和而果断。

⑤抑奸：制服奸邪之人。抑，抑制，制服。

⑥加：施加，施行。

⑦正：通"政"。

译文

子路治理蒲地，请求拜见孔子，说："我想向老师您请求教诲。"孔子问道："蒲地的情况怎么样呢？"子路回答说："蒲地多勇士，难于治理。"孔子说："这样的话，我告诉你（治理的方法）。谦恭而尊敬，可以使勇者敬畏；宽容而正直，可以怀柔强悍之人；仁爱而宽恕，可以容纳贫困的人；温和而果断，可以制服奸邪之人。如此推行自己的措施，那么为政就不是那么困难了。"

三 恕

题解

本篇的取名来源于第一章“君子有三恕”。此篇主要讲述孔子关于修身、治国的理论。

第四章孔子以欹器的原理阐发了自己的修身思想——“夫物恶有满而不覆哉”，“满招损，谦受益”的修身思想对后人影响深远。

本篇可以与《荀子》《淮南子》等书的相关篇章参照阅读。

一

孔子曰：“君子有三恕[1]：有君不能事，有臣而求其使，非恕也；有亲不能孝，有子而求其报，非恕也；有兄不能敬，有弟而求其顺，非恕也。士能明于三恕之本，则可谓端身[2]矣。”

注释

①恕：己所不欲，勿施于人。

②端身：正身，使自身端正。

译文

孔子说：“君子有三种最为重要的恕道：有君主不能去侍奉，有臣子但是却想去役使他们，这是不合恕道的；有父母不能去孝顺，有子女却强求他们回报自己，这是不合恕道的；有兄长不能去尊敬，有弟弟却要求他顺从自己，这也是不合恕道的。一个人如果能明白这‘三恕’的根本，那么他就可以使自身端正了。”

二

孔子曰：“君子有三思[①]，不可不察[②]也：少而不学，长无能也；老而不教，死莫之思[③]也；有而不施[④]，穷莫之救也。故君子少思其长则务学，老思其死则务教，有思其穷则务施。”

注释

①思：思虑，思考。

②察：明白，弄清楚。

③老而不教，死莫之思：年老的时候不担负教化的职责，死后就不会有人怀念。思，怀念，思念。

④施：施惠，施加恩泽于人。

译文

孔子说：“君子有三种思虑，是不能不弄明白的：年少的时候不学习，长大了就会成为无能的人；年老的时候不担负教化的责任，死了之后就没有人去怀念你；富有的时候不去施舍，等到贫穷的时候就没有人来救济自己。所以君子年少的时候思虑自己年长的时候，就会努力学习；年老的时候思虑自己死去的时候，就会致力于教化；富有的时候思虑贫穷的时候就会致力于广施恩惠。”

三

伯常骞[1]问于孔子曰："骞固[2]周国之贱吏也，不自以不肖[3]，将北面[4]以事君子。敢问正道宜行，不容于世；隐道宜行，然亦不忍。今欲身亦不穷[5]，道亦不隐，为之有道乎？"孔子曰："善哉子之问也！自丘之闻，未有若吾子所问辩且说[6]也。丘尝闻君子之言道矣，听者无察，则道不入[7]；奇伟不稽[8]，则道不信[9]。又尝闻君子之言事矣，制无度量[10]，则事不成；其政晓察，则民不保[11]。又尝闻君子之言志矣，罡折者不终[12]，径易者则数伤[13]，浩倨者则不亲[14]，就利者则无不弊[15]。又尝闻养世[16]之君子矣，从轻勿为先[17]，从重勿为后[18]，见像而勿强[19]，陈道而勿怫[20]。此四者，丘之所闻也。"

注释

①伯常骞：又作柏常骞，齐国人。

②固：本来。③不肖：不成才。

④北面：古时候君见臣，尊长见卑幼，都是面朝南方坐下，臣下等则需面朝北面。所以常以北面指向人称臣或拜人为师。

⑤今欲身亦不穷：现在我想让自己不困窘。穷，困窘。

⑥辩且说：很有思辩而且论证在理。

辩、说，古代的逻辑名词，指思辨和论证。

⑦听者无察，则道不入：如果听的人没有听明白，就不会接受道义。

⑧奇伟不稽：荒诞怪异的事物如果不加以考察。奇伟，荒诞离奇。稽，稽考，考察。⑨信：真实。

⑩制无度量：制度没有一定的标准。度量，本意是指长度、重量、面积等度量衡的统称，这里是指标准。

⑪其政晓察，则民不保：越是对百姓的一切都了如指掌，百姓越是没有安定的感觉。晓察，明晓、明察。保，安，安宁，安定。

⑫罡 gāng 折者不终：过于刚强的人不能寿终。

罡折，刚正不阿。不终，不能寿终正寝。

⑬径易者则数伤：轻易改变志节的人屡屡损害道义。

径，轻。易，改变。伤，损伤，损害。

⑭浩倨者则不亲：简略不敬的人就不会有人亲近。

“浩”似当作“洁”，简洁，简略。倨，傲慢。

⑮就利者则无不弊：一味追求利益的人最后没有不破败的。

弊，坏，失败，破败，破落。

⑯养世：安身处世。

⑰从轻勿为先：遇到轻易的事情不去争先。

⑱从重勿为后：遇到重大的事情不要落在后面。

⑲见 xiàn 像而勿强：推行法令不能过于强制。

见，推行，施行。像，模范，法令。强，强制。

⑳陈道而勿怫 bèi：陈述道义而不违背。怫，通“悖”。违背，悖逆。

译文

伯常骞问孔子说：“我本是周朝的下级官吏，自己认为自己并非一无是处，我准备向您请教，拜您为师。请问先生：如果遵从道义行事，使行为合宜，就会不被世道所容；如果放弃道义而随波逐流，又会不忍心。现在我想让我自己不困窘，而又不放弃道义，有什么办法能做到吗？”孔子说：“您问得太好了！据我所知，没有谁像你一样提出过如此思辨而又如此论证严密的问题来。我曾经听说君子论道的时候，如果听的人没有完全听明白，就不会接受他的道义；如果说一些荒诞不经而无法论证的事情，那么就不能保证道义的真实性。我还听说君子谈论国家大事的时候，如果所行的制度没有一定的标准，那么国家就很难治理；如果为政过于明察秋毫之末，那么百姓又会感到不安宁。我还听说君子在谈论自己志向的时候，过于刚强的人是很难寿终的，而轻易改变自己志向的人又会屡屡损伤道义，简略不恭的人就不会有人亲近，过于追逐利益的人是没有不破败的。我还曾经听说善于立身处世的君子，遇到轻易的事情不去争先，遇到重大的事情不落在后面，推行法令不过于强制，臣属的道义不违背于世。以上四种情况，都是我所听说的。”

四

孔子观于鲁桓公①之庙，有欹器②焉。夫子问于守庙者曰："此谓何器？"对曰："此盖为宥坐之器③。"孔子曰："吾闻宥坐之器，虚则欹④，中则正⑤，满则覆。明君以为至诚⑥，故常置之于坐侧。"顾谓弟子曰："试注水焉。"乃注之水，中则正，满则覆。夫子喟然叹曰："呜呼！夫物恶⑦有满而不覆哉？"

子路进曰："敢问持满有道乎？"子曰："聪明睿智，守之以愚；功被⑧天下，守之以让；勇力振世，守之以怯；富有四海，守之以谦。此所谓损⑨之又损之之道也。"

注释

①鲁桓公：春秋时期鲁国国君。名允，一作轨。在位 18 年（公元前 711—前 694 年），被齐人所杀。

②欹 qī 器：倾斜易覆的器具。古代指改装过的汲水陶罐。欹，倾斜，倾侧。

③宥 yòu 坐之器：放在座位右边用来警告自己的器物，类似

后来的座右铭。此处是指君主座位右边放置的欹器，用来儆诫君主，要以宽厚仁爱之心为政。宥，通“右”。

④虚则敧：空的时候是倾斜的。

⑤中则正：水装的适中的时候就会端正。中，适合，适中。

⑥至诫：深诫，深以为诫。⑦恶 wū：哪里，怎么。

⑧被：及，遍及。⑨损：减损，减少。

译文

孔子到祭祀鲁桓公的宗庙中去观礼，那里有一个欹器。孔子向守庙的人询问道：“这是什么器物？”

回答说：“这大概就是放在座位右边的欹器吧。”

孔子说：“我听说宥坐之器空的时候是倾斜的，水装得适中的时候是端正的，水装满的时候就会倾覆。圣明的君王都深以为诫，所以常常把它们放在座位的旁边。”孔子回头看着弟子们说：“往欹器中倒水试试。”于是弟子们就向欹器中注水，水量适中的时候是垂直端正的，满的时候就会倾覆。孔子感慨着叹了口气说：“天下万物哪有满了而不倾覆的呢？”

子路上前问道：“请问老师有没有能够保持充盈而又不致覆没的办法呢？”

孔子说：“聪明睿智，要以愚笨来持守；功劳遍及天下，要以谦让来持守；勇力盖世，要以怯懦来持守；富有四海之财，要以谦和来持守。这就是所谓的尽可能地贬损自己以保持充盈的办法。”

五

孔子观于东流之水。子贡问曰：“君子所见大水，必观焉，何也？”孔子对曰：“以其不息，且遍与诸生而不为也[1]。夫水似乎德，其流也，则卑下；倨拘必修[2]，其理似义；浩浩乎无屈尽[3]之期，此似道；流行赴百仞之溪而不惧，此似勇；至量必平之，此似法；盛而不求概[4]，此似正；绰约微达[5]，此似察；发源必东，此似志；以出以入，万物就以化洁，此似善化也。水之德有若此，是故君子见必观焉。”

注释

①遍与诸生而不为也：普遍地施惠于各种生物却显得无所作为。诸生，各种生物。

②倨拘 jùgōu 必修：弯弯曲曲地流动却一定遵循向下的原则。倨拘，也作“倨句”。器物弯曲的形状。曲度较小的叫倨，大的叫拘。修，循，遵循。

③屈 jué 尽：竭尽，穷尽。

④概：量米粟时刮平斗斛用的木板，此处是适中、不过量的意思。

⑤绰约微达：水本性柔弱，但是多么细微的地方都能达到。绰约，柔弱的样子。

译文

孔子正在观看东流之水。子贡问道：“君子每次看到大水，都要驻足观看，这是为什么呢？”孔子回答说：“因为他没有停息之时，而且普遍施惠于万物却显得无所作为。水就像德一样，流动时，总是向着低洼的地方流去；即使弯弯曲曲地流动却一定遵循着向下的原则，这种品性就像‘义’；浩浩荡荡没有穷尽的时候，这种品性就像‘道’；即使流向百仞高的溪谷也无所畏惧，这种品性就像‘勇’；盛装在器皿中的时候不需要概也不会装得满溢出来，这种品性就像‘正’；水本性柔弱但是无论多么细微的地方它都能到达，这种品性就像‘察’；从发源地开始，它一心向东流去，这种品性就像‘志’一样；有出有入，万物因此得以变得干净，这就像善于教化一样。水具有如此多的德性，因此君子见到都要驻足观看。”

六

子贡观于鲁庙之北堂，出而问于孔子曰：“向①也赐观于太庙之堂，未既辍②，还瞻北盍，皆断焉③，彼将有说④耶？匠过之也。”孔子曰：“太庙之堂，官致⑤良工之匠，匠致良材，尽其功巧，盖贵⑥久矣，尚有说也。”

注释

①向：过去，从前。②未既辍：就要结束的时候。辍，停止。

③还瞻北盍，皆断焉：回头看到北面的正门，发现都是用断开的木料做成的。盍，通“阖”。门扇，泛指门。

④说：说头，道理。⑤致：招致，招引，招来。

⑥贵：重视。

译文

子贡在鲁国宗庙的北堂参观，出来之后向孔子询问道：“从前我在鲁国太庙的大堂上参观，就要结束的时候，回头看见北面的正门，发现那都是用断开的木头做成的，这难道还有什么说头吗？应该是工匠们的失误吧。”孔子说：“太庙的大堂，都是官府招致的能工巧匠修建的，用的材料也是精选的上好材料，极尽了功巧，大概一直都是很重视这件事的，我想应该是有说头的吧。”

七

孔子曰："吾有所耻，有所鄙，有所殆[①]。夫幼而不能强学[②]，老而无以教，吾耻之；去其乡[③]，事君而达[④]，卒[⑤]遇故人，曾[⑥]无旧言[⑦]，吾鄙之；与小人处而不能亲贤，吾殆之。"

注释

①殆：感到危险，认为危险。②强学：努力学习。

③乡：故乡。④达：仕途通达。⑤卒 cù：突然，偶尔。

⑥曾：竟然，居然。⑦旧言：旧日交往的话语。

译文

孔子说："我有认为耻辱的事情，有认为浅薄的事情，有认为危险的事情。年轻的时候不能够努力学习，年老的时候不能教化别人，我认为这是耻辱；离开自己的故乡，侍奉君王而仕途通达，突然遇见自己的老友，竟然没有说一句旧日交往的话语，我认为这是耻辱；常与小人相处却不能亲近贤人，我认为这很危险。"

八

子路见于孔子。孔子曰："智者若何？仁者若何？"子路对曰："智者使人知己，仁者使人爱己。"子曰："可谓士[①]矣。"子路出，子贡入。问亦如之。子贡对曰："智者知人，仁者爱人。"子曰："可谓士矣。"子贡出，颜回入。问亦如之。对曰："智者自知，仁者自爱。"子曰："可谓士君子[②]矣。"

注释

①士：指有学问的读书人。

②士君子：有学问而且道德高尚的人。

译文

子路被孔子召见。孔子说："智者是怎么样的呢？仁者又是怎么样的呢？"子路回答说："智者应该能够使别人了解自己，仁者应该能够使别人爱自己。"孔子说："子路可以说是士了。"子路出去，子贡进来。孔子问了同样的问题。子贡回答说："智者能够了解别人，仁者能够爱护别人。"孔子说："子贡也可以说是士了。"子贡出去，颜回进来，孔子也问了相同的问题。颜回回答说："智者能够了解自己，仁者能够爱护自己。"孔子说："颜回可以说是士君子了。"

九

子贡问于孔子曰："子从父命，孝乎；臣从君命，贞乎；奚疑焉？"孔子曰："鄙[①]哉赐！汝不识[②]也。昔者明王万乘之国，有争臣[③]七人，则主无过举[④]；千乘之国，有争臣五人，则社稷不危也；百乘之家，有争臣三人，则禄位不替[⑤]；父有争子，不陷无礼；士有争友，不行不义。故子从父命，奚讵[⑥]为孝？臣从君命，奚讵为贞？夫能审其所从，之谓孝、之谓贞矣。"

注释

①鄙：鄙陋无知。②识：知道，了解，明白。

③争臣：能够直言规劝，勇于指出君主过失的大臣。争，通"诤"。

④过举：错误的行为，过失。

⑤禄位不替：指不丢掉俸禄和地位。替，废，废弃。

⑥讵：岂，哪，难道。

译文

子贡问孔子说："儿子听从父亲的命令，这就是孝顺；臣下听从国君的命令，这就是忠贞；这有什么可疑的吗？"孔子说："赐啊，你太孤陋寡闻了！这是你所不了解的。从前圣明的君王治理有万辆兵车的国家，如果有七个能言敢谏的诤臣，那么君主就没有什么错误的行为了；治理有千辆兵车的国家，有五个能言敢谏的诤臣，那么社稷就不会有倾覆的危险了；治理百辆兵车的国家，有诤臣三人，那么就不会丢掉俸禄和地位；父亲有儿子来劝谏，就不会陷于无礼的境地；士有敢于劝谏的朋友，就不会做不合道义的事情。所以，儿子听从父亲的命令，怎么能说是孝顺呢？臣下听从国君的命令，怎么能说是忠贞呢？能够认真地考虑明白自己应该顺从什么，这才是孝顺，这才是忠贞。"

十

子路盛服[①]见于孔子。子曰："由是倨倨[②]者何也？夫江始出于岷山[③]，其源可以滥觞[④]，及其至于江津[⑤]，不舫舟[⑥]，不避风，则不可以涉。非唯下流水多耶？今尔衣服既盛，颜色充盈[⑦]，天下且孰肯以非[⑧]告汝乎？"子路趋而出，改服而入，盖自若[⑨]也。子曰："由，志[⑩]之！吾告汝：奋于言者华[⑪]，奋于行者伐[⑫]。夫色智而有能[⑬]者，小人也。故君子知之曰知，言之要也，不能曰不能，行之至也。言要则智，行至则仁，既仁且智，恶不足哉！"

注释

①盛服：整齐而华贵的衣服。

②倨倨：颜色傲慢的样子。一说通“裾裾”，指衣服华贵的样子。

③岷山：在今四川省松潘北。古人认为岷山是长江的发源地。实际上，岷山为岷江、嘉陵江的发源地。

④滥觞：江河发源的地方水流及其浅小，只能浮起酒杯来，引申为事物的开始。滥，水满溢出，泛滥。觞，酒杯。

⑤江津：地名，或在今四川省江津市。

⑥舫舟：将两艘小船合并起来。

⑦颜色充盈：面容傲慢。颜色，脸色，面容。充盈，傲慢的样子。

⑧非：缺点，不好的地方。

⑨自若：态度谦和，从容自若的样子。

⑩志：记，记住。

⑪华：浮华，华而不实。

⑫伐：自矜，自我夸耀。

⑬色智而有能：从表面上看起来有智慧和能力。

译文

子路穿着华丽的衣服去拜见孔子。孔子说：“由啊，怎么摆出如此神色傲慢的样子来啊？长江刚开始从岷山发源的时候，其源头的水流只能浮起杯子来。等到了江津的时候，不合并起来两只小船，不趁着风小的时候是没有办法渡江的。难道仅仅是因为下游水多的缘故吗？现在你穿着华丽的衣服，摆出一副傲慢的样子，那么天下人还有谁会指出你的不足来呢？”子路听了之后，快步跑了出去，换了衣服又来到孔子面前，表情显得非常自然。孔子说：“由啊，你记住！我告诉你：过于注重自己言语的人是华而不实的，过于注重自己行为的人往往喜欢自我夸耀。那些表面上看起来有智慧和能力的人，往往都是小人。所以真正的君子知道就说知道，这是言谈的要领；不知道就说不知道，这是行为的至上准则。言谈符合要领就是智慧，行为也符合准则就是仁义，既仁义而且智慧，那么还会有什么不足的地方呢？”

十一

子路问于孔子曰：“有人于此，披褐而怀玉[①]，何如？”子曰：“国无道，隐之可也；国有道，则衮冕而执玉[②]。”

注释

①披褐而怀玉：穿着粗布衣服却怀揣宝玉，比喻品德高尚，却隐居不仕。

褐，指粗布或粗布衣；最早用葛、兽毛，后通常指大麻、兽毛的粗加工品，古时贫贱人穿。

②衮冕而执玉：穿戴礼服、礼冠，手捧玉圭，比喻登朝做官。衮冕，衮衣和冕，指古代帝王和上公上朝的礼服和礼冠，借指登朝入仕。执玉，手捧玉圭，古代以不同形制的玉圭区别爵位，因以此指称仕宦。

译文

子路问孔子说：“有一个这样的人，穿着粗糙的衣服却怀抱着宝玉，您认为这样做怎么样？”孔子说：“国家昏暗无道，隐居是可以的；国家如果有道，那么就应该登朝做官。”

好　生

题解

本篇主要阐发了孔子的政治思想，因首章言舜之为政“好生而恶杀”，故以“好生”为篇名。

本篇的重要意义就在于涉及到了孔子与“六经”的关系。篇中记载的孔子对《周易》《春秋》《诗经》的言论对于我们研究孔子的经学思想大有裨益。

一

鲁哀公问于孔子曰：“昔者舜冠何冠[①]乎？”

孔子不对。公曰：“寡人有问于子，而子无言，何也？”

对曰：“以君之问不先其大者[②]，故方[③]思所以为对。”

公曰：“其大何乎？”

孔子曰：“舜之为君也，其政好生而恶杀[④]，其任授贤而替不肖，德若天地而静虚[⑤]，化若四时而变物，是以四海承风，畅[⑥]于异类[⑦]，凤翔麟至，鸟兽驯[⑧]德，无他也，好生故也。君舍此道而冠冕是问，是以缓对。”

注释

①冠何冠：戴什么样的帽子。

第一个冠为动词，第二个冠为名词。

②不先其大者：不首先问重要的。大，重要的。

③方：刚才。④好生而恶杀：爱惜生灵，厌恶刑杀。

⑤静虚：清净无欲。⑥畅：达，畅达。

⑦异类：指周边的少数民族。⑧驯：顺，顺从。

译文

鲁哀公问孔子说："从前舜是戴着什么样的帽子啊？"孔子不回答。哀公说："我有问题问你，你为什么不说话呢？"孔子回答说："因为您不是首先问那些重要的问题所以我刚才在思考应该怎么样回答您。"哀公说："重要的问题是什么呢？"孔子说："舜作为一个君王，他为政的特点是爱惜生灵而厌恶刑杀；任用官职的时候选授贤能的人替代那些没有能力的人；德行好像天地一般却能清净无欲；教化好像四时一样规律而能改变万物。因此四海都顺从舜的教化，以至其教化在异族之中也畅行无阻。凤鸟翔集，麒麟显圣，鸟兽都顺从他的德行，这没有其他的原因，是他爱惜生灵的缘故。您舍弃这样的治国之道不问，却问我舜戴的是什么帽子，因此我回答得迟了。"

二

孔子读史至楚复陈①，喟然叹曰："贤哉楚王②！轻千乘之国而重一言之信，匪③申叔④之信不能达其义，匪庄王之贤不能受其训⑤。"

注释

①楚复陈：鲁宣公十年，陈国的夏徵舒杀了其君陈灵公。第二年，楚庄王以讨伐夏徵舒为名灭了陈国。楚国大夫申叔时劝谏楚庄王，夏徵舒杀害其君确属不义，但是如果楚国借机灭了陈国更属不义。楚庄王听从了申叔时的劝谏，恢复了陈国。

②楚王：指楚庄王。③匪：通“非”。不，不是。

④申叔：即申叔时。⑤训：劝谏，进谏。

译文

孔子读史书的时候了解到楚庄王恢复陈国这件事之后，感叹地说道：“楚庄王真是贤君啊！把千乘之国的陈国看得很轻，但是却把一句正确的话看得很重。如果不是申叔时的正确分析就不能使事情做得这样合于时宜，不是楚庄王的贤明就不能接受这样的劝谏。”

三

孔子常自筮其卦①，得《贲》②焉，愀然③有不平之状④。子张⑤进曰：“师闻卜者得《贲》卦，吉也。而夫子之色有不平，何也？”孔子对曰：“以其离⑥耶。在《周易》，山下有火谓之《贲》⑦，非正色⑧之卦也。夫质也，黑白宜正焉⑨。今得贲⑩，非吾兆也。吾闻丹漆不文，白玉不雕，何也？质有余，不受饰故也。”

注释

①孔子常自筮其卦：孔子曾经用蓍草为自己占卦。

常，通“尝”。曾经。筮，占筮，用蓍草占卦。卦，用蓍草等占筮时所得到的卦象，通过卦象来判断吉凶。

②《贲 bì》：卦名，《易》六十四卦之一，卦象为离下艮上。

③愀 qiǎo 然：指脸色变得严肃或者忧愁。

④不平之状：不平和、不安静的样子。

⑤子张：姓颛孙，名师，字子张，孔子高徒。

⑥离：模糊不清。⑦山下有火：《贲》卦的象辞。

⑧正色：颜色纯正。

⑨夫质也，黑白宜正焉：对于一个东西的质地而言，黑色或者白色应该是纯正的。

⑩贲：通“斑”。指颜色斑杂不纯。

译文

孔子曾经用蓍草为自己占卦，占得《贲》卦，于是孔子的脸色开始变得严肃起来，而且颇不安静的样子。子张上前说道：“我听说占卜得到《贲》卦，是吉祥的兆头。但是老师您现在却露出了不平和的神色，这是为什么呢？”

孔子回答说：“是因为卦象上显示得模糊不清的缘故。在《周易》中，山下有火是《贲》卦，这并不是颜色纯正的卦。对于一个事物的质地而言，黑色和白色应该纯正。今天我占的卦颜色驳杂不纯，这不是我想要的兆头。我听说红漆是不用再去纹饰的，白玉也是无需再去雕刻的。为什么呢？这是因为它的质地本来就很好了，无需再接受任何修饰的缘故。”

四

孔子曰：“吾于《甘棠》①，见宗庙之敬甚②矣。思其人，必爱其树；尊其人，必敬其位。道也。”

注释

①《甘棠》：《甘棠》是《诗经·召南》中的一篇。甘棠，也称杜梨，棠梨，因其枝干高大，古代常种植于社前，而称社木。而社通常是古时听诉讼，断是非及敬神的地方。据传，召伯曾在社前的棠树下面听讼断狱，公正无私，当时人们

感念他，便诵唱这首诗歌，要求爱护召伯社前的棠树。

②见宗庙之敬甚：看得出人们对祖先是极其尊敬的。

译文

孔子说："我通过《甘棠》这首诗歌，看出了在宗庙之中人们对祖先极大的尊敬。追思一个人，必定会爱惜他曾经驻足过的树木；尊敬一个人，必定会尊敬他曾经停留过的地方。这些都是道所要求的。"

五

子路戎服见于孔子，拔剑而舞之，曰："古之君子，以剑自卫乎？"孔子曰："古之君子，忠以为质，仁以为卫，不出环堵之室，而知千里之外。有不善，则以忠化之；侵暴[①]，则以仁固[②]之，何持剑乎？"

子路曰："由乃今闻此言，请摄齐以受教[③]。"

注释

①侵暴：侵凌欺侮，此处是指侵凌欺侮自己的人。

②固：使……稳定，限制，稳住……。

③摄齐zī以受教：提起衣襟登上堂去聆听您的教诲。摄，提起。齐，古代是指上衣下部所缝的缉边，泛指衣服的下摆。摄齐就是提起衣服的下摆，也就是登堂的动作，后来就代指登堂受教。

译文

子路穿着军装去拜见孔子，拔出宝剑并在孔子面前舞了起来，说："古时候的君子是用剑来保护自己的吗？"孔子说："古代的君子，都是以忠信为自己的质底，以仁义来护卫自己的。即使不走出房间也能知道千里之外发生的事情，有对自己不友善的人，那么就会用忠信来感化他；有侵凌欺侮自己的人，就会用仁义去把他稳定下来，这样一来还用得着用剑来保卫自己吗？”子路说：“我今天才听到您的这番话，请让我登上堂去接受您的教诲吧！”

六

楚恭王[①]出游，亡乌嗥之弓[②]，左右请求[③]之。

王曰：“止，楚王失弓，楚人得之，又何求之！”、

孔子闻之，曰：“惜乎其不大[④]也，不曰人遗弓人得之而已，何必楚也？”

注释

①楚恭王：名审，春秋时楚国国君，公元前590—前560年在位。②亡乌嗥 háo 之弓：丢失了良弓。乌嗥之弓，具体不详。③求：寻求，寻找。④不大：指心胸不够宽广。

译文

楚恭王出去游猎，丢失了一把良弓，左右的人请求恭王允许他们把弓箭找回来。恭王说：“算了吧，楚王丢的弓箭，肯定还是楚人捡到，又去寻找它做什么呢！”孔子听说这件事后说：“很可惜啊，恭王的心胸还是不够宽阔啊，不说有人丢了弓箭还会有人捡到的，为什么非要是楚人呢？”

七

孔子为鲁司寇，断狱讼，皆进[①]众议者[②]而问之，曰：“子以为奚若？某以为何若？”皆曰云云如是，然后夫子曰：“当从某子，几是[③]。”

注释

①进：请进，延请。②众议者：众多对案件有自己看法的人。③几是：基本正确。几，接近，基本。是，正确，事实。

译文

孔子在鲁国做司寇，审断案件的时候，都要邀请许多对案件有不同看法的人，说："你认为怎么样？某某认为怎么样？"大家都纷纷发表自己对案件的看法，在这之后孔子才说："应该听从某人的看法，大概就是正确的了。"

八

孔子问漆雕凭[①]曰："子事臧文仲[②]、武仲[③]及孺子容[④]，此三大夫孰贤？"对曰："臧氏家有守龟[⑤]焉，名曰蔡[⑥]。文仲三年而为一兆[⑦]，武仲三年而为二兆，孺子容三年而为三兆，凭从此之见[⑧]，若问三人之贤与不贤，所未敢识也。"孔子曰："君子哉！漆雕氏之子，其言人之美也，隐而显[⑨]；言人之过也，微而著[⑩]。智而不能及，明而不能见[⑪]，孰克如此。"

注释

①漆雕凭：事迹不详，当为孔子弟子。

②臧文仲：即臧孙辰，春秋时鲁国大夫，谥文仲。

③武仲：臧武仲，即臧孙纥，文仲之孙，谥武仲。

④孺子容：鲁国大夫，事迹不详。

⑤守龟：古代天子、诸侯占卜用的龟甲，因为都有专门的人看守，所以叫守龟。⑥蔡：占卜用的大乌龟壳。

⑦兆：即卜兆，就是龟甲被炙烧后所呈现出的裂纹，据以判

断吉凶。此处泛指占卜。

⑧凭从此之见：我从这看到了三人的行为特点。

⑨隐而显：含蓄却能表达明白。⑩微而著：细微而不隐晦。

⑪明而不能见：有眼力却不能发现的人。

译文

孔子问漆雕凭说："你曾经侍奉臧文仲、武仲以及孺子容，你认为这三个大夫哪一个更加贤明呢？"回答说："臧氏家中有专门用来占卜的大守龟，叫做蔡。臧文仲三年占卜一次，臧武仲三年占卜两次，孺子容三年占卜三次。我从这里就看到了这三人的行为特点，但是如果问他们三人贤明还是不贤明，这是我所不了解的。"孔子说："漆雕凭真是君子啊！他说人的好处的时候，虽然含蓄却能表达明白；说别人的过失的时候，虽然细微但是并不隐晦。那些有智慧却不能达到以及有眼力却不能看到的人，谁又能做到这一点呢？"

九

鲁公索氏将祭而亡其牲①。孔子闻之曰："公索氏不及二年将亡。"后一年而亡。门人问曰："昔公索氏亡其祭牲，而夫子曰不及二年必亡。今过期②而亡，夫子何以知其然？"孔子曰："夫祭者，孝子所以自尽③于其亲，将祭而亡其牲，则其余所亡者多矣。若此而不亡者，未之有也。"

注释

①亡其牲：丢失了祭祀用的牺牲。

牲，牺牲，祭祀时供奉祖先或天地生灵的牲畜。

②期 jī：一整年。③自尽：尽心尽力表达自己的孝心。

译文

鲁国的公索氏将要祭祀祖先的时候，却突然发现准备的牺牲丢失了。孔子听说这件事之后，说：“公索氏肯定不到两年就会败亡。”过了一年之后，公索氏果然败亡。弟子们问孔子说：“从前公索氏丢失了祭祀先祖的牺牲，老师您就说公索氏不到两年肯定要败亡，如今刚过了一年就败亡了，您是怎么知道他一定会败亡的？”

孔子说：“祭祀是孝子们尽心尽力表达自己对祖先的哀思的时候，快要祭祀却丢失了牺牲，那么他丢失的其他东西肯定还会有很多。像这样却不败亡的，从来没有过。”

十

虞①、芮②二国争田而讼，连年不决，乃相谓曰：“西伯③仁也，盍往质之④？”入其境，则耕者让畔⑤，行者让路；入其朝，士让⑥为大夫，大夫让为卿。

虞、芮之君曰：“嘻！吾侪⑦小人也，不可以入君子之朝。”遂自相与⑧而退，咸以所争之田为闲田也。

孔子曰：“以此观之，文王之道，其不可加⑨焉，不令而从，不教而听，至矣哉！”

注释

①虞：商末周初的诸侯国，在今山西平陆北。

②芮：商末周初诸侯国，在今陕西大荔朝邑城南。

③西伯：即周文王，殷商时西伯侯。

④盍往质之：何去让他主持公道。盍，何不。质，询问，质问。

⑤畔：田界，田埂。⑥让：谦让，推让，辞让。

⑦侪 chái：一类，等，辈。⑧相与：一同，一起。

⑨不可加：无以复加。极赞文王之道。

译文

虞、芮两个诸侯国为了争夺田地而打起了官司，一连好几年都没有结果，于是相互提出："听说西伯侯是个仁人，我们何不前去让他裁断呢？"到达了西伯侯的领地之后，就看到耕田的人都互相推让田界，行人也都互相让路；进入了西伯侯的朝堂，士都互相推让别人去做大夫，大夫都互相推让别人去做卿。虞、芮两国的君主说："哎呀！我们这等人真是小人啊，是没有资格进入君子的朝堂的。"于是他们就一起离开回去了，都把以前所争的田地作为闲置的田地对待。

孔子说："从这件事来看，文王的治国之道已经到了无可复加的至善地步了。不用下达命令人们就会自觉顺从，不用教化人们也能听从，这真是达到了至高无上的境界了。"

十一

曾子曰："狎甚则相简[①]，庄[②]甚则不亲，是故君子之狎足以交欢[③]，其庄足以成礼。"孔子闻斯言也，曰："二三子志之，孰谓参也不知礼乎？"

注释

①狎 xiá 甚则相简：过分亲近就会相互轻视对方。狎，亲近，接近。简，轻视，怠慢。

②庄：庄重，严肃。③交欢：一起欢乐，都很高兴。

译文

曾参说："过分地亲近对方就会互相轻视，过分严肃就会显得不够亲近。所以君子与对方的亲近只要能够让双方都高兴就足够了，他的严肃只要能够完成礼仪就足够了。”孔子听到这些话之后，说道：“你们都记住了啊，谁说曾参不懂得礼仪呢？”

十二

哀公问曰：“绅[①]、委[②]、章甫[③]，有益于仁乎？”孔子作色[④]而对曰：“君胡然[⑤]焉？衰麻苴杖者[⑥]，志不存乎乐，非耳弗闻，服[⑦]使然也；黼黻衮冕[⑧]者，容不亵慢[⑨]，非性矜庄，服使然也；介胄执戈者[⑩]，无退懦之气，非体纯猛，服使然也。且臣闻之，好肆不守折[⑪]，而长者不为市[⑫]。窃[⑬]夫其有益与无益，君子所以知。”

注释

①绅：古代士大夫束在腰间的大带子。

②委：委帽，周代的一种帽子。

③章甫：商朝流行的一种的黑色礼帽。

④作色：变色，突然改变神情。

⑤胡然：为什么那样呢？胡，何，为什么。

⑥衰 cuī 麻苴杖者：穿孝服、拄孝杖的人。衰麻，丧服，用粗麻布制成，披在胸前、缠于头部和腰间。苴杖，古代居父丧时孝子所拄的竹杖，俗称哭丧棒。

⑦服：衣服，丧服。

⑧黼黻 fǔfú 衮冕：黼黻，古代礼服上所绣的一种花纹，也泛指花纹和有纹采的衣服，也指礼服。衮冕，朝服。

⑨容不亵慢：神色不怠慢。容，面容，神色。亵慢，怠慢，不庄重。

⑩介胄执戈者：身披铠甲，手拿武器的人。介，甲，铠甲。胄，头盔。

⑪好肆不守折 shé：善于做买卖的人是不会亏本的。肆，原指商肆，此处是指商业活动。折，亏本，亏损。

⑫长者不为市：在上位者不应去做买卖。

⑬窃：谦辞，私下里，私自。

译文

哀公问孔子说："行礼时用的腰带、委帽、章甫这些东西，对于施行仁德有帮助的吗？"孔子突然间变了脸色，回答说："您为什么这样想呢？那些穿着丧服拄着拐杖的人，他们的心思是不在音乐上的，这并非是因为耳朵听不到，而是因为身上穿着丧服的缘故；身穿端庄的礼服头戴礼帽的人，神色庄重，这并非是因为他们的本性就是端庄的，而是因为他们身上穿着礼服的缘故；身披铠甲手执武器的人，没有丝毫退让懦弱的样子，这并非是因为他们的身体本来就是勇猛的，而是因为他们身上穿着战服的缘故。而且臣曾经听说，善于做买卖的人是不会亏本的，因此在上位者不应该去做买卖。我个人认为有益还是无益，君子都是可以分辨出来的。"

十三

孔子谓子路曰："见长者而不尽其辞①，虽有风雨，吾不能入其门矣。故君子以其所能敬人，小人反是②。"

注释

①尽其辞：把话说完。②反是：与此相反。

译文

孔子对子路说："见到德高望重的长者却没有把话说完，那么即使有风雨，我也不会进入他家的大门。所以君子都是尽其所能去尊重别人，而小人却恰恰相反。"

十四

孔子谓子路曰："君子以心导耳目，立义以为勇；小人以耳目导心，不愻[①]以为勇。故曰退之而不怨，先之斯可从已。"

注释

①愻 xùn：通"逊"。谦逊，驯顺。

译文

孔子对子路说："君子都是用心来引导自己的耳目，在仁义的基础上去践行勇敢；而小人却总是用耳目来引导心，他所谓的勇敢都是建立在不顺服的基础上的。所以说，君子被屏退也不会埋怨，如果让他居于上位则可以让别人都跟着他做。"

十五

孔子曰："君子有三患：未之闻，患不得闻；既得闻之，患弗得学；既得学之，患弗能行。有其德而无其言，君子耻之；有其言而无其行，君子耻之；既得之，而又失之，君子耻之；地有余，民不足，君子耻之；众寡均而人功倍己焉[①]，君子耻之。"

注释

①众寡均而人功倍己焉：所用的人和东西一样多，但是别人的成果是自己的好几倍。

译文

孔子说："君子有三件事最值得担心：没有听过的知识，担心自己没有机会听到；听到以后，又担心自己没有机会学习；学到之后，又担心自己不能践行。有德行却没有相应的言辞，君子以此为耻；有言辞却没有付诸行动，君子以此为耻；得到之后，又失去了，君子以此为耻；土地有富余，但是百姓衣食不足，君子以此为耻；所用的人和物同别人一样多，但是别人的成果却是自己的好几倍，君子以此为耻。"

十六

鲁人有独处室者，邻之嫠妇[①]亦独处一室。夜，暴风雨至，嫠妇室坏，趋而托[②]焉。鲁人闭户而不纳，嫠妇自牖[③]与之言："何不仁而不纳我乎？"鲁人曰："吾闻男女不六十不同居，今子幼，吾亦幼，是以不敢纳尔也。"妇人曰："子何不如柳下惠[④]然？妪不逮门之女[⑤]，国人不称其乱。"鲁人曰："柳下惠则可，吾固不可。吾将以吾之不可，学柳下惠之可。"孔子闻之曰："善哉！欲学柳下惠者，未有似于此者。期于至善，而不袭[⑥]其为，可谓智乎！"

注释

①嫠 lí 妇：寡妇。嫠，通"嫠"。

②趋而托：跑来借宿。趋，快走，奔跑。托，托宿，寄宿。

③牖：窗户。

④柳下惠：展氏，名获，字禽，死后其妻私谥惠，春秋时鲁国大夫，因其食邑在柳下（今山东新泰），故名。相传柳下惠夜宿郭门，有女子没有赶上时间走出郭门，而与柳下

惠同宿，柳下惠恐其冻着，于是把她抱在怀中，至晓不为乱，此即"坐怀不乱"，被认为是遵守中国传统道德的典范。

⑤妪yǔ不逮门之女：怀抱没能赶上走出郭门的女子。妪，妪伏，鸟类以体伏卵，使之孵化，此指以体相温。逮，赶上，来得及。

⑥袭：因袭，模仿。

译文

鲁国有个人自己居住一间屋，他隔壁的寡妇也是独自居住一间屋。一天晚上，下起暴风雨，寡妇的屋被雨淋坏，于是就跑过来乞求借宿。这个鲁国人关上门拒绝让她进来，寡妇从窗口对他说："你怎么这么没有仁德呢，为什么不让我进去呢？"鲁国人说："我听说男女还不到六十岁的时候是不能同处一屋的，现在你还年轻，我也很年轻，因此我才不敢让你进来的。"那个妇人说："你为什么不能像柳下惠那样做呢？他虽怀抱着没来得及出城门的女子，但是国人却没有一个说他淫乱的。"鲁国人说道："柳下惠可以做到，但是我却没有办法做到。我打算用我所做不到的事情去模仿柳下惠所能做到的事情。"

孔子听说这件事之后，说道："好啊！想要学习柳下惠的人没有一个能像他这样做的。想要止于至善的境地，却不完全因袭别人的行为，这真的可以说是大智慧啊！"

十七

孔子曰："小辩[①]害义，小言破道。《关雎》[②]兴[③]于鸟，而君子美之，取其雄雌之有别；《鹿鸣》[④]兴于兽，而君子大[⑤]之，取其得食而相呼。若以鸟兽之名嫌之，固不可行也。"

注释

①小辩：于小事上争辩不休。

②《关雎》：《诗经·周南》的第一篇。

③兴：起兴，文学写作的一种手法，即托物起兴，先言他物以引出所咏之辞。《诗经》中尤多。

④《鹿鸣》：《诗经·小雅》的第一篇。

⑤大：推崇，看重，认为……重要。

译文

孔子说："在小事上争辩不休会损害大义，无关紧要的言论也会破坏大道。《关雎》一篇以鸟起兴，君子却赞美它，这是因为诗中雎鸟雌雄有别；《鹿鸣》一篇以兽起兴，但是君子却推崇它，这是因为诗中的鹿得到食物后就互相呼唤。如果单单因为这些诗以鸟兽取名而嫌弃它们，确实是行不通的。"

十八

孔子谓子路曰："君子而强气①，而不得其死②；小人而强气，则刑戮荐蓁③。《豳诗》曰：'殆天之未阴雨，彻彼桑土，绸缪牖户，今汝下民，或敢侮余！④'"

注释

①君子而强 jiàng 气：君子如果桀骜不驯。而，如果，表假设语气。强气，桀骜不逊，意气用事。

②不得其死：不能善终。

③荐蓁 zhēn：连续不断地到来，一再遇到。蓁，通"臻"。

④殆天之未阴雨，彻彼桑土，绸缪牖户，今汝下民，或敢侮余：

语出《诗经·豳风·鸱鸮》。趁着天还没下雨，急衔桑泥把巢筑，尤其缠好门窗户。如今树下这些人，有谁还敢欺侮我！殆，趁着。彻，剥。桑土，桑根与泥土。

绸缪，紧密缠绕的样子。

译文

孔子对子路说："如果君子桀骜不驯意气用事，那么他将可能不得善终；如果小人桀骜不驯的话，那么就会有刑罚和杀戮不断地施加于其身。

《豳诗》上说：'趁着天还没下雨，急衔桑泥把巢筑，尤其缠好门窗户。如今树下这些人，有谁还敢欺侮我！'"

十九

孔子曰："能治国家之如此，虽欲侮之，岂可得乎？周自后稷[①]，积行累功，以有爵土[②]。公刘[③]重之以仁，及至太王亶甫[④]，敦以德让，其树根置本，备豫[⑤]远矣。初，太王都豳[⑥]，翟[⑦]人侵之。事之以皮币[⑧]，不得免焉，事之以珠玉，不得免焉，于是属[⑨]耆老[⑩]而告之：'所欲吾土地。吾闻之，君子不以所养而害人。二三子何患乎无君？'遂独与太姜[⑪]去之，逾梁山[⑫]，邑[⑬]于岐山之下[⑭]。豳人曰：'仁人之君，不可失也。'从之如归市[⑮]焉。天之与[⑯]周，民之去殷，久矣，若此而不能王天下，未之有也。武庚[⑰]恶能侮？《鄁诗》[⑱]曰：'执辔如组，两骖如舞。[⑲]'"

孔子曰："为此诗者，其知政乎！夫为组者，总纰[⑳]于此，成文[㉑]于彼。言其动于近，行于远也。执此法以御民，岂不化乎？《竿旄》[㉒]之忠告，至矣哉！"

注释

①后稷：周族始祖，名弃。善于农业生产，曾为尧舜时农官。封于邰，号后稷，姬姓。

②爵土：爵位和土地。③公刘：周族领袖，后稷的曾孙。

④太王亶甫：即古公亶父。传为后稷十二代孙，周文王的祖父。武王克殷，追尊为“太王”。

⑤备豫：预备，防备。

⑥豳 bīn：上古地名，在今陕西彬县东北。

⑦翟 dí：通“狄”。北狄，特指活动在我国北方地区的少数民族。

⑧皮币：毛皮和布帛。币，指用于馈赠的帛。

⑨属 zhǔ：聚集，集合。

⑩耆老：泛指年长者或老年人。古人六十称耆，七十称老。

⑪太姜：古公亶父之妻，太伯、仲雍、王季之母。

⑫梁山：在今陕西乾县西北。⑬邑：动词，营建都邑。

⑭岐山之下：在今陕西宝鸡境内。

⑮归市：拥往集市，形容人多。⑯与：助，帮助。

⑰武庚：西周初分封的殷君，商纣之子，又名禄父。后趁机与三监联合叛乱，被杀。

⑱《鄁诗》：诗出《诗经·国风·郑风》，故“鄁”应为“郑”之误。

⑲执辔如组，两骖如舞：语出《诗经·郑风·大叔于田》。手握缰绳如同编织丝带，条理分明；两旁马儿奔驰像跳舞一样，有条不紊。辔，马缰绳。组，丝织的带子。骖，周代马车有驷马，外边两马为骖。

⑳总纰 pī：汇聚丝缕布帛。总，聚合，汇集。纰，指丝织物稀疏或披散的布帛丝缕。㉑文：文采，花纹。

㉒《竿旄》：《诗经·鄘风》中的一篇。竿，今本《毛诗》作“干”。旄，古代用牦牛尾作竿饰的旗子。

译文

孔子说："能够把国家治理得如此有条不紊，那么即使要欺侮它，谁又能做到呢？周族自后稷之后，一直都在积累德行和功绩，正是因为如此才能得到爵位和疆土。公刘开始实行仁德，等到了太王古公亶父的时候，开始用德行和恭让敦正自己，他为周族树立了根本，这都是在为自己做长远的打算。刚开始，古公亶父居住在豳地，而北方的狄人却屡屡侵犯周族。用皮毛和布帛来侍奉狄人，不能免于侵犯；用珠玉来侍奉狄人，也不能免于侵犯。于是太王召集当地的老人，告诉他们说：'狄人想得到的就是我们的土地。我听说，君子是不会因为养育人的土地而去残害百姓。你们大家怎么会担心没有君主呢？'"于是太王单独和太姜一起，翻越梁山，在岐山脚下建立城邑。豳人说：'这是个有仁德的君主，我们不能失去他。'于是跟从太王的人就像拥往集市的人一样多。上天帮助周族，人民想要离开殷商，这已经是很久的事实了，如果这样了还不能称王于天下的，那是没有的。武庚又怎么能欺侮周族呢？《鄁诗》上说：'手握缰绳如同编织丝带，条理分明；两旁马儿奔驰像舞蹈，有条不紊。'"

孔子说："作这首诗的人，他是很懂得政治上的道理的！织丝带的人，这头汇聚着一丝一缕的细丝，那头却已经织成了各种各样的花纹。意思是在近的地方行动，但是在远的地方也会受到影响。用这样的办法去治理百姓，哪有不被教化的呢？《竿旄》的忠告，真是到了至高的境界了啊！"

观周

题解

本篇主要记载了孔子“适周观礼”的史实，因此以“观周”为篇名。

篇中对于孔子“观周”的史实有较为详细的记载，这对于我们研究孔子的生平具有很重要的意义。孔子不远千里前往宗周观礼，表达了孔子对周代的礼乐教化的无限向往。

孔子“祖述尧舜，宪章文武”，向往三代之世的文治教化。周代经过对虞、夏、商文化的因革损益，创造了“郁郁乎文哉”的礼乐文明，因此孔子说“吾从周”，也正因如此孔子才有“久矣吾不复梦见周公”的感慨，则孔子观周，良有以也。

一

孔子谓南宫敬叔[①]曰：“吾闻老聃[②]博古知今，通礼乐之原，明道德之归[③]，则吾师也，今将往矣。”对曰：“谨受命。”遂言于鲁君曰：“臣受先臣[④]之命云，孔子，圣人之后也[⑤]，灭于宋[⑥]。其祖弗父何始有国而授厉公[⑦]，及正考父佐戴、武、宣[⑧]，三命兹益恭[⑨]。故其鼎铭曰：‘一命而偻，再命而伛，三命而俯[⑩]，循墙而走，亦莫余敢侮[⑪]。饘[⑫]于是，粥于是，以糊其口。’其恭俭也若此。臧孙纥[⑬]有言：‘圣人之后，若不当世[⑭]，则必有明德而达者焉。’孔子少而好礼，其将在矣[15]。属[16]臣曰：‘汝必师之。’今孔子将适周，观先王之遗制，考礼乐之所极，斯大业也，君盍以乘资之[17]？臣请与往。”公曰：“诺。”与孔子车一乘，马二匹，竖子[18]侍御。敬叔与俱。

注释

①南宫敬叔：鲁国贵族，孟僖子的儿子，僖子死前嘱咐南宫敬叔师从孔子学习。

②老聃：即老子，道家学派创始人。③归：归趋，旨归。

④先臣：如同“先父”，即孟僖子，南宫敬叔之父。

⑤孔子，圣人之后也：孔子先祖为宋国公族，而宋国公室是殷商后裔，殷商的开国之君为商汤，汤被称为圣人，故说孔子是圣人之后。

⑥灭于宋：孔子的六世祖孔父嘉是宋国贵族，其妻貌美，宋国华督欲夺其妻，因此将孔父嘉杀害，其后人逃避祸害逃奔到鲁国，因此说“灭于宋”。

⑦其祖弗父何始有国而授厉公：孔子的十世祖是弗父何，按理他本来应该继承宋国君位，但是却让给了他的弟弟宋厉公。

⑧正考父佐戴、武、宣：指孔子的七世祖正考父辅佐了宋国戴、武、宣三代国君。

⑨三命兹益恭：命数代表了贵族地位的高低。一般指士一命，大夫再命，卿三命。考父为三命之卿，地位非常尊显。

⑩一命而偻，再命而伛，三命而俯：此句话的意思是正考父的地位虽然不断上升，但是他却越来越谦恭。偻、伛，都是弯腰之意。俯，弯腰屈身，表示更加谦虚恭敬。

⑪亦莫余敢侮：否定倒装，即“莫敢侮余”，没有人敢欺侮我。

⑫馆 zhān：稠粥。

⑬臧孙纥 hé：即臧武仲，臧文仲的孙子，鲁国大夫。

⑭当世：当政，执政，指在位为君。当，当管，主持。

⑮其将在矣：意思就是显达之人可能就是孔子。

⑯属：通“嘱”。叮嘱，嘱咐，嘱托。⑰以乘资之：用车马来资助孔子。乘，车辆，车马。资，资助。⑱竖子：指驾车的僮子。

译文

孔子对南宫敬叔说：“我听说老聃博古通今，知道礼乐的渊薮，明白道德的旨归，他真是我的老师啊。我现在就要去拜访他。”南宫敬叔回答说：“谨遵老师的吩咐。”于是南宫敬叔就去告诉鲁昭公说：“我曾经听受过我父亲的遗命，孔子是圣人的后裔，他的先祖在宋国被杀害，他的十世祖弗父何本应该继承宋国君位，但是却让给了自己的弟弟宋厉公，孔子的七世祖正考父辅佐了宋国的戴公、武公、宣公三位君主，身为三命之卿但是却愈加恭敬。因此他自己的鼎上刻有这样的铭文：‘（正考父）做士的时候低头弯腰，做大夫的时候躬身曲背，做士的时候更是俯下身来，沿着墙根快步小跑，但是却没有人敢侮辱我。在这里吃稠粥，在这里吃稀粥，都仅仅是为了糊口罢了。’正考父的恭敬简朴到了这样的程度。臧孙纥曾经说过：‘圣人的后代，如果不当政的话，必然会有身怀明德而显达的人。’孔子年轻的时候就喜欢学习礼仪，这个显达的人可能就是孔子了吧。（先父）曾经嘱咐过我：‘你一定要跟从孔子学习。’现在孔子将要到周朝去，观看学习先王留下的政治制度，考察礼乐文化的至高境界，这真是一件大事业啊！您为什么不以车马来资助他呢？臣请求您允许我和他同去。”昭公说：“准奏。”于是就给了孔子一辆车和两匹马，还派了僮子去帮忙驾车，南宫敬叔与孔子一同前往周朝。

二

至周，问礼于老聃，访乐于苌弘[①]，历郊社[②]之所，考明堂[③]之则，察庙朝之度。于是喟然曰：

“吾乃今知周公[④]之圣，与周之所以王也。”

注释

①苌 cháng 弘：周朝贵族，精通音乐。

②郊社：郊指冬至日祭天于国都南郊，社指夏至日祭地于北郊。合称“郊社”。

③明堂：周天子宣明政教之处，也作为祭祀、选贤、纳谏、庆赏、教学或其他国家重大事务的活动场所。

④周公：即周公旦，姬姓，名昌，周文王的第三子，周朝创立者周武王的弟弟，西周著名政治家、军事家。在辅助周武王灭商的战争中功勋卓著，武王死后又辅助成王完成平叛定国的大业。

译文

到达周朝之后，向老聃询问学习礼制，并且拜访苌弘，学习音乐，观看了郊社之处，考察了明堂制度的法则，学习了宗庙朝堂的制度。于是孔子感慨地说：“我现在才知道周公之所以被称为圣人，以及周朝之所以能取得天下的原因了。”

三

及去周，老子送之曰：“吾闻富贵者送人以财，仁者送人以言。吾虽不能富贵，而窃仁者之号，请送子以言乎：凡当今之士，聪明深察而近于死者[①]，好讥议[②]

人者也；博辩闳达[3]而危其身，好发[4]人之恶者也。无以有己为人子者[5]，无以恶己为人臣者[6]。”

孔子曰：“敬奉教。”自周反鲁，道弥尊矣。远方弟子之进，盖三千焉。

注释

①近于死者：意思是濒临死亡的境地。②讥议：讥讽、议论。③闳 hóng 达：气志广大。④发：揭开，揭露。

⑤无以有己为人子者：即“为人子者无以有己”，作为儿子的不应该使父母时刻挂念自己。

⑥无以恶己为人臣者：即“为人臣者无以恶己”，作为臣下的不应该让君主憎恶自己。

译文

等离开周朝的时候，老子给孔子送行并且说：“我听说富贵的人送给别人财物，仁德的人送给别人言辞。我虽然不是富贵的人，但是我却要冒称一下仁者，请允许我送给您几句话：凡是当今之士，聪明过人明察隐微，但是却总是处于死亡边缘的人，都是那些喜欢讥讽议论别人的人；博学善辩气志广大的人常常使自己处于危险的境地，这都是因为喜欢揭露别人的短处的人。作为儿子的就应该不让父母时刻挂念自己，作为臣子的就应该不让君王憎恶自己。”孔子说：“谨遵您的教诲。”从周朝回到鲁国之后，孔子的道义受到了更多的尊崇。远方的弟子都来求学，弟子大概有三千人。

四

孔子观乎明堂，睹四门墉[1]有尧舜之容[2]桀纣之象，而各有善恶之状兴废之诫焉。又有周公相成王，抱之负斧扆[③]，南面以朝诸侯之图焉。孔子徘徊而望之，谓从者曰：“此周之所以盛也。夫明镜所以察形，往古者所以知今。人主不务袭迹[④]于其所以安存，而忽怠[⑤]所以危亡，是犹未有以异于却走而欲求及前人也[⑥]，岂不惑哉！”

注释

①墉：墙壁。②容：与下文“象”互为补充。图像。

③抱之负斧扆 yǐ：怀抱着年幼的成王背对着屏风。之，代文王。负，背对着。斧扆，古代宫殿内设在门和窗之间的大屏风。古代帝王的座位一般放置在扆的前面。

④袭迹：沿袭模仿他人的行为。⑤忽怠：忽视，轻视。

⑥却走而欲求及前人也：倒着往后跑却想要追上走在前面的人。却，退，倒退。

译文

孔子观看明堂的时候，看到四个大门的墙壁上都画有尧舜和桀纣的图像，但是却各自有着善恶不同的模样，以及关于国家兴废的诫言。还有周公辅佐成王的，抱着年幼的成王背对着象征王位的屏风，南面接受诸侯朝拜的图像。孔子在此处徘徊张望了一阵之后，对随从的弟子说：“这就是周之所以能兴盛的原因啊。明镜是用来观察自己的容貌的，思考过去的事情是为了更好地了解当今之世。君主不能一味关注于学习怎样安身立命，而忽视了学习怎样去避免陷入危亡的境地，这就无异于退着往后跑，但是却想赶上走在前面的人一样，这难道不是很愚昧吗？”

五

孔子观周，遂入太祖后稷[①]之庙。庙堂右阶之前，有金人焉。三缄其口[②]，而铭其背曰："古之慎言人也，戒之哉！无多言，多言多败；无多事，多事多患。安乐必戒[③]，无所行悔[④]。勿谓何伤，其祸将长；勿谓何害，其祸将大；勿谓不闻，神将伺[⑤]人。焰焰不灭，炎炎若何[⑥]；涓涓不壅[⑦]，终为江河；绵绵不绝，或成网罗[⑧]；毫末不札，将寻斧柯[⑨]。诚能慎之，福之根也。口是何伤[⑩]，祸之门也。强梁者不得其死[⑪]，好胜者必遇其敌。盗憎主人，民怨其上。君子知天下之不可上也，故下之；知众人之不可先也，故后之。温恭慎德，使人慕之；执雌[⑫]持下，人莫逾之。人皆趋彼，我独守此；人皆或之[⑬]，我独不徙。内藏我智，不示人技。我虽尊高，人弗我害，谁能于此？江海虽左，长于百川[⑭]，以其卑也。天道无亲，而能下人。戒之哉！"

孔子既读斯文也，顾谓弟子曰："小子识之！此言实而中[⑮]，情而信[⑯]。《诗》曰：'战战兢兢，如临深渊，如履薄冰。[⑰]'行身[⑱]如此，岂以口过患[⑲]哉？"

注释

①后稷：周朝始祖，名弃。

②三缄其口：嘴巴上被封了三层。缄，封，束。

③戒：警惕，谨慎。

④无所行悔：会使自己后悔的事情不去做。⑤伺：察，观察。

⑥焰焰不灭，炎炎若何：火苗初起时不扑灭，等到升腾时怎么办呢？焰焰，火苗初起的样子。炎炎，火苗升腾的样子。

⑦涓涓不壅：不趁着水流还小的时候去堵塞。
涓涓，细小的水流。壅，堵塞。

⑧绵绵不绝，或成网罗：细细的丝连绵不断，就有可能织成网罗。绵绵，细细的丝。

⑨毫末不札，将寻斧柯：小树刚刚发芽的时候不将其拔去，长大了就要用斧头去砍。毫末，毫毛的末端，比喻极其细微的事物。札，拔。寻，用。柯，斧柄。

⑩口是何伤：人的嘴有什么坏处？伤，伤害，损害。

⑪强梁者不得其死：残暴凶狠的人不得好死。
强梁，蛮横残忍，凶狠欺凌弱小的人。

⑫雌：犹“下”。古代常以雌雄来代表上下高低。

⑬或之：到某地去。之，往，去。

⑭江海虽左，长于百川：江海虽然居于下方，但是却比百川广大。

⑮实而中：切实而中肯。

⑯情而信：合情而且可信。

⑰战战兢兢，如临深渊，如履薄冰：语出《诗经·小雅·小旻》。
兢兢，今本《毛诗》作“兢兢”。

⑱行身：立身处世。⑲以口过患：因口说错话而招致祸患。

译文

孔子在周朝参观，进入了太祖后稷的庙堂。庙堂右边的台阶前面，有一个铜人，嘴巴上被封了三层，背上却刻着这样的铭文：“这是古代做事谨慎的人说过的话，要以此为戒啊！不要多说话，话越多过失就越多；不要多事，事越多忧患就越多。安逸快乐的时候一定要提高警惕，会使自己后悔的事情不要去做。不要说有什么伤害，祸害将会一天天增长；不要说有什么害处，祸害将会一天天增大；不要以为上天听不到，神人都在暗中观察着人们的言行。火苗刚起来的时候不去扑灭，等到火势熊熊的时候又该怎么办呢？细小的水流不去堵塞，终将会汇聚成江河。细细的丝绵绵不绝，终会交织成网罗。树苗刚长出来的时候不将其拔去，长大了就要用斧头才能砍掉。如果真的能慎重处事，这就是百福的根源。嘴有什么伤害啊，它是祸害的大门。残暴凶猛的人不得好死，争强好胜的人必将会遇到自己的敌人。盗贼憎恨财物的主人，百姓怨恨在上位者。君子知道不能身居天下之人的上位，因此总是居于人下；知道不能身居天下人之先，因此总是居于其后。君子温厚恭敬，谨慎仁德，使人倾慕自己；甘居人下，因此没有人逾越他。别人都向别处去，只有我坚守此处；别人都向往他处，只有我坚定不移。将我的智慧埋藏于胸中，不向别人显示自己的能力。这样的话我虽然身尊位高，但是没有人能伤害我，谁又能做到这样呢？江海虽然位居下方，但是比百川都要广大，这就是因为其甘居人下。天道不亲近任何人，而能常居人下。以此作为自己的儆诫！”

孔子读完这篇文章之后，回头看着自己的弟子说：“你们都要记住啊！这说的就是做事要切实而中肯，合情而可信。《诗经》上说：‘战战兢兢，就像面临深渊，就像脚踩薄冰。’能够这样立身处世，又怎么会因说错话而招致祸患呢？”

六

孔子见老聃而问焉，曰：“甚矣，道之于今难行也。吾比[①]执道，而今委质[②]以求当世之君，而弗受也，道于今难行也。”老子曰：“夫说者流[③]于辩，听者乱于辞，如此二者，则道不可以忘[④]也。”

注释

①比：先前，本来。

②委质：又作“委贽”。指人臣拜见君主时，屈膝委体于地，后引申为托身，归顺。质，形体。

③流：流连，沉溺。

④忘：舍弃，遗忘。

译文

孔子去拜见老子，请教说：“太难了，如今道义真的是太难施行了。我原先坚守道义，如今我委身请求于当世之君施行道义，但是他们却不接受，现在道义真的是太难施行了。”老子说：“宣扬道义的人沉溺于论辩巧说，而接受道义的人又被他们的言辞所迷惑。对于这两种情况来说，道义更是不可以舍弃的了。”

辩　政

题解

本篇所讲大都是孔子对于政事的看法，故以“辩政”为篇名。

孔子一生席不暇暖，周游列国，“干七十余君而无所用”，表明了孔子对当世政治的重视。孔子思想是以“为政”为旨归的，其众多弟子从学于孔子也大都是为了从政。孔子的政治思想体现了孔子以天下为己任的崇高理想，以及以民为本的人文思想，从这方面来看，说孔子学说是“为政治学”并不为过。

孔子具有高超的政治智慧，如本篇讲述的“忠臣之谏君，有五义焉”，孔子从君臣和谐的角度出发，“唯度主而行之，吾从其风谏乎？”这极好地体现了孔子的政治智慧。

一

子贡问于孔子曰：“昔者齐君问政于夫子，夫子曰‘政在节财’；鲁君问政于夫子，夫子曰‘政在谕[①]臣’；叶公[②]问政于夫子，夫子曰‘政在悦近而来远[③]’。三者之问一也，而夫子应[④]之不同。然政在异端[⑤]乎？”

孔子曰：“各因其事也。齐君为国，奢乎台榭，淫于苑囿，五官伎乐[⑥]，不解[⑦]于时，一旦[⑧]而赐人以千乘之家者三，故曰‘政在节财’。鲁君有臣三人[⑨]，内比周[⑩]以愚其君，外距[⑪]诸侯之宾以蔽其明，故曰‘政在谕臣’。夫荆之地广而都狭，民有离心，莫安其居，故曰‘政在悦近而来远’。此三者所以为政殊矣。《诗》云：‘丧乱蔑资，曾不惠我师！[12]’此伤奢侈不节以为乱者也；又曰：‘匪其止共，惟王之邛。[13]’此伤奸臣蔽主以为乱也；又曰：‘乱离瘼矣，奚其适归？[14]’此伤离散以为乱者也。察此三者，政之所欲，岂同乎哉！”

注释

①谕：告诫，儆戒。

②叶 shè 公：即沈诸梁，字子高，楚国叶地（今河南叶县南）的地方官。

③政在悦近而来远：为政的关键在于使近处的人欢悦，使远方的人归附。

④应：回答。⑤异端：不同的方面。端，方面。

⑥五官伎乐：宫中女官掌管的音乐舞蹈。

五官，宫中女官名。伎乐，歌舞女伎。

⑦解：通“懈”。懈怠，疲倦。⑧一旦：一天，一天之中。

⑨臣三人：指鲁国的三桓。⑩比周：勾结。

⑪距：通“拒”。拒绝，排斥。

⑫丧乱蔑资，曾不惠我师：死丧祸乱民财空，怎么能不爱护我大众！语出《诗经·大雅·板》。蔑，无，没有。资，财。曾，怎么。师，众。不，今本《毛诗》作“莫”。

⑬匪其止共，惟王之邛：谗邪不恭无休止，实为大王所病忧。语出《诗经·小雅·巧言》。止，止息。邛，病，担忧。共，通“恭”。

⑭乱离瘼矣，奚其适归：祸乱忧愁使我病，何处归往长安身？语出《诗经·小雅·四月》。离，忧。瘼，病。

奚，今本《毛诗》作“爰”，何，哪儿。

译文

子贡问孔子说："从前齐国国君向老师您请教治国之法，您说'为政在于节省财物'；鲁国国君向您请教为政的方法，您说'为政在于告诫臣下'；叶公向您请教为政的方法，您说'为政在于使近处的人愉悦，使远方的人归附'。三个人所问的问题是一样的，但是您却给出了不同的回答。那么为政的方法是在不同的方面吗？"

孔子说："我是依据他们各自的具体情况而给出的答案。齐国国君治理国家的时候，于建造亭台楼榭十分奢侈，过于迷恋苑囿玩赏打猎，宫中的歌舞女伎一刻也不倦怠，一天就赐给三个人拥有上千辆兵车的封邑，所以我对他说'为政在于节省钱财'。鲁国国君下面的三桓，他们在国内相互勾结以愚弄君主，对外拒绝与各国诸侯的交往以掩蔽君主的圣明，所以我对他说'为政在于告诫臣下'。楚国疆土广阔而城邑狭小，百姓都有叛离的想法，没有谁想在那里一直居住下去，所以我对叶公说'为政在于使近处的人愉悦，使远方的人归附'。这就是我为什么回答他们三个人的问题不一致的缘故。《诗经》上说：'死丧祸乱民财空，怎么能不爱护我大众！'这是在哀伤奢侈不节省的人所导致的祸乱。《诗经》上又说：'谗邪不恭无休止，实为大王所病忧。'这是在哀伤奸臣在下蒙蔽主上所导致的祸乱；又说：'祸乱忧愁使我病，何处归往长安身？'这是在哀伤百姓离散四方所导致的祸乱。明白了这三种情况，再看看为政者所要达到的目标，哪里能完全相同呢？"

二

孔子曰："忠臣之谏君，有五义焉：一曰谲谏[①]，二曰戆谏[②]，三曰降谏[③]，四曰直谏[④]，五曰风谏[⑤]。唯度[⑥]主而行之，吾从其风谏乎！"

注释

①谲 jué 谏：指不直言，委婉含蓄的劝谏。

②戆 zhuàng 谏：鲁莽而刚直的劝谏。

③降 jiàng 谏：心平气和低声下气的劝谏。

④直谏：不畏权威，直言进谏。

⑤风 fěng 谏：即"讽谏"，指以婉言隐语规劝。风，通"讽"。

⑥度 duó：揣摩，猜测。

译文

孔子说："忠臣劝谏君主，有五种方法：第一个是不直言委婉含蓄地劝谏；第二个是鲁莽而刚直地劝谏；第三个是心平气和低声下气地劝谏；第四个是不畏权威直言劝谏；第五个是用委婉的隐语讽劝。只有猜度君主的心思来进行劝谏，我采用委婉的隐语来进行劝谏这种方式。"

三

子曰："夫道不可不贵也，中行文子[①]倍道失义以亡其国，而能礼贤以活其身。圣人转祸为福，此谓是与！"

注释

①中行 háng 文子：即荀寅，晋国大夫，六卿之一。后在政治争斗中失败，被迫逃亡。

译文

孔子说："道义是不能不被尊重的。中行文子违背大道丧失了仁义，以至于丢了国家，但是他又能够礼贤下士以使自己继续存活下去。圣明的人能够将祸患转化为福祉，说的大概就是这样的情况吧！"

四

楚王[①]将游荆台[②]，司马子祺[③]谏，王怒之。令尹子西[④]贺[⑤]于殿下，谏曰："今荆台之观，不可失也。"王喜，拊[⑥]子西之背曰："与子共乐之矣。"子西步马[⑦]十里，引辔[⑧]而止，曰："臣愿言有道，王肯听之乎？"王曰："子其言之。"子西曰："臣闻为人臣而忠其君者，爵禄不足以赏也；谀其君者，刑罚不足以诛[⑨]也。夫子祺者，忠臣也；而臣者，谀臣也。愿王赏忠而诛谀焉。"王曰："我今听司马之谏，是独能禁我耳。若后世游之何也？"子西曰："禁后世易耳。大王万岁之后[⑩]，起山陵[⑪]于荆台之上，则子孙必不忍游于父祖之墓，以为欢乐也。"

王曰："善！"乃还。孔子闻之，曰："至哉子西之谏也！入之于十里之上，抑之于百世之后者也。"

注释

①楚王：指楚昭王，春秋时楚国国君，名壬，在位 27 年（公

元前 515—前 488 年）。

②荆台：地名，今湖北江陵北。

③司马子祺：司马，官职名称。子祺，楚公子结。

④令尹子西：楚平王庶长子。

令尹，春秋战国时期楚国执政官名，相当于宰相。

⑤贺：附和，赞许，庆贺。⑥拊 fǔ：抚摸，拍打。

⑦步马：骑马。⑧引辔：拉住马缰绳。引，拉。

⑨诛：惩罚。⑩万岁之后：死亡的委婉说法。

⑪山陵：坟墓，陵寝。

译文

楚昭王将要到荆台去游玩，司马子祺进行谏阻，楚昭王对他很生气。令尹子西在殿下附和赞成，进谏说：“现在到荆台去观赏可是不可错过的大好机会啊。”昭王非常高兴，拍着子西的背说：“我要和你一起去共同享受赏玩的乐趣。”令尹子西骑马走了十里路，忽然拉住马缰绳停了下来，说道：“我想说说合于为臣之道的话，大王您愿意听听吗？”昭王说：“你说说看。”子西说：“臣听说作为人的臣子而忠诚于他的君主，那么即使是爵位和俸禄也不足以奖赏他；而那些阿谀奉承君主的人，那么即使是刑法也是不足以惩罚他的。司马子祺是一个忠臣；而我，却是一个阿谀之臣。希望大王奖赏忠臣而惩罚谀臣。”昭王说道：“我现在听从司马的劝谏，这是只能禁止我一个人这样做的。如果后世还想去那里游玩怎么办呢？”子西说：“想要禁止后世去游玩也很容易。大王您去世以后，将陵寝修建在荆台上面，那么子子孙孙都将不忍心到父祖的墓地上去游玩取乐了。”

昭王说：“好的！”于是就中途返回了。孔子听闻这件事之后，说："令尹子西的劝谏真是好极了！走了十里地的路程就谏止了昭王，也谏止了百世之后的君王啊！"

五

子贡问于孔子曰："夫子之于子产[①]、晏子[②]，可为至矣[③]。敢问二大夫之所为目[④]，夫子之所以与[⑤]之者。"孔子曰："夫子产于民为惠主[⑥]，于学为博物。晏子于君为忠臣，而行为恭敏。故吾皆以兄事之，而加爱敬。"

注释

①子产：名侨，字子产，又字子美，也称国侨，公孙侨，东里子产。春秋时郑国著名的政治家。

②晏子：名婴，字平仲，曾为齐相，春秋时代著名的思想家政治家。

③可为至矣：可以说是称赞到了极点。

④目：要目，重点，即是指孔子看重两人的哪些优点。

⑤与：赞许，赞美。

⑥惠主：有恩惠的大夫。

译文

子贡问孔子说："老师您对子产、晏子这两个人可以说是恭敬到了极点了。我想冒昧地问问您之所以尊敬他们的具体原因以及您赞美他们的原因是什么？"

孔子说："子产对于百姓可以说是一个有恩惠的大夫，于学识上来说也可以说是一个博学之人。晏子对于君主可以说是忠臣，而且他的行为恭敬聪敏。所以我都以兄长之礼尊事他们，并且加以爱戴和尊敬。"

六

齐有一足之鸟，飞集①于宫朝，下止于殿前，舒翅②而跳，齐侯大怪之，使使聘鲁，问孔子。孔子曰："此鸟名曰商羊③，水祥也④。昔童儿有屈其一脚，振讯⑤两眉而跳，且谣曰：'天将大雨，商羊鼓舞⑥。'今齐有之，其应⑦至矣。"急告民趋治沟渠，修堤防，将有大水为灾。顷之大霖雨⑧，水溢泛诸国，伤害民人，唯齐有备，不败⑨。景公曰："圣人之言，信而征⑩矣。"

注释

①集：群鸟停落。②舒翅：张开翅膀。舒，伸展。

③商羊：传说中的鸟名。据说，大雨前，常屈一足欢舞。

④水祥也：大雨将要到来的预兆。祥，预兆。

⑤振讯：抖动。⑥鼓舞：手足舞动，欢欣的样子。

⑦应：征言，应验。⑧霖雨：久下不停的雨。

⑨败：毁坏，破坏。⑩信而征：真实而且有征验。

译文

齐国飞来很多只有一只腿的鸟，他们时而停落在宫室上，时而飞下来落在宫殿前面，张开翅膀一跳一跳地走。齐国国君感到非常奇怪，于是就派遣使者到鲁国去聘问，向孔子请教。孔子说："这种鸟叫做商羊，它预示着将要有大雨到来。从前，有小孩儿弯着一只脚，抖动着眉毛，蹦蹦跳跳，唱着歌谣：'天将要下大雨，商羊就跳跃着欢快而来。'现在齐国出现了这种鸟，正好验证了童谣。"于是齐侯急忙命令百姓赶紧修治沟渠和堤防，以防大水的危害。不久，真的就下起了大雨，大水在各个国家泛滥，伤害百姓，只有齐国有防备，因此没有遭到破坏。

齐景公说：“圣人说的话，真是既真实而且还有征验啊。”

七

孔子谓宓子贱[①]曰：“子治单父[②]，众悦，子何施而得之也？子语丘所以为之者。”对曰：“不齐之治也，父恤其子，其子恤诸孤，而哀丧纪[③]。”孔子曰：“善。小节也，小民附矣，犹未足也。”曰：“不齐所父事[④]者三人，所兄事者五人，所友事者十一人。”孔子曰：“父事三人，可以教孝矣；兄事五人，可以教悌矣；友事十一人，可以举善矣。中节也，中人附矣，犹未足也。”

曰：“此地民有贤于不齐者五人，不齐事之而禀度[⑤]焉，皆教不齐之道。”孔子叹曰：“其大者乃于此乎有矣！昔尧舜听[⑥]天下，务求贤以自辅。夫贤者，百福之宗也，神明之主也。惜乎不齐之以所治者小也。”

注释

①宓 mì 子贱：孔子弟子，名不齐，字子贱，鲁国人。

②单父 shànfǔ：鲁邑，在今山东单县。

③丧纪：丧事。④父事：以事父之礼来侍奉某人。

⑤禀度：受教。⑥听：治理，管理，听政，处理政务。

译文

孔子对宓子贱说：“你治理单父的时候，百姓们都很高兴，你是用怎样的办法使那里得到如此好的治理的呢？你告诉我你是怎样做到的。”宓子贱回答说：“我治理的办法，就是父亲要照顾教育好自己的儿子，而儿子要去照顾那些孤苦无依的人，而且对丧事要哀痛。”

孔子说：“好啊。不过这些都是小的方面，能使一般的百姓亲附，还是不够的。”宓子贱说：“我以对待父亲的礼节对待三个人，以对待长兄的礼节对待五个人，以对待朋友的礼节对待十一个人。”

孔子说：“父事三人，这样就可以使百姓懂得孝顺；兄事五人，这样就可以使百姓懂得敬爱兄长了；友事十一人，这样就可以使百姓懂得尊崇贤才。不过这也只是平常的善行，可以使中等程度的百姓亲附，还是不够的。”

宓子贱说：“这个地方的百姓有五个比我贤明的人，我侍奉他们而且还接受他们的教诲，他们都交给我为政之道。”

孔子感叹地说：“成就大业的方法就是从这里显现出来的啊！从前尧舜治理天下的时候，都竭力搜求贤人以辅佐自己。贤人是一切福祉的本源，也是神明的根本。只是可惜啊，子贱只能用尧舜之道治理很小的地方啊。”

八

子贡为信阳宰[①]，将行，辞于孔子。孔子曰：“勤之慎之，奉天子之时，无夺无伐，无暴无盗。”子贡曰：“赐也少而事君子，岂以盗为累[②]哉？”孔子曰：“汝未之详也。夫以贤代贤，是谓之夺；以不肖代贤，是谓之伐；缓令急诛[③]，是谓之暴；取善自与[④]，谓之盗。盗非窃财之谓也。吾闻之，知为吏者，奉法以利民；不知为吏者，枉法以侵民，此怨之所由也。治官莫若平[⑤]，临财莫如廉。廉平之守，不可改也。匿人之善，斯谓蔽贤；扬人之恶，斯为小人。内不相训[⑥]而外相谤，非亲睦也。言人之善，若己有之；言人之恶，若己受之。故君子无所不慎焉。”

注释

①信阳宰：信阳邑宰。信阳，楚邑，在今河南信阳南。

②累：连累，拖累。③缓令急诛：法令怠缓而刑罚严苛。

④取善自与：把别人的功绩取来据为己有。

⑤治官莫若平：管理官吏没有比公平更重要的了。

⑥训：训诫，教诲。

译文

子贡在楚国的信阳邑做地方长官，将要赴任的时候，来向孔子辞行。孔子说：“为政要勤勉谨慎，遵奉天子下发的历法，不要侵夺，不要攻伐，不要暴虐，也不要偷盗。”

子贡说：“我年轻的时候就开始侍奉君子，怎么会被偷盗这样的事所拖累呢？”

孔子说：“你知道的还不够具体啊。用贤人来代替贤人，这就是侵夺；用不肖者来代替贤人，这就叫攻伐；法令怠缓但是刑罚严苛，这就是暴虐；把别人的善行拿来据为己有，这就是偷盗。偷盗并不一定就是说偷窃钱财。我听说，懂得怎样做一个官吏的人，都会遵奉法令以施惠于百姓；不懂得做官吏的，就会歪曲法令而侵扰百姓，这都是民怨产生的缘由。官吏管理没有比公平更重要的，面对钱财没有比清廉更重要的。对清廉和公平的坚守是不能改变的。隐匿别人的善行，就叫做掩藏贤人；夸大别人的缺点，就是小人。在内部相互训诫而在外互相诽谤，这就没有办法做到亲近和睦。称赞别人的优点，就好像说自己的优点一样；评论别人的缺点，就好像自己也存在那样的缺点一样。所以，君子无时无处都要谨慎行事。”

九

子路治蒲三年，孔子过之，入其境，曰：“善哉！由也恭敬以[①]信矣。”入其邑，曰：“善哉！由也忠信而宽矣。”至庭，曰：“善哉！由也明察以断[②]矣。”子贡执辔而问曰：“夫子未见由之政，而三称其善，其善可得闻乎？”孔子曰：“吾见其政矣。入其境，田畴尽易[③]，草莱甚辟[④]，沟洫深治，此其恭敬以信，故其民尽力也；入其邑，墙屋完固，树木甚茂，此其忠信以宽，故其民不偷[⑤]也；至其庭，庭甚清闲，诸下用命[⑥]，此其言明察以断，故其政不扰[⑦]也。以此观之，虽三称其善，庸[⑧]尽其美乎？”

注释

①以：而，而且。

②明察以断：明察秋毫而且善于断案。

③田畴尽易：田地得到整治。田畴，田地。易，整治，耕种。

④草莱甚辟：荒地都得到了极好的开辟。

草莱，杂草。辟，排除，辟除。

⑤偷：苟且。

⑥用命：听从命令，执行命令。

⑦扰：乱，扰攘，纷乱。

⑧庸：岂，难道。

译文

子路管理蒲地三年，孔子有一次路过那里。进入到蒲的辖地，孔子说："好啊！仲由为政恭敬而且诚信。"进入到蒲邑里面，孔子说："好啊！仲由为政忠信而且宽厚。"等到了蒲邑的朝堂时，孔子说："好啊！仲由为政明察秋毫而且善于断案。"

子贡拉住马缰绳问孔子说："老师您还没看到仲由的政事如何，却称赞了他三次，那么他好的地方，能够说给我听听吗？"

孔子说："我已经看到他是怎样为政的了。进入到蒲的辖地，看到田地都得到了整治，荒草也全部都锄去，沟渠也挖得很深，这就是他的恭敬而且诚信，因此百姓都愿意尽力；进入到城邑，墙屋都完好坚固，树木也非常茂盛，这就是他的忠信而且宽厚，因此百姓都不敢苟且。到了他的朝堂一看，看到官衙内清净安闲，所有的下属都很听从命令，这就是他的明察秋毫而且善于断案，所以政事才能有条不紊。从这些方面来看，即使称赞他三次好，又岂能包括他所有的好处？"

六 本

题解

在本篇中孔子讲述了君子处理政事的六大根本，故以“六本”为篇名。

孔子在开篇就提到“立身有义矣，而孝为本”，这与《论语》中有子所言的“孝也者，其为人之本与”不谋而合。但是在后面的篇章中孔子却严厉批评了曾参的愚孝，说明“孝”并非一味顺从于父母，“孝”与自身修养之间有一个辩证的关系，愚孝绝不可取。

本篇所讲的“良药苦于口而利于病，忠言逆于耳而利于行”，“好与贤者处”对于提高我们的个人修养也是极有启发的。

一

孔子曰：“行己[①]有六本[②]焉，然后为君子也。立身有义矣，而孝为本；丧纪有礼矣，而哀为本；战阵有列[③]矣，而勇为本；治政有理矣，而农为本；居国有道矣，而嗣[④]为本；生财有时矣，而力为本。置本不固，无务农桑；亲戚不悦，无务外交[⑤]；事不终始，无务多业；记闻而言，无务多说[⑥]；比近[⑦]不安，无务求远。是故反本修迩[⑧]，君子之道也。”

注释

①行己：立身处世。②本：根本。 ③列：队列。

④嗣：子孙，后嗣，继承人。⑤外交：对外交往。

⑥记闻而言，无务多说：道听途说之言不必多说。

⑦比近：邻近，身边的人。比，紧靠，挨着。

⑧反本修迩：反本，返回根本。修迩，从近处修行。

译文

孔子说："立身处世有六大根本，做到这些然后才能成为君子。立身要合宜，而以孝道为根本；丧事要有礼节，而以哀情为根本；作战时要排好队列，而要以勇猛为根本；处理政事要有条理，而要以农事为根本；治理国家要有道义，而以后嗣为根本；发财要有好的时机，而以尽力劳作为根本。如果自己立身处世的这些根本都不牢固，就不要去从事农桑劳作；自己的家人亲朋还不愉悦，就不要去进行对外交往；做事有始无终，就不要去做更多的事；道听途说的话不要去多讲；自己身边的人还没有安定，就不要去做更远处的事。因此，返回根本，从近处做起，这才是君子的立身处世之道。"

二

孔子曰："良药苦于口而利于病，忠言逆于耳而利于行。汤、武以谔谔[①]而昌，桀、纣以唯唯[②]而亡。君无争臣，父无争子，兄无争弟，士无争友，无其过者，未之有也。故曰：'君失之，臣得之；父失之，子得之；兄失之，弟得之；己失之，友得之。'是以国无危亡之兆，家无悖乱之恶，父子兄弟无失，而交友无绝也。"

注释

①谔谔 è：直言进谏的样子。

②唯唯：随声附和的应答声。

译文

孔子："好的药虽然吃起来苦，但是对病情有好处；忠信之言虽然不好听，但是对自己的行为有好处。商汤、周武王因为敢于听从直言的劝谏而兴旺发达，夏桀、商周因为喜欢听臣下唯唯诺诺的附和所以亡国灭身。君王没有敢于直言的臣子，父亲没有敢于直言的儿子，兄长没有敢于直言的弟弟，士人没有敢于直言的朋友，如果说是因为他们没有过错所以才这样，那是不可能的。所以说：'君王有了过失，臣下应当去补救；父亲有了过失，儿子应当去补救；兄长有了过失，弟弟应当去补救；自己有了过失，朋友应当去补救。'这样一来，国家就不会出现危亡的征兆，家庭也不会出现背叛反乱的恶行。父子兄弟都不会有过失，而且朋友之间的交往也不会断绝。"

三

孔子见齐景公，公悦焉，请置廪丘之邑以为养[①]。孔子辞而不受。入谓弟子曰："吾闻君子当[②]功受赏。今吾言于齐君，君未之有行，而赐吾邑，其不知丘，亦甚矣。"于是遂行[③]。

注释

①请置廪丘之邑以为养：希望把廪丘赐给孔子作采邑。

廪丘，齐国的城邑。养，供养，指作为食邑。

②当：适应，相当。③行：离开。

译文

孔子去觐见齐景公，景公感到很高兴，于是就希望把齐国的廪丘作为孔子的食邑。孔子推辞，不肯接受。回来告诉弟子们说：“我听说君子要根据自己的功劳而接受相应的奖赏。如今我向齐君进言，但是他并没有采取实际的行动，却要赐给我城邑，他也太不了解我了。”于是孔子就离开了齐国。

四

孔子在齐，舍于外馆①，景公造②焉。宾主之辞既接③，而左右白曰：“周使适④至，言先王庙灾⑤。”景公复问：“灾何王之庙也？”孔子曰：“此必釐王⑥之庙。”公曰：“何以知之？”孔子曰：“《诗》云：‘皇皇上天，其命不忒。天之以善，必报其德。⑦’祸亦如之。夫釐王变文武之制，而作玄黄⑧华丽之饰，宫室崇峻，舆马奢侈，而弗可振⑨也，故天殃⑩所宜加其庙焉。以是占⑪之为然。”公曰：“天何不殃其身而加罚其庙也？”孔子曰：“盖以文武故也。若殃其身，则文武之嗣，无乃殄⑫乎。故当殃其庙，以彰其过。”俄顷，左右报曰：“所灾者，釐王庙也。”景公惊起，再拜曰：“善哉！圣人之智，过人远矣。”

注释

①外馆：指古代的旅馆，管舍。②造：来，拜访。

③宾主之辞既接：宾主之间的礼节言辞都施行之后。

④适：刚刚，刚才。

⑤先王庙灾：祭祀先王的宗庙发生火灾。庙，宗庙。

灾，火灾，发生火灾，后世称人火为火，天火为灾。

⑥釐 xī 王：周釐王，亦作僖王，名胡齐，在位五年（公元前681—前677年）。

⑦“皇皇上天”句：皇皇，高峻伟大的样子。忒，差。逸诗，不存于今本《诗经》。

⑧玄黄：泛指颜色。玄，黑色。⑨振：通“赈”。救，挽救。

⑩殃：灾祸，祸害。⑪占：猜测，预测。

⑫无乃殄：恐怕就要灭绝了。无乃，相当于“莫非”“恐怕是”，表示委婉测度的语气。殄，绝尽，灭绝。

译文

孔子在齐国的时候，住在旅馆里，齐景公去拜访他。相互之间的礼节与言辞都施行过之后，景公左右的人告诉他说：“周朝的使者刚刚来过，说先王的宗庙发生火灾。”

景公问道：“是哪个先王的宗庙发生了火灾？”

孔子说：“发生火灾的必定是釐王的宗庙。”

景公说：“您是凭什么断定是此庙发生火灾的？”

孔子说：“《诗经》上说：‘上天美盛又伟大，天命不会有偏差。上天福佑那些好人，一定会回报他们的美好德行。’其实灾祸也是一样的。釐王变更文王和武王的制度，而制作色彩华丽的服饰，建造高大挺拔的宫室，车马奢侈浪费，达到了不可救药的地步，所以天灾就应该降临到他的宗庙。正因如此我才推测是釐王的庙。”齐景公说：“上天为什么不降祸于釐王身上，而降到他的宗庙呢？”

孔子说：“大概是因为文王和武王的缘故吧。如果降灾于釐王身上，那么文武的后嗣岂不是要灭绝了啊？所以应当降灾其庙，来彰显他的过错。”

过了一会儿，景公左右的人告诉他："火灾发生的宗庙，就是釐王的庙。"齐景公惊讶得站了起来，向孔子拜了两拜后说："真好啊！圣人的智慧真是远远超过了平常人。"

五

子夏[①]三年之丧毕，见于孔子。子曰："与之琴，使之弦[②]。"侃侃[③]而乐，作[④]而曰："先王制礼，不敢不及也。[⑤]"子曰："君子也！"闵子[⑥]三年之丧毕，见于孔子。孔子与之琴，使之弦。切切[⑦]而悲，作而曰："先王制礼，弗敢过也。[⑧]"子曰："君子也！"子贡曰："闵子哀未尽，夫子曰'君子也'；子夏哀已尽，又曰'君子也'。二者殊情[⑨]而俱曰君子，赐也惑，敢问之。"孔子曰："闵子哀未忘，能断之以礼；子夏哀已尽，能引之及礼。虽均之君子，不亦可乎？"

注释

①子夏：原误作"子贡"，据别本改。子夏，孔子高徒，列在孔门十哲之文学科，对于经学的传承作出了极大的贡献。

②弦：原指琴弦，这里用作动词，意为弹奏。

③侃侃：从容不迫的样子。

④作：起来，起身。

⑤"先王制礼"句：意思是先王所作之礼，我不敢不去践行。

⑥闵子：即闵子骞，孔子弟子，以德行著称，孝行尤著。

⑦切切：悲哀，忧伤的样子。

⑧"先王制礼"句：先王所作之礼，我不敢超过三年的期限。

⑨殊情：感情不一样。

译文

子夏服完三年之丧后，前来拜见孔子。孔子说："给他琴，让他弹奏。"子夏从容不迫地弹起琴来，奏完之后，站起来对孔子说："先王所作的礼制，我不敢不去践行。"孔子说："真是君子啊！"闵子骞服完三年之丧后，前来拜见孔子。孔子给他琴，让他弹奏。闵子弹琴的时候显得非常悲伤，弹奏完之后，站起来说："先王所作的礼制，我不敢超过期限。"孔子说："真是君子啊！"子贡说："闵子的哀情还没有完，您说他'真是个君子啊'；子夏的哀情已经没有了，您也说他'真是个君子啊'。两个人的感情不一样但是您都说他们是君子，我感到很奇怪，因此冒昧地问您。"

孔子说："闵子虽然还没有忘记哀伤，但是却能用礼来节制自己；子夏的哀情虽然已经没有了，但是却能引导自己符合礼制的要求。即使把他们都称为君子，不也是可以的吗？"

六

孔子曰："无体[①]之礼，敬也；无服之丧，哀也；无声之乐，欢也。不言而信，不动而威，不施而仁，志也。夫钟之音，怒而击之则武，忧而击之则悲。其志变者，声亦随之。故志诚感之，通于金石[②]，而况人乎？"

注释

①体：形式，外表。②金石：泛指乐器。

译文

孔子说："礼可以没有外在的形式，内在的恭敬之心才是重要的；丧事可以没有丧服，心中的哀伤才是重要的；音乐可以没有声音，心情的欢愉才是重要的。不说话就能得到信任，不用行动就能有威势，不施舍就让人感到有仁德，这就是心志的作用。钟的声音，如果在发怒的时候击打它，它的声音就会变得雄武；如果在忧伤的时候击打它，它的声音就会变得悲伤。如果人的心志变化了，声音也会随之变化。所以当心志确实被感发的时候，是可以和金石相通的，更何况是与人相通呢？”

七

孔子见罗①雀者所得皆黄口小雀。夫子问之曰：“大雀独不得，何也？”罗者曰：“大雀善惊而难得，黄口贪食而易得。黄口从大雀则不得，大雀从黄口亦不得。”孔子顾谓弟子曰：“善惊以远害，利②食而忘患，自③其心矣，而以所从为祸福。故君子慎其所从，以长者之虑，则有全身之阶④；随小者之戆⑤，而有危亡之败⑥也。”

注释

①罗：网罗，捕捉。②利：贪图，贪求。③自：从，源自。④阶：凭借。⑤戆 zhuàng：愚，直。⑥败：祸害，祸乱。

译文

孔子看到张网捕捉麻雀的人所捉到的都是黄口小雀。

孔子问捕雀的人说：“为什么唯独捉不到大雀呢？”

捕雀者说：“大雀容易惊觉，因此比较难捉到，黄口小雀贪吃所以容易捉到。黄口小雀跟着大雀的话就不容易被捉了，大雀跟随着黄口小雀也不容易被捉。”

孔子回头看着众弟子说："保持警觉就可以远离伤害，贪恋食物就会忘记忧患，这都是源自内心的。而自己所跟从的对象也能决定祸福。所以君子要慎重选择自己所要跟从的对象，按照长者的想法行事，那么就会有保全自身的办法；跟随小人的愚昧无知，就会有败亡的灾祸。"

八

孔子读《易》，至于《损》《益》，喟然而叹。子夏避席①问曰："夫子何叹焉？"孔子曰："夫自损者必有益之，自益者必有决②之，吾是以叹也。"子夏曰："然则学者不可以益乎？"子曰："非道益之谓也。道弥益而身弥损。夫学者损其自多，以虚受人，故能成其满。博哉天道，成而必变。凡持满而能久者，未尝有也。故曰：'自贤者，天下之善言不得闻于耳矣。'昔尧治天下之位，犹允③恭以持之，克④让以接下，是以千岁而益盛，迄今而逾彰。夏桀、昆吾⑤自满而极，亢意⑥而不节，斩刈⑦黎民如草芥焉，天下讨之如诛匹夫，是以千载而恶著，迄今而不灭。观此，如行则让长，不疾⑧先；如在舆，遇三人则下之，遇二人则式⑨之。调其盈虚，不令自满，所以能久也。"

子夏曰："商请志之，而终身奉行焉。"

注释

①避席：离开座位，表示尊敬。

②决：通"缺"。减损，缺少。③允：信。④克：能。

⑤昆吾：为夏的同盟部落首领，己姓。助桀为虐后为商汤所灭。

⑥亢意：随心所欲，恣意妄为。⑦刈：割。⑧疾：快，急速。

⑨式：通“轼”。以手扶车前横木，为古人表示敬意的一种礼节。

译文

孔子读《易》，读到《损》《益》两卦的时候，长长地叹了口气。子夏离开了座位问道：“老师您为什么叹气呢？”

孔子说：“常以为自己不足的人一定会有所增益，而自满的人必定会有缺失，我因此才叹气的。”

子夏说：“那么学习的人就没有办法充盈自己了吗？”

孔子说：“我不是在说‘增加’。道愈是增加，自身就会愈觉得不足。学习的人自认为自己有很多不足，以谦虚的态度接受别人的指教，所以才能成就他的满盈。真是太广大了，天道只要是有所圆成就会发生变化。凡是那些自满却渴望能长久的，是不可能做到的。所以说：‘自认为贤明的人，那么天下的善言都不会进入他的耳朵。’从前尧处在治理天下的位置，尚且能够保持忠信恭敬，用谦让的态度对待下民，所以过了千年而名声日盛，到现在就更加显著了。夏桀、昆吾自满而且没有终点，恣意妄为，丝毫不加节制，斩杀百姓就如同割草。天下的人征讨他们就像诛杀匹夫一样。因此，即使过了千年，他们的恶行依然显著，直到现在还没有消失。以此看来，如果在路上行走，就要为长者让路，不要急着抢先；如果在车上坐着，碰见三个人就应该下车，碰见两个人就应该扶轼而立，以示敬意。调节自己的充盈和空虚，不要自满，这样才能长久下去。”

子夏说：“我请求您允许我记下您说的话，并且终身奉行。”

九

子路问于孔子曰：“请释[①]古之道而行由之意，可乎？”子曰：“不可！昔东夷之子[②]，慕诸夏之礼，有女而寡，为内私婿，终身不嫁[③]。不嫁则不嫁矣，亦非贞节之义也。苍梧娆[④]娶妻而美，让与其兄，让则让矣，然非礼之让矣。不慎其初，而悔其后，何嗟及矣[⑤]。今汝欲舍古之道，行子之意，庸知子意不以是为非，以非为是乎？后虽欲悔，难哉！”

注释

①释：放下，丢掉，放弃。

②子：人。

③“有女而寡”句：如果妇女的丈夫死了，那么就可以给他招一个没有正式婚配的丈夫，而此女子则终身不嫁。

④苍梧娆：苍梧，地名，在今湖南境内。娆，或为氏族名。

⑤何嗟及矣：嗟叹后悔又有什么用呢？

译文

子路问孔子说：“我想要放弃古代的治世之道而施行我自己的想法，您觉得可以吗？”

孔子说：“不可以！从前东夷之人，羡慕华夏的礼仪，如果妇女的丈夫死了，那么就可以给他招一个没有正式婚配的丈夫，而此女子则终身不嫁。不嫁是不嫁，但是这已经不是贞洁的本义了。苍梧娆娶的妻子非常漂亮，于是就让给了他的兄长，让是让了，但是却不是礼仪上的谦让了。刚开始的时候不谨慎行事，到了后来又去后悔，那么嗟叹又有什么用呢？现在你想要舍弃古代的道，施行你自己的想法，那你怎么知道你自己的想法不是以对为错，以错为对呢？以后就是想反悔，也困难了。”

十

曾子[①]耘[②]瓜，误斩其根。曾皙[③]怒，建[④]大杖以击其背。曾子仆地[⑤]而不知人[⑥]，久之，有顷乃苏[⑦]，欣然而起，进[⑧]于曾皙曰：“向也参得罪于大人[⑨]，大人用力教参，得无疾[⑩]乎？”退而就房[⑪]，援[⑫]琴而歌，欲令曾皙而闻之，知其体康也。孔子闻之而怒，告门弟子曰：“参来，勿内[⑬]。”曾参自以为无罪，使人请[⑭]于孔子。子曰：“汝不闻乎，昔瞽瞍[⑮]有子曰舜，舜之事瞽瞍，欲使之，未尝不在于侧；索而杀之，未尝可得。小棰则待过，大杖则逃走，故瞽瞍不犯不父之罪，而舜不失烝烝[⑯]之孝。今参事父，委身以待暴怒，殪[⑰]而不避。既身死而陷父于不义，其不孝孰大焉？汝非天子之民也！杀天子之民，其罪奚若？”曾参闻之曰：“参罪大矣。”遂造孔子而谢过[⑱]。

注释

①曾子：即曾参。②耘：除草。

③曾皙：曾参的父亲，也是孔子弟子。④建：执，持，拿起。

⑤仆地：倒在地上。⑥不知人：不省人事。⑦苏：苏醒。

⑧进：向前。⑨大人：指父亲。⑩疾：受伤，生病。

⑪就房：回房。⑫援：拿，拿过来。

⑬内：通“纳”。接纳，让……进来。⑭请：问，询问。

⑮瞽瞍 gǔsǒu：舜的父亲。相传他溺爱舜的弟弟，屡次想

害死舜。

⑯蒸蒸：通“烝烝”。众多的样子。

⑰殪 yì：死。

⑱谢过：谢罪。

译文

曾参在地里为瓜除草，一不小心把瓜苗的根铲断了。其父曾皙非常生气，拿着大棒子就往曾参的背上打。（由于打得太重）曾参倒在地上，不省人事。很长时间过去了，曾参才苏醒过来，他欢喜地爬了起来，上前对曾皙说：“刚才我得罪了父亲大人，父亲大人用力来教导我，您没有受伤吧？”于是就退回了房间，拿出琴来，弹琴唱歌，想要让曾皙听到他的声音，知道他自己的身体没什么事。孔子听说这件事之后，非常愤怒，告诉弟子们说：“曾参来的时候，不要让他进来。”曾参自认为自己没有做错，让人向孔子询问这样对他的原因。孔子说：“你没有听说过吗？从前瞽瞍有个儿子叫舜。舜侍奉瞽瞍，父亲需要使唤他时，他没有不在身边的；如果父亲想要捉住他把他杀掉，却从来也没抓到过他。父亲用小棰子打他，他就等着挨打；如果要用大棍子打他，他就会立即逃走。这样瞽瞍就不会犯不合父道之罪，而舜也不失为一个大孝子。现在曾参你侍奉父亲，把自己交给暴怒的父亲狠打，死了也不去逃避。自己死了之后还会陷父亲于不义，还有哪种不孝比这更严重呢？难道你不是天子的臣民吗？杀死了天子的臣民，你父亲应该是怎么样的罪行呢？”

曾参听过之后，说道：“我的罪过真是太严重了！”于是就前往孔子之处谢罪。

十一

荆[①]公子行年[②]十五而摄[③]荆相事。孔子闻之，使人往观其为政焉。使者反曰："视其朝，清净而少事，其堂上有五老焉，其廊下有二十壮士焉。"孔子曰："合二十五人之智，以治天下，其固[④]免矣，况荆乎？"

注释

①荆：楚国的别称。②行年：指年龄。

③摄：代理。④固：本来。

译文

楚国公子十五岁就已经代理行使相事了。孔子听说之后，派人前去观看他是如何为政的。使者回来后说："看他的朝堂，清净而少有事务。在他的朝堂上有五位长者，廊下有二十位壮士。"孔子说："联合这二十五个人的智慧来治理天下，本来就是可以免除祸乱的了，何况治理一个楚国呢？"

十二

子夏问于孔子曰："颜回之为人奚若？"子曰："回之信贤于丘。"曰："子贡之为人奚若？"子曰："赐之敏贤于丘。"曰："子路之为人奚若？"子曰："由之勇贤于丘。"曰："子张之为人奚若？"子曰："师之庄贤于丘。"子夏避席而问曰："然则四子何为事先生？"

子曰："居，吾语汝。夫回能信而不能反[①]，赐能敏而不能诎[②]，由能勇而不能怯，师能庄而不能同[③]。兼四子者之有以易[④]吾，弗与[⑤]也。此其所以事吾而弗贰[6]也。”

注释

①反：迂回，婉转。指人不能什么诺言都去践行，要通达处世。

②诎 qū：曲折，弯曲。

③能庄而不能同：庄重却不善于合群。同，混同，合群。

④易：交易，交换。⑤与：给，给予。⑥贰：不忠心，离心。

译文

子夏问孔子说：“颜回这个人怎么样？”

孔子说：“颜回在诚信方面是胜过我的。”

子夏说：“子贡这个人怎么样？”

孔子说：“子贡在聪敏方面是胜过我的。”

子夏说：“子路这个人怎么样？”

孔子说：“子路在勇敢方面是胜过我的。”

子夏说：“子张这个人怎么样？”

孔子说：“子张在庄重方面是胜过我的。”

子夏离开座位问孔子说：

“那么他们四个人为什么还要跟从老师您学习呢？”

孔子说：“坐下来，我告诉你。颜回能够诚信但是却不能变通，子贡够机敏但是却不能委曲求全，子路够勇敢但是却不知退避，子张够庄严但是却不能合群。即使同时拥有这四个人的优点来和我交换，我也不会同意。这就是他们侍奉我而且从不离心离德的原因。”

十三

孔子游于泰山，见荣声期[1]行乎郕[2]之野，鹿裘带索[3]，鼓瑟而歌。孔子问曰：“先生所以为乐者，何也？”

期对曰："吾乐甚多，而至者三。天生万物，唯人为贵。吾既得为人，是一乐也；男女之别，男尊女卑，故人以男为贵。吾既得为男，是二乐也；人生有不见日月[④]，不免襁褓者[⑤]，吾既以行年九十五矣，是三乐也。贫者，士之常；死者，人之终。处常得终，当何忧哉？"

孔子曰："善哉！能自宽者也。"

注释

①荣声期：春秋时期著名隐士。

②郕 chéng：鲁邑，在今山东汶上北。

③鹿裘带索：用鹿皮做衣服，用绳索做衣带。

④人生有不见日月：指胎死腹中。

⑤不免襁褓者：指尚未脱离襁褓就已经死去。

译文

孔子到泰山去游历，看见荣声期走在郕地的郊外，穿着鹿皮做的衣服，用绳索当做腰带，弹着瑟唱歌。孔子问道："先生您之所以这么快乐，是为什么呢？"荣声期回答说："我所乐的东西很多，但是最为三件事感到高兴。天地万物，而唯独人为最贵。我已经成为一个人，所以我感到高兴，这是第一乐。男女有别，而男尊女卑，所以人以男人为尊贵。我已经成为一个男子，所以感到高兴，这是第二乐。有的人还未出生就已经胎死腹中，有的人还没有脱离襁褓就已经死去，我已经活到了九十五岁，这是第三乐。贫穷，是士的常态；死亡，是人的终结。我在人生的常态中等待着终结，还有什么担心的呢？"孔子说："好啊！真是一个能够自我宽慰的人。"

十四

孔子曰:“回有君子之道四焉:强于行义，弱于受谏[①]，怵于待禄[②]，慎于治身。史鳍[③]有君子之道三焉：不仕而敬上，不祀而敬鬼，直己而曲人[④]。”曾子侍，曰:“参昔常闻夫子三言，而未之能行也。夫子见人之一善而忘其百非，是夫子之易事也；见人之有善若己有之，是夫子之不争也；闻善必躬行之，然后导之，是夫子之能劳也。学夫子之三言而未能行，以自知终不及二子[⑤]者也。”

注释

①弱于受谏：接受别人劝谏时很虚心。

②怵于待禄：接受俸禄时很害怕。怵，害怕。待，得。

③史鳍：子鱼，卫国大夫。

④直己而曲人：对自己要求苛刻却能宽以待人。

⑤二子：指颜回和史鳍。

译文

孔子说:“颜回具备了君子的四项品格：在道义的践行上很努力，接受劝谏时很虚心，接受俸禄时很畏惧，修养身心时很谨慎。史鳍具备了君子的三项品格：不做官却敬重在上位的人，不祭祀却能够尊敬鬼神，对自己要求苛刻却能够宽容待人。”曾子在旁边陪侍，说:“我过去曾经听到过老师您的三句话，但是我却没能做到。老师您看见一个人的一个优点，就忘记了他所有的缺点，因为老师您善于与人相处；看见别人的优点，就好像自己的优点一样，因为老师您不争强好胜；听到善言善行就要躬行实践，然后再去引导别人，因为老师您不怕辛劳。学习了老师的三句话，但是却没有能够践行，从这里我就知道我自己终究是没办法达到史鳝和颜回的境界了。”

十五

孔子曰：“吾死之后，则商也日益[①]，赐也日损[②]。”曾子曰：“何谓也？”子曰：“商也好与贤己者处，赐也好说[③]不若己者。不知其子，视其父；不知其人，视其友；不知其君，视其所使；不知其地，视其草木。故曰，与善人居，如入芝兰[④]之室，久而不闻其香，即与之化矣；与不善人居，如入鲍鱼之肆[⑤]，久而不闻其臭，亦与之化矣。丹之所藏者赤，漆之所藏者黑。是以君子必慎其所与处者焉。”

注释

①益：学问与品行的增益。

②损：学问与品行的减损。③说 yuè：取悦。

④芝兰：两种香草，二者连用常指美好的德行或环境。芝，通“芷”，白芷。兰，兰草。

⑤鲍鱼之肆：腌制或卖咸鱼的店铺。

译文

孔子说：“我去世之后，子夏的学问与品行会日渐增益，而子贡的学问与品行则会日益减损。”曾参说：“为什么呢？”孔子说：“子夏喜欢和比自己贤良的人相处，子贡却喜欢取悦不如自己的人。如果不了解儿子，那么就看看他的父亲；如果不了解一个人，就去看看他所交往的朋友；如果不了解一个君王，就去看看他的臣下；如果不了解一个地方，就去看看那儿的草木。所以说，与贤良的人住一起，就像进入了香草的房间一样，时间久了就闻不到香气了，因为已经被同化了；和不好的人相处，就像进入了卖咸鱼的铺子一样，时间久了就闻不到臭味了，因为也已经被同化了。用来装丹砂的容器会变成红色，用来装漆的容器会变成黑色。因此君子一定要慎重选择自己所处的环境。”

十六

曾子从孔子之齐，齐景公以下卿[①]之礼聘曾子，曾子固[②]辞。将行，晏子送之，曰：“吾闻之，君子遗[③]人以财，不若善言。今夫兰本[④]三年，湛[⑤]之以鹿酳[⑥]，既成啖[⑦]之，则易之匹马。非兰之本性也，所以湛者美矣。愿子详[⑧]其所湛者。夫君子居必择处，游必择方，仕必择君。择君所以求仕，择方所以修道。迁风移俗者，嗜欲移性，可不慎乎！”孔子闻之，曰：“晏子之言，君子哉！依贤者固不困，依富者固不穷。马蚿[⑨]斩足而复行，何也？以其辅之者众。”

注释

①下卿：下等卿士，古代卿分为上中下三等。

②固：坚定，坚决。③遗 wèi：赠送。④本：根。

⑤湛 jiān：通“渐”。浸渍，浸泡。

⑥鹿酳 yìn：用鹿肉做成的肉酱，味道鲜美。

⑦啖：吃。⑧详：审慎，谨慎对待。

⑨马蚿 xián：一种多足有节肢的虫。

译文

曾子随从孔子到齐国去，齐景公用对待下卿的礼节来接待他，曾子坚决地推辞。将要离开的时候，晏子为他送行，并对曾子说：“我听说，君子赠送给别人钱财，不如赠给他美善的言辞。如果兰草的根已经生长了三年，用鹿肉做的酱来浸泡它，做成之后非常美味，可以用来交换马匹。这并不是兰草的本性就如此，是因为用来浸泡它的东西是美味的。希望你谨慎对待自己所处的环境。君子居住必须选择好的地方，出游也一定要选择好方向，出仕做官必须选择好的君主。选择君主就是为了出仕，选择方向是为了修养身心。这些都是会改变人的风俗习惯的因素，（一旦选择错误就会）嗜欲无度，改变人的本性，能够不慎重对待吗？”孔子听说这件事之后，说道：“晏子说的话，真是君子之言啊！依傍贤者就不会感到困穷，依傍富人也不会感到贫穷。马蚿即使被砍断了脚还是可以爬行的，为什么呢？就是因为他辅助的脚很多。”

十七

孔子曰：“以富贵而下人①，何人不尊？以富贵而爱人，何人不亲？发言②不逆，可谓知言矣；言而众向③之，可谓知时矣。是故以富而能富人者，欲贫不可得也；以贵而能贵人者，欲贱不可得也；以达而能达人者，欲穷④不可得也。”

注释

①下人：礼贤下士，谦逊待人。②发言：说话。

③向：通“响”。响应。④穷：困穷，陷入窘境。

译文

孔子说："自己富贵却能够礼贤下士，那么还有什么人不去尊重你呢？自己富贵却能够敬爱别人，那么还有什么人不去亲附你呢？说话不违背大众的意愿，可以说是善于言辞的了；说出的话会得到大家的响应，就可以说是善于抓住时机的了。所以说自己富足却还能使别人富足的，即使想贫穷也是不可能的了；自己显贵却还能让别人显贵的，即使想卑贱也是不可能的了；自己仕途通达却还能让别人也通达的，即使想困穷也是不可能的了。"

十八

孔子曰："中人[①]之情也，有余则侈，不足则俭，无禁则淫[②]，无度则逸[③]，从[④]欲则败。是故鞭扑之子，不从父之教；刑戮之民，不从君之令。此言疾[⑤]之难忍，急之难行也。故君子不急断，不急制，使饮食有量，衣服有节，宫室有度，畜积有数，车器有限，所以防乱之原也。夫度量[⑥]不可不明，是中人所由之令。"

注释

①中人：中等人，一般人。②淫：过度，无节制。

③无度则逸：没有法度就会放纵。度，制度，法度。逸，放纵。

④从：通"纵"。放纵。⑤疾：快，急速。

⑥度量：法度。

译文

孔子说："一般人的常情是，财富有多余的就会奢侈浪费，不足的时候就会变得节俭，如果没有禁令就会没有节制，没有法度就会放纵，随心所欲必然会导致败亡。因此经常遭受鞭打的儿子，不会听从父亲的教诲；遭受刑杀的百姓，不会听从君主的法令。这说的就是速度过快就会让人难以忍受，操之过急也是难以施行的。所以君子不急于断制，使自己饮食有限量，衣服有节制，宫室有节度，积蓄有定数，车辆器械都有限量，这就是防范祸乱的根源。法度不可以不明确，因为它们是一般人所要遵从的法度。”

十九

孔子曰：“巧①而好度②必攻③，勇而好问必胜，智而好谋必成。以愚者反之。是以非其人④，告之弗听；非其地，树⑤之弗生。得其人，如聚砂而雨之⑥；非其人，如会⑦聋而鼓⑧之。夫处重擅宠，专事妒贤，愚者之情也。位高则危，任重则崩，可立而待。”

注释

①巧：心机灵巧。②度：揣度，揣测。

③攻：坚，坚定。

④非其人：不是合适的人。⑤树：栽树，栽种。

⑥如聚砂而雨之：意思是说容易听取别人的意见。

⑦会：碰到，遇见。⑧鼓：动词，击鼓，敲鼓。

译文

孔子说：“心机灵巧而喜欢揣度的人必定是内心坚定的，勇猛而好问的人必定会胜利的，有智慧而且善于谋略必定会成功。而愚者恰好相反。因此如果不是适合的人，即使告诉他正确的意见他也不会听从；如果不是适合的土地，即使在那里种树也是不会生长的。对合适的人提意见，就像是在聚拢的砂土上倒水那样全部被吸收了；对不合适的人，就像是遇见聋子而对着他击鼓一样。处于重要的地位，独受君主的宠信，而嫉妒贤人，这都是愚者的常情。地位越高处境就越危险，任务越重就越有可能垮台，这是不用多长时间就可以看到的。”

二十

孔子曰：“舟非水不行，水入舟则没；君非民不治，民犯上则倾。是故君子不可不严[①]也，小人不可不整一[②]也。”

注释

①严：严谨。

②整一：统一。

译文

孔子说：“船没有水就不能行驶，水一旦进入船里船就会沉没；君主没有百姓就不能治理国家；百姓如果犯上作乱，君主就会倾覆。因此君子不能不严谨，小人也不能不统一管教。

二十一

齐高庭问于孔子曰：“庭不旷山[①]，不直地[②]，衣穰而提贽[③]，精气[④]以问事君子之道，愿夫子告之。”孔子曰：“贞以干之[⑤]，敬以辅之，施仁无倦，见君子则举之，见小人则退之。去汝恶心，而忠与之，效其行，修其礼，千里之外，亲如兄弟。行不效，礼不修，则对门不汝通[⑥]矣。夫终日言，不遗[⑦]己之忧；终日行，不遗己之患。唯智者能之。故自修者，必恐惧[8]以除患，恭俭以避难者也。终身为善，一言则败之，可不慎乎！”

注释

①不旷山：不怕高山阻隔。旷，阻隔。

②不直地：不远千里而来。

直，当作“植”，不植地，即不立在原地。

③衣穰而提贽：穿着蒿草衣，手提见面礼。穰，蒿草衣。

提，持，拿。贽，即贽见礼，古代初次见人时所持的礼物。

④精气：真诚之气。⑤贞以干之：用忠信贞正作为主干。

⑥不汝通：倒装句，即不通汝，不与你来往。

⑦遗：遗留。

⑧恐惧：谨小慎微，战战兢兢。

译文

齐国的高庭问孔子说：“我不怕高山阻隔，不远千里来到您这里，身穿蒿草衣，手提见面礼，真诚地向您请教侍奉君子的方法，希望夫子您能告诉我。”孔子说：“用忠信贞正作为主干，用恭敬作为辅助，施行仁义而无倦怠，见到君子就举荐他，见到小人就要叱退他。去除你自己的邪恶念头，而用忠诚来与人相处。尽自己的努力做事，修行自己的礼仪，那么即使千里之外的人也会对你亲如兄弟；做事不尽力，礼仪得不到修行，那么即使是住在对门的人也不会与你来往。整日言谈，不要给自己留下忧虑；终日做事，也不要给自己留下忧患。这是只有智者才能做到的。所以懂得自修的人，必定会谨小慎微地来免除忧患，恭敬节俭以躲避患难。即使终身做善事，只要一句话就足以导致灾祸，能够不谨慎吗！”

辩　物

题解

本篇主要记载了孔子对各种离奇事物的评断，表现了孔子的博学多闻，故此篇名为“辩物”。

孔子博学于文，述而不作，“使子夏等十四人求周史记，得百二十国宝书”，则孔子之学问不可谓不博，那么孔子“辩物”，不是没有依据的。然西狩获麟之后，孔子自知不可行，故退而著《春秋》，成一代褒贬之大法。

一

季桓子[①]穿井[②]，获如玉缶[③]，其中有羊焉。使使问孔子曰：“吾穿井于费[④]，而于井中得一狗，何也？”孔子曰：“丘之所闻者，羊也。丘闻之，木石[⑤]之怪，夔、魍魉[⑥]；水之怪，龙、罔象[⑦]；土之怪，羵羊[⑧]也。”

注释

①季桓子：鲁国大夫，当时正执政鲁国。

②穿井：挖井。

③玉缶 fǒu：指玉质的器皿。

缶，一种盛酒的器皿，腹大口小，也是一种汲水的器皿。

④费 bì：鲁国邑名，当时为季氏领地，故址在今山东费县西北。

⑤木石：山林。

⑥夔 kuí：古代传说中的一条腿的异兽。

魍魉 wǎngliǎng：山精。

⑦罔象：水怪。⑧羵 fén 羊：古代传说中土地里的神怪。

译文

季桓子挖井的时候，挖到一个玉缶，里面有一只羊。

于是他派使者去问孔子："我在费地打井的时候，在井中挖到一只狗，为什么呢？"

孔子说："我听说挖到的是羊。我听说，山林中的精怪有夔和魍魉；水中的精怪有龙和罔象；土地中的精怪有羵羊。"

二

吴伐越，隳[①]会稽[②]，获巨骨一节，专[③]车焉。吴子[④]使来聘于鲁，且问之孔子，命使者曰："无以吾命[⑤]也。"宾既将事[⑥]，乃发币[⑦]于大夫及孔子，孔子爵[⑧]之。

既彻俎[⑨]而燕[⑩]，客执骨而问曰："敢问骨何如为大？"孔子曰："丘闻之，昔禹致[⑪]群臣于会稽之山，防风[⑫]后至，禹杀而戮[⑬]之，其骨专车焉，此为大矣。"

客曰："敢问谁守为神？"孔子曰："山川之灵，足以纪纲天下者，其守为神。诸侯，社稷之守为公侯，山川之祀者为诸侯，皆属于王。"客曰："防风何守？"孔子曰："汪芒氏之君，守封嵎[⑭]山者，为漆姓，在虞夏商为汪芒氏，于周为长瞿氏，今曰大人。"

有客曰："人长之极[⑮]几何？"孔子曰："焦侥[⑯]氏长三尺，短之至也。长者不过十，数之极也。"

注释

①隳 huī：毁坏，破坏。②会稽：山名，位于今浙江绍兴东南。

③专：独享，独有，独占。

④吴子：指吴王夫差，公元前 495—前 473 年在位。他继父登位之初，励精图治，大败勾践，使吴国达到鼎盛。在位后期，生活奢华无度，对外穷兵黩武，屡次北上与齐晋争锋。黄池之会，勾践趁虚攻吴，吴国一蹶不振。公元前 473 年，勾践灭吴，夫差自缢。

⑤无以吾命：不要说是我的意思。

⑥将事：开始做事，这里指聘问。将，行。

⑦币：指用作聘问礼物的玉、马、皮、帛等礼品。

⑧爵：动词，饮酒。

⑨彻俎：撤掉祭祀用的礼器。彻，又作"撤"。撤下，撤掉。俎，祭祀或宴会用的四脚方形青铜盘或木漆盘，常用来盛放祭品或者食物。

⑩燕：通"宴"。饮宴。⑪致：招致，招来。

⑫防风：防风氏，上古时期的氏族名，传说为巨人族。

⑬戮：陈尸，暴尸。

⑭封嵎 yú：封山、嵎山，位于今浙江德清西南。

⑮极：极致，极点。

⑯焦侥 yáo：一作"僬侥"。相传为西南蛮人的一支。

译文

吴国攻打越国，毁坏了会稽城，得到一节很大的骨头，占满了整整一车。吴王夫差的使者前来鲁国聘问，并且就此事向孔子请教。吴王命令使者说："不要说这是我的命令。"使者施行完聘问的礼仪之后，就开始给大夫们和孔子发放礼品，发到孔子的时候，孔子喝了一杯酒。

撤下祭祀的礼器之后开始饮宴。使者拿着骨头请教孔子说："请问怎么样的骨头才算是大的呢？"孔子说："我听说，从前禹在会稽山召集诸侯，防风氏来得晚了，禹就杀了他而且陈尸示众，他的骨头能够占满一辆车，这可以算是大的了。"使者说："请问守护什么的可以称为是神灵呢？"孔子说："守护山川的神灵如果用他们能够管理天下的话，那么他们的守护者就是神灵。在诸侯之中，只守护社稷的称为公侯，祭祀山川的称为诸侯，而他们都是隶属于天子的。"

使臣说："防风氏是守护什么的呢？"孔子说："他是汪芒氏的君主，守护着封山和嵎山，姓漆。在虞、夏、商的时候称为汪芒氏，周时称为长瞿氏，现在称为大人。"

有位客人说："人的身长的极限是多少呢？"

孔子说："焦侥氏身长三尺，这是身长的最小极限了。最高的不会超过十尺，这已经是身高的极限了。"

三

孔子在陈，陈惠公[①]宾[②]之于上馆。时有隼[③]集陈侯之庭而死，楛矢贯之[④]，石砮[⑤]，其长尺有咫[⑥]。惠公使人持隼，如孔子馆而问焉。孔子曰："隼之来远矣，此肃慎氏[⑦]之矢。昔武王克商，信[⑧]道于九夷百蛮[⑨]，使各以其方贿[⑩]来贡，而无忘职业[⑪]。于是肃慎氏贡楛矢、石砮，其长尺有咫。先王欲昭其令[⑫]德之致远物也，以示后人，使永鉴[⑬]焉，故铭其栝[⑭]曰'肃慎氏贡楛矢'，以分大姬[⑮]，配胡公[⑯]而封诸陈。古者分同姓以珍玉，所以展[⑰]亲亲[⑱]也；分异姓以远方之职贡，所以无忘服[⑲]

也，故分陈以肃慎氏贡焉。君若使有司求诸故府[20]，其可得也。”公使人求得之，金椟[21]如之。

注释

①陈惠公：陈国国君。名吴，妫姓。公元前533—前506年在位。

②宾：动词，接待宾客，使居住。

③隼 sǔn：鹰类猛禽。

④楛 hù 矢贯之：楛木做的箭矢穿透了它们的身体。楛，木名。矢，箭。贯，穿。

⑤石砮 nǔ：石头做的箭镞。砮，箭头，箭镞。

⑥尺有咫：一尺八寸。咫，八寸。

⑦肃慎氏：古代的少数民族，主要从事狩猎，居住在今东北地区。

⑧信：通“伸”。伸展。

⑨九夷百蛮：代指周边众多少数民族居住的地区。

⑩方贿：地方特产。贿，财物。⑪职业：职分内的事。

⑫令：美好的。⑬鉴：借鉴，鉴观。⑭栝：箭末扣弦处。

⑮大姬：周武王之女。⑯胡公：舜的后代。⑰展：重，重视。

⑱亲亲：亲亲之道。⑲服：事，服事，职务。

⑳故府：原来收藏文书或财物的府库。

㉑金椟：指用来收藏文献等的铜柜。

译文

孔子在陈的时候，陈惠公安排他住在上等的管舍。那时，有隼停落在陈侯的门庭，随即就死去。楛木做的弓箭穿透了它们的身体，箭镞是用石头做的，长度有一尺八寸。惠公派人拿着隼去到孔子所住的管舍去询问。孔子说：“隼所飞来的那个地方离这儿很远，这是肃慎氏所做的箭。从前周武王灭亡商朝之后，修建了很多道路一直伸展到周边的少数民族，这样以便于他们把各自的土产进贡给周王室，好不忘掉他们职分内当做的事。于是肃慎氏就进贡了楛木做的箭矢以及石头做的箭镞，长度有一尺八寸。先王想要彰显其能让远方之人来朝贡的美好德行，以昭示后人，让人们永远都能知道此事，所以在箭末扣弦处刻上：'肃慎氏贡楛矢'几个字，后来就把这些分给了武王的女儿大姬，大姬后来许配给了陈国胡公，所以这些箭矢也随之到了陈国。古时候，分给同姓诸侯以珍珠宝玉，以加强亲亲之道；将远方贡物赐给异姓诸侯，用来提醒他们不忘事周，正是出于这样的原因才把肃慎氏的贡物赐给了陈国。您如果让人到原来的府库中去寻找，就可以找到的。"惠公派人去找，找到了铜柜，里面果然装了很多孔子所说的弓矢。

四

郯子①朝鲁，鲁人②问曰："少昊氏以鸟名官③，何也？"对曰："吾祖也，我知之。昔黄帝以云纪官④，故为云师而云名⑤。炎帝⑥以火，共工⑦以水，大昊⑧以龙，其义一也。我高祖⑨少昊挚之立也，凤鸟适至，是以纪之于鸟，故为鸟师而鸟名。自颛顼⑩氏以来，不能纪远，乃纪于近，为民师而命以民事，则不能故⑪也。"孔子闻之，遂见郯子而学焉。既而告人曰："吾闻之：'天子失官，学在四夷⑫。'犹信。"

注释

①郯子：郯国国君，相传为少昊后裔，郯国在今山东郯城西。

②鲁人：即鲁国大夫叔孙昭子。

③少昊氏以鸟名官：少昊氏以鸟名来作为官名。少昊氏，即金天氏，名挚。相传为东夷族首领，己姓；其活动中心在奄，即今山东曲阜。少昊氏之所以以鸟名官，据学者考证，少昊氏以鸟为图腾，所以对鸟特别表示尊重。

④黄帝以云纪官：黄帝用云来命名官职。

⑤故为云师而云名：所以用云来命名官长。

⑥炎帝：神农氏，古代氏族部落首领，姜姓。

⑦共工：古代部落首领。

⑧大 tài 昊：伏羲氏。相传为东夷族首领，风姓。

⑨高祖：远祖。

⑩颛顼 zhuānxū：传说中的古代帝王，号高阳氏。

⑪不能故：不能像过去那样（用远方的祥瑞来命名）。

⑫“天子失官”句：指王官失守，官学却还保存在诸侯小国。

译文

郯国国君前来朝觐鲁国，叔孙昭子问道：“少昊氏用鸟来作为官名，为什么呢？”回答说：“少昊氏是我的祖先，因此我了解这件事。从前黄帝用云来命名官职，所以用云来命名官长。炎帝用火来命名官职，共工氏用火来命名，大昊以龙命名，其实道理都是一样的。我的远祖少昊立国时，恰巧有凤鸟飞来，于是就用鸟来命名官职，所以百官之长都用鸟名。自从颛顼帝以来，不能以远方的祥瑞来命名，就用近处的民事来命名，因此设立百姓的长官，就用民事来命名官职，所以就不能再像以前那样用远方的祥瑞命名了。”孔子听说之后，于是就前去拜见郯国国君并向他请教学习。学完之后告诉别人说“我听说：‘虽然在天子那儿王官失守，但是官学却保存在周边的诸侯小国中’。这看来是真的。”

五

邾隐公[①]朝于鲁，子贡观焉。邾子执玉高，其容仰[②]，定公受玉卑，其容俯。子贡曰："以礼观之，二君者将有死亡[③]焉。夫礼，生死存亡之体[④]，将左右周旋，进退俯仰，于是乎取之；朝祀丧戎，于是乎观之。今正月相朝，而皆不度[⑤]，心以[⑥]亡[⑦]矣。嘉事[⑧]不体[⑨]，何以能久？高仰，骄；卑俯，替[⑩]。骄近乱，替近疾。若[⑪]为主，其先亡乎？"夏五月，公薨[⑫]，又邾子出奔。

孔子曰："赐不幸而言中，是赐多言。"

注释

①邾隐公：邾国国君，名益，曹姓，为人暴虐，后死在越国。

②其容仰：他的脸部往上抬。容，脸，面容。

③死亡：指死亡和逃亡。④体：根本。⑤不度：不合法度。

⑥以：通"已"。已经。⑦亡：无，没有。

⑧嘉事：嘉礼之事，这里指朝聘。⑨不体：指礼仪不修。

⑩替：废，废弃。⑪若：我，指鲁君。

⑫薨 hōng：古代指诸侯之死。

译文

邾隐公到鲁国去朝觐，子贡观看了朝觐礼仪。邾隐公把玉拿得很高，脸部朝上仰着；定公身子低低地把玉接了过来，脸是向下俯的。子贡说："从礼仪上来看，两位国君将要死亡或者逃亡了。礼是生死存亡的根本。揖让周旋，进退俯仰，都是从这里来择取的；朝会祭祀，丧葬征战，也要在其中观看。当下在正月里的朝见，却都已经不合于礼制了，礼在他们心中已经亡失了。朝聘这样的嘉礼尚且不合礼仪，还有什么可以长久的呢？高仰着脸，这是骄慢的表现；低俯着身，这是怠弃的表现。骄慢就会导致动乱，怠弃就会导致疾病。鲁君是主人，我想他应该会先去世吧？”到了夏天五月份，鲁定公去世，邾国国君也出奔到他国。

孔子说：“这样不幸的事情被子贡说中了，这是他多嘴啊。”

六

孔子在陈，陈侯就之燕游[1]焉。行路之人云：“鲁司铎[2]灾，及宗庙。”以告孔子。子曰：“所及者，其桓、僖[3]之庙。”陈侯曰：“何以知之？”子曰：“礼，祖有功而宗有德，故不毁其庙焉。今桓、僖之亲尽矣[4]，又功德不足以存其庙，而鲁不毁，是以天灾加之。”三日，鲁使至，问焉，则桓、僖也。陈侯谓子贡曰：“吾乃今知圣人之可贵。”对曰：“君之知之，可矣，未若专其道而行其化之善也。”

注释

①燕游：闲游。

②司铎：宫城中的官署，即后世的郎署。

③桓、僖：桓，鲁桓公，名允，公元前711—前694年在位。僖，鲁僖公，名申，公元前659—前627年在位。

④今桓、僖之亲尽矣：古代礼制，“诸侯五庙”，即只立五代的宗庙表示宗亲关系。桓公为哀公的八世祖，僖公为哀公的六世祖，均已超出五服，所以孔子说“现在哀公与桓公、僖公的宗亲关系已经终结”。

译文

孔子在陈国的时候，陈国国君陪同孔子一起去闲游。路上的行人说："鲁都中的官署发生火灾，火烧到了宗庙。"把这件事告诉了孔子。孔子说："所烧到的宗庙必定是桓公和僖公的宗庙。"陈侯说："您是怎么知道的呢？"孔子说："礼，一向是祖敬有功德的先人，所以不会毁坏他们的宗庙。现在桓公和僖公与哀公的宗亲关系已经终结，而且他们功德浅薄，不足以保存他们的宗庙，但是鲁国并没有把他们的宗庙毁掉，所以天灾会加于其上。"过了三天，鲁国的使者到来，一问使者，所烧的果然是桓公和僖公的宗庙。陈侯对子贡说："我现在才知道圣人值得尊敬的地方。"子贡回答说："您明白圣人值得尊敬的地方，这可以了，但是不如专心地遵守他的学说、推行他的教化更好一些。"

七

阳虎[①]既奔齐，自齐奔晋，适赵氏[②]。孔子闻之，谓子路曰："赵氏其世[③]有乱乎！"子路曰："权不在焉，岂能为乱？"孔子曰："非汝所知。夫阳虎亲富而不亲仁，有宠于季孙，又将杀之，不克[④]而奔，求容于齐。齐人囚之，乃亡归晋。是齐、鲁二国，已去其疾[⑤]。赵简子好利而多信，必溺其说而从其谋。祸败所终，非一世可知也。"

注释

①阳虎：字货，鲁国季孙氏家臣。以陪臣执国命，谋划铲除季桓子没有成功，于是据守阳关叛变，受到鲁国的进攻后出奔晋国。

②适赵氏：适，前往。赵氏，即赵简子，赵武之孙，晋国卿。③世：后世。④克：成功，完成。⑤疾：残害，祸患。

译文

阳虎出奔到齐国之后，又从齐国逃到了晋国，投奔到赵简子那儿。孔子听说后，对子路说："赵的后世大概要有祸患了吧！"子路说："赵的权力又不被阳虎所掌握，他怎么能作乱呢？"孔子说："这不是你所知道的。阳虎亲近富贵的人却不亲近仁德的人，他被季桓子所宠幸，但是却又要将他杀掉，失败之后就逃离鲁国，希望能被齐国收留。齐国将他囚禁起来，于是他就逃亡到了晋国。这样齐鲁两国都已经除去了他的祸患。赵简子这个人贪图利益而又容易轻信别人，必定会被阳虎所迷惑而听从他的计谋。祸患什么时候能终结，不是一代人就可以知道的。"

八

季康子问于孔子曰："今周十二月，夏之十月，而犹有螽，何也？①"孔子对曰："丘闻之，火伏而后蛰者毕②。今火犹西流③，司历④过⑤也。"季康子曰："所失者，几月也？"孔子曰："于夏十月，火既没矣。今火见，再失闰⑥也。"

注释

①今周十二月，夏之十月，而犹有螽 zhōng，何也：现在是周历的十二月，相当于夏历的十月，但是却还有蝗虫，为什么呢？夏历以建子之月（一月）为岁首，而周历以建寅之月（三月）为岁首，所以周历的十二月相当于夏历的十

月。螽，蝗虫，此处指蝗灾，一般发生于周历秋八月或九月。十二月（即夏历十月）出现这种现象是反常的，所以季康子有此一问。

②火伏而后蛰者毕：大火星隐没后蝗虫才全部蛰伏。火，星宿名，又称大火，即心宿，一般夏历十月就已隐没。伏，隐没。蛰者，蛰伏的昆虫。

③西流：逐渐从天空向西陨落。

④司历：掌历法的官员。⑤过：过失。

⑥再失闰：少设了两个闰月。

译文

季康子问孔子说："现在是周历的十二月，相当于夏历的十月，但是还是出现蝗灾，为什么呢？"孔子说："我听说，大火星隐没之后蝗虫才全部蛰伏。现在大火还正在逐渐从天空向西陨落，这是掌历法的官员的过失。"季康子说："错过了几个月？"孔子说："在夏历十月，大火星就应该隐没，但是现在还出现在天空，这是两次没有设置闰月的结果。"

九

吴王夫差将与哀公见晋侯[①]。子服景伯[②]对使者曰："王合诸侯，则伯[③]率侯牧[④]以见于王；伯合诸侯，则侯率子男以见于伯。今诸侯会，而君与寡君[⑤]见晋君，则晋成为伯也。且执事[⑥]以伯召诸侯，而以侯终之[⑦]，何利之有焉？"吴人乃止。既而悔之，遂囚景伯。伯谓大宰嚭[⑧]曰："鲁将以十月上辛[⑨]有事[⑩]于上帝、先王，季辛[⑪]而毕。何也世有职焉，自襄[⑫]已来未之改。若其[⑬]不会[⑭]，则祝宗[⑮]将曰'吴实然'。"嚭言于夫差，归之[16]。子贡闻之,见于孔子曰:“子服氏之子拙于说矣,以实获囚,以诈得免。”孔子曰:“吴子为夷德[17],可欺而不可以实。是听者之蔽[18],非说者之拙也。”

注释

①晋侯：即晋定公，名午，公元前 511—前 475 年在位。

②子服景伯：即子服何，鲁国大夫，当时跟随鲁哀公参加会盟。

③伯：方伯，诸侯之长。④侯牧：即诸侯。

⑤寡君：指鲁君。⑥执事：指吴王。

⑦而以侯终之：就是说本来吴王是以方伯的身份参加会盟，但是如果和鲁去见晋侯，就会最终只能算是侯而已。

⑧大宰嚭 pǐ：伯氏，名嚭，字子余，吴王夫差的宠臣。

⑨上辛：每月上旬的辛日。⑩有事：指祭祀。

⑪季辛：每月下旬的辛日。⑫襄：鲁襄公。

⑬其：自己，我。⑭不会：不参加祭祀。

⑮祝宗：祭祀时主持祝告的人。⑯归之：放他回去。

⑰夷德：夷人的品行。⑱蔽：蔽陋，愚昧。

译文

吴王夫差将要与哀公一起去谒见晋侯。子服景伯对使者说:“天子如果要会和诸侯的话，那么方伯就率领诸侯去谒见天子；如果是方伯要会和诸侯，那么诸侯就要率领子爵、男爵去见方伯。现在是诸侯会和，而吴王要和我鲁国的君主去见晋君，那么晋就是方伯了。而且贵国国君以方伯的身份召集诸侯，但是最后却要以侯爵的身份结束会盟，这有什么好处呢？”于是吴国就止于此想。后来又后悔这件事，于是就把子服景伯囚禁起来。子服景伯对太宰嚭说:“鲁国将在十月上辛祭祀上帝、先王，直到季辛这天结束。我们家世世代代都在祭祀中任职，自从鲁襄公那时就从未变过。如果我不参加祭祀的话，那么祭祀祝告的人就要在祭祀中说‘这是吴国把他囚禁起来的缘故’。”太宰嚭将这些话告诉了吴王夫差，夫差于是就把他放了回去。子贡听说这件事之后，就来拜见孔子，并说：“子服景伯真是不善于言辞啊，因为说真话而被囚禁，因为说假话而被释放。”

孔子说：“吴人都是夷人的品行，可以欺诈但是不能以实相告。这是听者的愚昧，而不是说话的人的笨拙。”

十

叔孙氏之车士曰子钼商[①]，采薪于大野[②]，获麟[③]焉，折其前左足，载以归。叔孙以为不祥，弃之于郭外，使人告孔子曰：“有麇[④]而角者，何也？”孔子往观之，曰：“麟也。胡为来哉？胡为来哉？”反袂拭面[⑤]，涕泣沾衿[⑥]。叔孙闻之，然后取之。子贡问曰：“夫子何泣尔？”孔子曰：“麟之至，为明王也。出非其时而害，吾是以伤焉。”

注释

①子钼 chú 商：叔孙氏的车夫。

②大野：即大野泽，位于今山东巨野北。

③获麟：此即《春秋》经传所记载的“西狩获麟”事。麒麟，古人认为是祥瑞，预示着圣人将要出现。

④麇 jūn：獐子。

⑤反袂 mèi 拭面：翻转过衣袖擦脸。袂，衣袖。

⑥涕泣沾衿：流下的泪打湿了衣襟。涕，泪。衿，通“襟”。衣襟。

译文

叔孙氏的车夫子钽商，在大野打柴，捉获了一只麒麟，折断了它的左前脚，把它带了回来。叔孙氏认为这是不祥的东西，于是就把它丢弃在城外，派人去告诉孔子说："有一只獐子还长着角，它是什么东西呢？"

孔子前去观看，说："这是麒麟啊。它为什么来这里啊？为什么来这里啊？"翻转过衣袖来擦脸，流下的泪水打湿了衣襟。叔孙氏听说这件事之后，就把麒麟带了回去。

子贡问孔子说："老师您为什么哭呢？"

孔子说："麒麟的到来，是明王将要降临的祥瑞。但是它出现得不是时候，而且受到伤害，我因此而伤心。"

哀公问政

题解

本篇的主体部分是孔子与鲁哀公的对话，故以“哀公问政”为篇名。

此篇记载了两件事，即孔子与哀公之对话以及与其弟子宰我谈论“鬼神之名”。第一部分，孔子以“文武之政，布在方策”开始，详细阐述了自己治国安民的主张。并细化为“为政在人”，“修道以仁”，“仁者，人也，亲亲为大；义者，宜也，尊贤为大”以及“修身”“事亲”“知人”“知天”等诸多条目。

孔子以“君臣也，父子也，夫妇也，昆弟也，朋友也”为天下之达道，以“仁、智、勇”三者为天下之达德，并且以“修身”作为“平天下”之根本。后面孔子还接着论述了治理天下之“九经”，将为政之细节囊括在内，而以“诚身”为根本，表达了孔子为政以修身为本的思想。

孔子“敬鬼神而远之”“不语怪力乱神”，但是对鬼神却有着深刻的认识。“合鬼与神而享之，教之至也”，这便是后人“神道设教”的治理方法。

一

哀公问政于孔子。孔子对曰：“文武[①]之政，布在方策[②]。其人存，则其政举；其人亡，则其政息。天道敏[3]生，人道敏政，地道敏树[4]。夫政者，犹蒲卢[5]也，待化以成，故为政在于得人。取人以身，修道以仁。仁者，人也，亲亲为大；义者，宜也，尊贤为大。亲亲之杀[6]，尊贤之等，礼所以生也。礼者，政之本也。是以君子不可以不修身。思修身，不可以不事亲；思事亲，不可以不知人；思知人，不可以不知天。天下之达道[7]有五，其所以行之者三。曰：君臣也，父子也，夫妇也，昆弟[8]也，朋友也，五者，天下之达道。智、仁、勇三者，天下之达德也，所以行之者一也。或生而知之，或学而知之，或困而知之，及其知之一也。或安而行之，或利而行之，或勉强而行之，及其成功一也。"

公曰："子之言，美矣至矣！寡人实固不足以成之也。"孔子曰："好学近乎智，力行近乎仁，知耻近乎勇。知斯三者，则知所以修身；知所以修身，则知所以治人；知所以治人，则能成天下国家者矣。"

注释

①文武：指周文王与周武王。

②布在方策：记载在木牍和竹简上。布，刊载，记载。方，古代书写用的木板，木牍。策，通"册"。古代用竹片或木片记事著书，成编的叫策。

③敏：奋力，勤勉。④树：栽培，种植。

⑤蒲卢：即蒲苇。⑥杀 shài：减少，降等。

⑦达道：天下古今通行的道理。⑧昆弟：兄弟。昆，兄。

译文

鲁哀公向孔子请教为政之道。孔子回答说："文王和武王的为政之道，都在典籍中记载着呢。如果有贤明的君主在，那么他们的治国之道就会得到贯彻；如果没有贤明的君主，那么他们的治国之道就会悄无声息。天之道就在于努力地化生万物，人之道就在于努力于政事，地之道就在于努力地培育树木。政事就像芦苇一样，需要教化才能取得成功，所以说为政之道就在于得到贤人。想要得到贤人自己必须先要修身，修养自己的道义最重要的就是培养自己的仁爱之心。仁就是人与人之间的相互敬爱，而以亲爱自己的亲人最为重要；义就是做事要合宜，而以尊敬贤人最为重要。对亲人的爱有等差，尊敬贤人也有差别之分，这都是礼仪所要求的。礼是为政的根本，因此君子不能不修身；想要修身就不能不侍奉自己的父母；想要侍奉自己的父母就不能不善于了解人的内心；想要了解人的内心就不能不了解天之道。天下古今所通行的道义有五个，而要实行这些道义需要具备三个方面的美德。五个道义就是：君臣之道、父子之道、夫妇之道、兄弟之道、朋友之道。这五者是天下通行的大道。而智、仁、勇三者则是天下古今通行的德行，但是要践行这些道义和德行的方法都是一样的，即诚实专一。有的人生来就知道这些道理，有的人是通过学习才知道这些道理的，有的人经过困惑、思考才明白这些道理，但是等到他们明白了这些道理的时候，他们就没有任何区别了。有些人安心地去践行这些道理，有些人功利地去践行这些道理，有的人勉强自己去践行这些道理，但是等到他们都去实践的时候，也是没有区别的。”

哀公说：“您讲得真是太好了，好到了极点啊！我确实是浅薄得不能做到这些的。”孔子说：“努力学习的人就像智者一样，努力践行德行的人就像仁者一样，明于耻辱的人就像勇者一样。明白了这三点，就明白了应该怎样修养身心了；明白了怎样去修养身心，就明白了怎样去管理百姓；明白怎样去管理别人，就能够完成天下国家的大事了。”

二

公曰：“政其尽此而已乎？”孔子曰：“凡为天下国家有九经[①]，曰：修身也，尊贤也，亲亲也，敬大臣也，体[②]群臣也，子[③]庶民也，来百工也，柔远人也，怀诸侯也。夫修身则道立，尊贤则不惑，亲亲则诸父[④]、兄弟不怨，敬大臣则不眩[⑤]，体群臣则士之报礼重，子庶民则百姓劝[⑥]，来百工则财用足，柔远人则四方归之，怀诸侯则天下畏之。”

注释

①九经：九条常规。经，常道，规范。②体：体恤，体谅，体察。③子：动词，以……为子，爱……如子。

④诸父：指伯父、叔父。⑤眩：眼花。引申为迷乱、迷惑。⑥劝：勤勉，努力。

译文

哀公说：“难道为政之道就这么多吗？”孔子说：“治理天下国家总共有九条大经大法，即修养身心，尊敬贤者，亲爱亲人，敬重大臣，体谅臣下，爱民如子，招徕百工，怀柔远人，安抚诸侯。修养身心就会使道义屹立起来，尊敬贤者就不会惶惑，亲爱亲人，那么伯父、叔父以及兄弟等就不会抱怨；敬重大臣，就不会迷乱；体恤臣下，那么臣下就会报以更重的礼仪；爱民如子，那么百姓就会更加勤勉；招徕百工，那么财用就会充足；怀柔远人，就会使四方之民归附；安抚诸侯，就会使天下畏服。”

三

公曰：“为之奈何？”孔子曰：“齐洁盛服[①]，非礼不动，所以修身也；去谗远色，贱财而贵德，所以尊贤也；爵其能[②]，重其禄，同其好恶，所以笃亲亲也；官盛任使[③]，所以敬大臣也；忠信重禄[④]，所以劝士也；时使薄敛[⑤]，所以子百姓也；日省月考[⑥]，既廪称事[⑦]，所以来百工也；送往迎来，嘉善而矜不能[⑧]，所以绥[⑨]远人也；继绝世[⑩]，举[⑪]废邦，治乱持危[⑫]，朝聘以时[⑬]，厚往而薄来[⑭]，所以怀诸侯也。治天下国家有九经，其所以行之者一也。凡事豫则立，不豫则废，言前定则不跲[⑮]，事前定则不困，行前定则不疚[⑯]，道前定则不穷[⑰]。在下位不获于上[⑱]，民弗可得而治矣。获于上有道，不信于友，不获于上矣；信于友有道，不顺于亲，不信于友矣；顺于亲有道，反诸身不诚[⑲]，不顺于亲矣；诚身有道，不明于善，不诚于身矣。诚者，天之至道也；诚之[⑳]者，人之道也。夫诚，弗勉而中，不思而得，从容中道[㉑]，圣人之所以体定[㉒]也；诚之者，择善而固[㉓]执之者也。”

注释

①齐 zhāi 洁盛服：齐，同“斋”。斋戒。洁，洁净，整洁。齐洁即诚信斋戒，以洁己心。盛服，衣服端庄合体。

②爵其能：给贤能者以爵位。爵，动词，给……以爵位。

③官盛任使：官盛，给大臣设置许多官吏，供其差遣。任使，听从差遣。

④忠信重禄：对忠信之士给以高官厚禄，以使其勤勉于政事。

⑤时使薄敛：时使，按一定的时间安排劳役，不劳民。薄敛，减轻向百姓征收的赋税。薄，减轻。敛，征敛，赋税。

⑥日省 xǐng 月考：每天按时检查，每月按时考核。省，省察，检查。

⑦既廪称事：发给百工的俸禄要与他们的工作成绩相称。既廪，通“饩廪”。日常必须的生活资料，俸给。称，相称，相当。事，工作能力，业务水平。

⑧嘉善而矜 jīn 不能：嘉奖善言善行，同情地位低下的人。嘉，嘉奖，奖励。矜，怜悯，同情。

⑨绥：安，安抚。

⑩继绝世：使难以维持祭祀的家族得以延续。继，延续。绝世，中断祭祀的家族世系。按照古代礼仪，天子不灭国，诸侯不灭姓，以承祭祀。如果一国之祭祀尚存，则不称其灭国；若祭祀已绝，即为灭国绝世。

⑪举：复兴。⑫治乱持危：安定乱世，支撑危局。持，扶持，支撑。

⑬朝聘 pìn 以时：按时朝聘。古代诸侯亲自朝见周天子叫朝，派大夫代往叫聘。春秋时期诸侯国之间互相访问也叫聘。

⑭厚往而薄来：赏赐给别人的礼物很多，而收取的贡赋却很少。

⑮言前定则不跲 jiá：应该说的话都事先想好，到时候就不会出现意外。跲，绊倒，意外，窒碍。

⑯行前定则不疚：应做的都事先想好就不会担心。疚，忧虑，担心。

⑰道前定则不穷：事先想好应遵循的道义，就不会走投无路。穷，困穷，阻塞不通，走投无路。

⑱在下位不获于上：身处下位但是不能得到上级的信任。

⑲诚：真诚，不造作。

⑳诚之：按照朱熹的解释：诚者，真实无妄之谓，天理之本然也。诚之者，未能真实无妄，而欲其真实无妄之谓，人事之当然也。

所以“诚之”的意思就是人虽不能达到“诚”，但是可以勉励自己按照“诚”的要求去做，使自己达到“诚”的境界。

㉑从容中zhòng道：不待思索，一举一动就会自然而然地符合“诚”的要求。

㉒体定：内心清定的根据。体，依据，根据。㉓固：坚定，坚决。

译文

哀公说：“那么该怎样做到这些呢？”孔子说：“诚信斋戒，体态端庄，不符合礼的事情不去做，这就是修养身心的办法；远离奸邪的小人和女色，轻视财物而重视德行，这就是尊重贤人的办法；给贤能的人以爵位，并给以较高的俸禄，与他们的好恶保持一致，这就是强化亲亲之道的方法；给大臣们以足够的下属供其差遣，这就是敬重大臣的办法；对忠信之士给以高官厚禄，这就是使士勤勉的方法；适当地让百姓服行劳役，减少赋税的征收，这就是爱民如子的方法；每天按时检查，每月按时考核，按照工匠的能力发放俸禄，这就是招徕百工的方法；热情接送远来之人，奖励善言善行而哀怜弱者，这就是安抚边远民众的办法；使难以维持祭祀的家族得以延续，复兴被灭亡的国家，安定乱世，支撑危局，按时朝聘，赏赐出去的礼物很多，而收取的贡赋却很少，这就是安抚诸侯的方法。治理天下国家有九项大经大法，而去施行这些的方法就是真诚专一。凡事只有事先准备才能成功，不去准备就会失败；应该说的话都事先想好，到时候就不会出现意外；做事之前准备好就不会遇到困难；应做的都事先想好就不会担心；事先想好应遵循的道义，就不会走投无路。身处下位但是却不被上司信任，这就没有办法去治理好百姓；自己有办法获取上司的信任，但是得不到朋友的信任，这也是没有办法得到上司的信任的；自己有办法去获得朋友的信任，但是不能孝顺父母，这也是没有办法得到朋友的信任的；自己有办法去孝顺亲人，但是却不能真诚地反省自己，这也是没有办法孝顺父母的；自己有办法真诚地反省自己，但是却不能明白善的意蕴，这也是没有办法诚信地反省自己的。诚，是上天的最高准则；勉励自己按照诚的要求去做，这是人的处世准则。内心真诚的人，不去提醒自己就能使行为合理，不思考就能知道，一举一动都会自然而然地符合道的要求，这就是圣人内心清定的依据；勉励自己按照诚的要求去做，需要自己去择取善道而且坚定地服膺于它。”

四

公曰：“子之教寡人备矣。敢问行之所始。”孔子曰：“立爱自亲始，教民睦也；立敬自长始，教民顺也。教之慈睦，而民贵有亲；教以敬，而民贵用命。民既孝于亲，又顺以听命，措诸天下①，无所不可。”公曰：“寡人既得闻此言也，惧不能果②行而获罪咎。”

注释

①措诸天下：将这样的办法推行到全天下。措，施行。诸，之于。

②果：成为事实，实现。

译文

哀公说：“您教给我的东西已经很完备了。我冒昧地问问要想做到这些应该从什么开始呢？”孔子说：“想要施行仁爱，就应该从孝顺父母开始，这样就可以教导百姓懂得和睦；想要树立恭敬的观念就要从尊敬长辈开始，这样就可以教导百姓顺从。教导百姓懂得慈爱和睦，那么百姓就会重视亲爱亲人；教导百姓懂得恭敬，那么百姓就会重视听从命令。如果百姓已经能够孝顺父母，又能够顺从地听从命令，那么即使用这种教化办法来治理全天下，也没有什么做不到的了。”

哀公说：“我已经听到了您的这些教导，我现在很担心自己不能把这些都付诸实践，从而招致很多罪过和埋怨。”

五

宰我问于孔子曰：“吾闻鬼神之名，而不知所谓，敢问焉。”孔子曰：“人生有气有魂。气者，人之盛[①]也；魄者，鬼之盛也。夫生必死，死必归土，此谓鬼；魂气归天，此谓神，合鬼与神而享[②]之，教之至也。骨肉弊[③]于下，化为野土，其气发扬于上者，此神之著[④]也。圣人因物之精，制为之极[⑤]，明命鬼神，以为民之则，而犹以是为未足也，故筑为宫室，设为宗祧[⑥]，春秋祭祀，以别亲疏，教民反古复始，不敢忘其所由生也。众人服自此，听[⑦]且速焉。教以二端[⑧]，二端既立，报以二礼[⑨]：建设朝事[⑩]，燔燎膻芗[⑪]，所以报气也；荐[⑫]黍稷，羞[⑬]肺肝，加以郁鬯[⑭]，所以报魄也。此教民修本、反始、崇爱，上下用情，礼之至也。君子反古复始，不忘其所由生，是以致其敬，发其情，竭力从事，不敢不自尽[⑮]也，此之谓大教。昔者，文王之祭也，事死如事生，思死而不欲生，忌日[⑯]则必哀，称讳则如见亲[⑰]，祀之忠也。思之深，如见亲之所爱。祭欲见亲颜色者，其唯文王与！《诗》云：‘明发不寐，有怀二人。[⑱]’则文王之谓与！祭之明日[⑲]，明发不寐，有怀二人，敬而致之，又从而思之。祭之日，乐与哀半，飨之必乐，已至必哀，孝子之情也。文王为能得之矣。”

注释

①盛：充盛，充盈。

②享：祭祀，用食物供奉祖先、鬼神或天子。

③弊：破，坏，败坏。④著：显明，显出。

⑤极：标准，准则。⑥宗祧 tiāo：宗，宗庙。祧，远祖之庙。

⑦听：听从，遵从。⑧二端：即气与魄二事。

⑨二礼：即下文所提到的报气之礼与报魄之礼。

⑩建设朝事：设置朝事礼仪。建设，设置，设立。朝事，即早晨祭祀宗庙之事。

⑪燔燎膻芗 shānxiāng：焚烧牛羊牺牲肠间的脂膏。膻，羊腹内的脂膏。芗，牛腹内的脂膏。

⑫荐：进献。⑬羞：进献。

⑭郁鬯 chàng：即用香草浸泡的酒，用来祭祀降神。郁，香草名，即郁金香草，古代用以酿酒。鬯，祭祀用的香酒。

⑮不自尽：即“不尽自”，没有尽心尽力而为。

⑯忌日：指父母去世的日子。每逢这一天，禁忌饮酒、作乐等事。

⑰称讳则如见亲：提到父母的名讳时就像是看到了父母一样。讳，名讳。

⑱明发不寐，有怀二人：天快要亮的时候还是没有睡着，又想起了自己的父母。语出《诗经 · 小雅 · 小宛》。明发，天将亮而晨光初露。有怀，通“又怀”。又想起。

⑲明日：第二天。

译文

宰我问孔子说："我只听说过鬼神的名字，但是并不知道究竟什么是鬼神，因此想冒昧地问问您？"孔子说："人生下来就有气有魄，气是神充盈在人体内的表现；魄是鬼充盈在人体内的表现。有生就有死，死之后就要归入泥土中去，这就叫做鬼；魂气会升到天上，这就叫做神，把鬼和神合起来祭祀，这是教化的极致。骨肉在地下腐烂，化作泥土，而魂气则上升到天上，这就是神的显明体现。圣人依据万物的精气，制定了制度，明确地称其为鬼神，以作为民众遵循的准则。但是还是感觉这样不够，于是就修建了宫室，设立了远近宗庙，在春秋二季进行祭祀，用以区别远近亲属的关系，教导人们返回古时，回到原初的状态，不要人忘记他是从哪里来的。众人因此就会服从了，而且可以迅速地听从教令。交给了他们气与魂这二端，二端明了之后，又制定了报气与报魂的两种礼节：设置了早晨祭祀宗庙的礼仪，焚烧牛羊牺牲肠间的脂膏，这就是为了报气；然后再进献黍稷，进献动物的肺肝，还有香酒，这就是为了报魄。这样做就是为了让百姓修养本始，返回原初，崇尚仁爱，上下都能有情相亲，这才是礼仪的极致。君子反古复始，不忘记自己所由来的地方，因此要向祖先和鬼神表达敬意，抒发自己的感情，竭尽全力从事自己当做之事，不敢不尽己所能，这就叫做大教化。从前，文王祭祀先祖的时候，侍奉死者就像侍奉生者一样，想念死者以致痛不欲生，到了父母的忌日必定非常的哀伤，一提到父母的名讳时就肃然起敬，就像看到了自己的父母一样，这就是文王对于祭祀的诚心。深切地思念父母，就像又看到了父母所钟爱的东西一样。祭祀的时候想要看到自己父母的面容的，大概只有文王一个人吧！《诗经》上说:‘天快要亮的时候还是没有睡着，又想起了自己的父母。’这说的大概就是文王吧！祭祀的第二天，天要亮的时候还是没有睡着，又想起了自己的父母，恭敬地祭祀先人，紧接着又会思念他们。祭祀的那一天，喜悦与哀伤各占一半，可以享祭亡亲当然欢喜，可是祭祀完之后又要离开父母就又陷入悲哀，这是作为孝子的感受。文王是做到了这一点的。”

在 厄

题解

本篇主要记述了孔子周游列国时被“厄于陈蔡”的史实，故以“在厄”为篇名。

在艰难困苦之中，孔子不改其乐。孔子以为“斯文在身”，颜回所说的“夫子之道至大，天下莫能容，虽然，夫子推而行之，世不我用，有国者之丑也”，此语深得孔子赞赏。面对春秋末年“礼坏乐崩”的无道乱世，孔子“知其不可为而为之”，虽然“世不我用”，然足以“仰不愧于天，俯不怍于人”了。孔子生前并没有将自己的治国之道推行于世，但是却对后世产生了极为深远的影响，表明孔子之学足以化成天下的特质。

一

楚昭王[①]聘[②]孔子，孔子往拜礼焉，路出于陈、蔡。陈、蔡大夫相与谋曰：“孔子圣贤，其所刺讥，皆中诸侯之病[③]。若用于楚，则陈、蔡危矣。”遂使徒兵距[④]孔子。

注释

①楚昭王：春秋时楚国国君，平王之子，名壬，在位27年。

②聘：聘任。③病：弊病。

④距：通“拒”。阻挡，阻拦。

译文

楚昭王聘任孔子到楚国去做官，孔子将要前去拜见楚昭王，路上经过陈、蔡两国。陈、蔡两国的大夫一起谋划说："孔子是圣贤之人，他所批评指责的都切中诸侯的弊病。如果孔子被楚国任用，那么陈、蔡就很危险了。"于是两国就发兵阻止孔子去楚国。

二

孔子不得行，绝粮七日，外无所通，藜羹不充[①]，从者皆病。孔子愈慷慨讲诵，弦歌[②]不衰。乃召子路而问焉，曰："《诗》云：'匪兕匪虎，率彼旷野。[③]'吾道非乎，奚为至于此？"子路愠，作色而对曰："君子无所困。意者夫子未仁与，人之弗吾信也？意者夫子未智与，人之弗吾行也？且由也昔者闻诸夫子：'为善者，天报之以福，为不善者，天报之以祸。'今夫子积德怀义，行之久矣，奚居之穷[④]也？"

注释

①藜羹不充：连野菜汤也吃不上。藜羹，用嫩藜煮成的汤羹，指粗劣的事物。藜，草名，嫩苗可食。

②弦歌：弹琴唱歌。

③匪兕 sì 匪虎，率彼旷野：语出《诗经·小雅·何草不黄》。意思是：不是犀牛不是虎，沿着旷野急出走。兕，犀牛。率，遵循，沿着。

④穷：困穷，陷入困境。

译文

孔子没有办法前行，断粮七天，也没有办法与外界交往，连野菜汤都吃不上，随从的很多弟子都病倒了。孔子却更加慷慨激昂地讲授学问，弹琴唱歌的声音没有停息。于是喊来子路问道：“《诗经》上说：‘不是犀牛不是虎，沿着旷野急出走。’我的道义难道是错误的吗，怎么会到达这样的地步呢？”子路听完之后非常生气，脸色大变，说道：“君子不应该受到困穷。难道老师您还不够仁德？所以人们都不相信我们？难道老师不够智慧吗？所以别人才不让我们前行？而且我也听老师您说过：‘做善事的人，上天就会报之以福；做坏事的人，上天就会报之以祸。’如今老师您积累德行心怀仁义已经很久了，怎么会落到如此窘迫的境地呢？”

三

子曰：“由未之识也，吾语汝：汝以仁者为必信也，则伯夷、叔齐不饿死首阳[①]；汝以智者为必用也，则王子比干[②]不见剖心；汝以忠者为必报也，则关龙逢[③]不见刑；汝以谏者为必听也，则伍子胥[④]不见杀。夫遇不遇者，时也；贤不肖者，才也。君子博学深谋而不遇时者众矣，何独丘哉！且芝兰生于深林，不以无人而不芳，君子修道立德，不谓穷困而改节。为之者人也，生死者命也。是以晋重耳之有霸心，生于曹、卫[⑤]；越王勾践之有霸心，生于会稽[⑥]。故居下而无忧者，则思不远；处身而常逸者，则志不广。庸知其终始乎？”子路出。

召子贡，告如子路。子贡曰：“夫子之道至大，故天下莫能容夫子，夫子盍少贬焉[⑦]？”子曰：“赐，良农能稼[⑧]，不必能穑[⑨]；良工能巧，不能为顺[⑩]。君子能修其道，纲而纪之[⑪]，不必其能容。今不修其道，而求其容。赐，尔志不广矣，思不远矣！”子贡出。

颜回入，问亦如之。颜回曰：“夫子之道至大，天下莫能容，虽然，夫子推而行之，世不我用[12]，有国者之丑[13]也。夫子何病[14]焉？不容，然后见[15]君子。”孔子欣然叹曰：“有是哉[16]，颜氏之子，使尔多财，吾为尔宰。”

注释

①伯夷、叔齐不饿死首阳：伯夷、叔齐是商末孤竹君的两个儿子，相传其父遗命要立次子叔齐为继承人。孤竹君死后，叔齐让位给伯夷，伯夷不受，叔齐也不愿登位，先后都逃到周国。周武王伐纣，二人叩马谏阻。武王灭商后，他们耻食周粟，采薇而食，饿死于首阳山。

②比干：商纣王的叔叔，因为忤逆纣王的意思，被挖出了心。

③关龙逢 páng：夏末贤臣。桀为酒池、糟丘，作长夜之饮，关龙逢进谏，立而不去，为桀囚拘而杀。

④伍子胥：春秋时吴国大夫，名员，字子胥，原为楚国大夫，后至吴。因劝吴王夫差拒越求和并停止伐齐，渐被疏远，后被赐剑自杀。

⑤晋重耳之有霸心，生于曹、卫：晋文公重耳称霸的雄心，萌生在他逃亡曹、卫两国的时候。生，萌生。重耳，春秋晋文公名。

⑥越王勾践之有霸心，生于会稽：越王勾践称霸的雄心，萌生在他被围困于会稽的时候。

⑦夫子盍少贬焉：老师您何不把您的主张稍稍降低一下呢？盍，何不。少，稍微。贬，贬损，降低。

⑧稼：种植。⑨穑：收获。

⑩“良工能巧”句：一个好的工匠巧于制作，但不一定每次

做的都能符合他人的心意。

⑪纲而纪之：主次分明，有条有理。

纲，鱼网上的总绳。纪，乱丝的头绪。

⑫世不我用：倒装句，即世不用我。⑬丑：耻辱。

⑭病：忧愁，担心。⑮见 xiàn：显现，显示出。

⑯有是哉：有道理，是这样的。

译文

孔子说："仲由啊，你还不知道其中的道理，我告诉你吧：你以为仁者就必然受到信任吗？如果这样伯夷叔齐就不会饿死在首阳山了；你以为智者就必然受到任用吗？如果是这样的话王子比干就不会被商纣挖去心脏；你以为忠者必定会得到回报吗？如果真是这样关龙逢就不会遭受刑杀；你以为进谏的人都会被听从吗？这样的话伍子胥就不会被杀害了。能不能遇到明主，这是由时运所决定的；贤人还是不肖者，这是由个人才能决定的。君子广泛地学习深刻地谋划，但是还是不能赶上好时候的人多了，又不是只有我孔丘一个！而且芝兰生长在深山老林里面，不因为没有人看见就没有了芬芳。君子修行道义树立德行，不因为困穷而败坏自己的节气。做还是不做，这是人所决定的；生或者是死，这是命运所决定的。因此晋国国君重耳（晋文公）称霸的野心，是他流亡在曹卫两国的时候才产生的；越王勾践称霸的野心，是在会稽被围困的时候才产生的。因此身居下位却没有忧患的，那么他的理想不会高远；生活总是安逸的人，他的志向就不会高远。你怎么会知道他们的开始和终结呢？"于是子路就走了出来。

孔子叫子贡进来，问了一个和子路一样的问题。

子贡说："老师您的道义太宽广了，因此天下都不能容得下老师，那么老师您何不把您的道义稍微贬损一下呢？”孔子说：“赐啊，一个好的农民会耕种，但是不一定会收割；一个好的工匠可以是心灵手巧的，但他所做的东西并不一定都会符合人们的心思。君子能够修行自己的道义，抓住事物的主旨，但是不一定能被人接受。怎么可以不修行自己的道义，却希望被人所接受。赐啊，你的志向不广大啊，理想不高远啊！”于是子贡走了出来。

颜回进来了，孔子也问了他同样的问题。颜回说：“老师您的道义至为宽广，以至于天下没有人能容得下，即使这样，老师您已经宣扬了自己的道义，但是世人还是不肯任用我们，这是有国者的耻辱。老师您有什么担心的呢？不被接受，然后才显现出真正的君子。”孔子高兴地感叹道：“是这个道理啊，颜回啊，如果你有很多财物的话，我愿意去帮你管理。”

四

子路问于孔子曰：“君子亦有忧乎？”子曰：“无也。君子之修行也，其未得之，则乐其意[1]；既得之，又乐其治[2]。是以有终身之乐，无一日之忧。小人则不然，其未得也，患弗得之；既得之，又恐失之。是以有终身之忧，无一日之乐也。”

注释

①意：指做某件事的想法。②治：行为，作为。

译文

子路问孔子说：“君子难道也有忧虑吗？”孔子说：“没有。

君子的修身实践，当还没有做到的时候，就以做这件事的想法为乐；当做到这件事的时候，就以自己的行为而乐。因此君子有终身的快乐，却没有一天的忧愁。小人却不是这样，当他没有得到的时候，就担心自己得不到；当他得到的时候，又担心自己会失去。因此小人有终身的忧虑，却没有一天的快乐。”

五

曾子弊衣[①]而耕于鲁，鲁君闻之，而致邑[②]焉。曾子固[③]辞不受。或曰："非子之求，君自致之，奚固辞也？”曾子曰："吾闻受人施者常畏人，与人者常骄人。纵君有赐，不我骄也，吾岂能勿畏乎？”

孔子闻之曰："参之言，足以全其节也。”

注释

①弊衣：穿着破旧的衣服。弊，破，坏。

②致邑：赐给封地。致，赠送，赐给。邑，封地。③固：坚决，坚定。

译文

曾子穿着破旧的衣服在鲁国的田野上耕种，鲁国国君听说这件事之后就要赐给他封地。曾子坚决地推辞，不肯接受。有人说："这并不是你乞求的，而是国君封赐给你的，你为什么这么坚决地推辞呢？”曾子说："我听说受到别人施舍的就会常常畏惧别人，给人东西的人常常骄傲地对待别人。即使国君赐给了我封地，他并没有傲视我的意思，但是我又岂能没有畏惧他的意思？”孔子听到这件事之后，说道："曾参的话，足可以保全他的气节了。”

六

孔子厄于陈、蔡，从者七日不食。子贡以所赍货[1]，窃[2]犯围[3]而出，告籴[4]于野人[5]，得米一石焉。颜回、仲由炊之于坏屋之下，有埃墨[6]堕饭中，颜回取而食之。

子贡自井望见之，不悦，以为窃食也。入问孔子曰："仁人廉士，穷改节乎？"孔子曰："改节即何称于仁廉哉？"子贡曰："若回也，其不改节乎？"子曰："然。"子贡以所饭告孔子[7]。子曰："吾信回之为仁久矣，虽汝有云，弗以疑也，其或者必有故乎？汝止，吾将问之。"召颜回曰："畴昔[8]予梦见先人，岂或启佑我哉[9]？子炊而进饭，吾将进[10]焉。"对曰："向有埃墨堕饭中，欲置之，则不洁；欲弃之，则可惜，回即食之。不可祭也。"孔子曰："然乎，吾亦食之。"

颜回出，孔子顾谓二三子曰："吾之信回也，非待今日也。"二三子由此乃服之。

注释

①赍jī货：携带的东西。赍，携带，持。

②窃：偷偷地，私下里。③犯围：冲出重围。

④告籴：向……请求卖给自己粮食。

告，请求，乞求。籴，买进粮食，与"粜"相对。

⑤野人：相对于"国人"，住在乡野的百姓。

⑥埃墨：尘埃，烟灰。

⑦子贡以所饭告孔子：子贡便把看到颜回偷吃饭的事告诉了孔子。

⑧畴昔：从前，过去。

⑨岂或启佑我哉：难道是先人在启示和保佑我吗？⑩进：进献。

译文

孔子受困于陈、蔡两国之间，随从的人七天没有吃到东西。子贡用自己所携带的财货，偷偷地冲出重围，请求乡间百姓卖给自己粮食，终于买到了一石米。颜回和子路在破屋子的旁边做饭，突然有烟灰掉到了饭里，于是颜回就把有烟灰的饭粒取出来吃掉了。

子贡在井边看见颜回的举动，很不高兴，以为他在偷东西吃。进屋去问孔子说：“仁德廉洁的人，在困穷的时候会改变自己的气节吗？”孔子说：“改变了自己的气节怎么还能称作仁德廉洁呢？”子贡说：“像颜回，他是不会改变自己气节的吗？”孔子说：“是的。”子贡于是就把自己看到颜回偷吃饭的事情告诉了孔子。孔子说：“我很久之前就相信颜回是一个仁人了，即使你说了这样的话，我也不能就因此怀疑他，这或者一定是有原因的吧？你等一下，我来问问他。”于是把颜回叫了进来，说：“从前我梦见先人，难道先人是在启示或者保佑我吗？你去做饭，做好了拿进来，我要用这些饭来进献先人。”颜回回答说：“刚才有烟灰落入饭中，我想置之不问，但是这样就不干净；我想把饭丢弃了，但是又很可惜，于是我就把脏的饭取出自己吃了。所以这些饭已经不能用来祭祀祖先了。”孔子说：“你做得对啊，如果是我，我也会吃掉的。”

颜回走了出来，孔子对弟子们说：“我对颜回的信任，并不是从今天开始的。”弟子们因为这件事更加地钦佩颜回。

困誓

题解

本篇主要记载了孔子于困境之中的言行，故以“困誓”为篇名。

孔子“述先王，好古法”，但不为世用，只能哀叹：“命矣夫。”其中有无奈，但是更多的是一种达观的处世态度。

“艰难困苦，玉汝于成”，君子当务以修身为要，用与不用，又岂是自己所能左右的。

一

子贡问于孔子曰：“赐倦于学，困于道矣，愿息[①]于事君，可乎？”孔子曰：“《诗》云：‘温恭朝夕，执事有恪。[②]’事君之难也，焉可息哉！”曰：“然则赐愿息而事亲。”孔子曰：“《诗》云：‘孝子不匮，永锡尔类。[③]’事亲之难也，焉可以息哉！”曰：“然赐请愿息于妻子。”孔子曰：“《诗》云：‘刑于寡妻，至于兄弟，以御于家邦。[④]’妻子之难也，焉可以息哉！”曰：“然赐愿息于朋友。”孔子曰：“《诗》云：‘朋友攸摄，摄以威仪。[⑤]’朋友之难也，焉可以息哉！”曰：“然则赐愿息于耕矣。”孔子曰：“《诗》云：‘昼尔于茅，宵尔索绹，亟其乘屋，其始播百谷。[⑥]’耕之难也，焉可以息哉！”曰：“然则赐将无所息者也？”孔子曰：“有焉。自望其广，则睪如也[⑦]；视其高，则填如也[⑧]；察其从，则隔如也[⑨]。此其所以息也矣。”子贡曰：“大哉乎死也！君子息焉，小人休焉，大哉乎死也！”

注释

①息：停息，停止。

②温恭朝夕，执事有恪 kè：语出《诗经·商颂·那》。意思是温和恭敬地早晚朝见君主，做事谨慎恭敬。朝夕，早见君谓朝，暮见君谓夕。恪，谨慎，勤勉。

③孝子不匮，永锡尔类：语出《诗经·大雅·既醉》。意思是孝子的孝心不会穷尽，祖宗将永远赐福于你们。

匮，缺乏，不足。锡，通“赐”。赏赐。

④刑于寡妻，至于兄弟，以御于家邦：语出《诗经·大雅·思齐》。给妻子作典范，推广到自己的兄弟，然后就可以用这样的办法去治理国家。刑，榜样，法式，典范，此处为动词，给……作典范。御，治理，管理。

⑤“朋友攸摄”句：语出《诗经·大雅·既醉》。朋友之间要相互帮助，增加自己的威仪。攸，放在动词前面，组成名词性词组，相当于“所”。摄，佐助，帮助。

⑥“昼尔于茅，宵尔索绹 táo”句：语出《诗经·豳风·七月》。白天忙着割茅草，晚上忙着搓绳子，急急忙忙修房屋，又要开始种庄稼了。宵，夜。绹，绞。亟，疾。

⑦“自望其广”句：《荀子·大略》作“望其圹，皋如也”。广，通“圹”。坟墓。睪 gāo，通“皋”。高高的样子。

⑧“视其高”句：《荀子·大略》作“颠如也”。填，应为“颠”误，通“巅”。山巅。⑨“察其从”句：从侧面看，就像鬲一样。从，通“纵”。纵截面，侧面。《荀子·大略》作“鬲如也”。隔，应为“鬲”误。鬲 lì，像鼎一类的烹饪器，三足中空。

译文

子贡问孔子说："我对于学习已经厌倦，对于道也感到困惑不解，我想停止学习去侍奉君主，可以吗？"孔子说："《诗经》上说'温和恭敬地早晚朝见君主，谨慎勤勉地做事情。'侍奉君主是很难的，怎么可以停止学习呢！"

子贡说："这样的话我想停止学习去侍奉父母。"孔子说："《诗经》上说：'孝子的孝心不会穷尽，祖宗将永远赐福于他们。'侍奉父母是很难的，怎么可以停止学习呢！"

子贡说："这样的话我想要停止学习去供养妻儿。"孔子说："《诗经》上说：'给妻子作典范，推广到自己的兄弟，然后就可以用这样的办法去治理国家。'供养妻儿也是很难的，怎么可以停止学习呢！"

子贡说："这样的话我想停止去结交朋友。"

孔子说："《诗经》上说：'朋友之间要相互帮助，以增加自己的威仪。'与朋友交往是很难的，怎么可以停止学习呢！"

子贡说："这样的话我想停止去从事耕作。"

孔子说："《诗经》上说：'白天忙着割茅草，晚上忙着搓绳子，急急忙忙修房屋，又要开始种庄稼了。'耕作是很艰难的，怎么可以停止学习呢！"

子贡说："这样的话岂不是就没有停止学习的时候了啊？"

孔子说："有啊。你从这儿看那坟墓，高高的；看它的高度，就像山巅一样啊；从侧面来看，就像一个鬲一样。等到那个时候就可以停止学习了。"

子贡说："死亡真是一件大事啊！君子停止了，小人也终结了，死亡真是一件大事啊！"

二

孔子自卫将入晋，至河[1]，闻赵简子杀窦犨鸣犊及舜华[2]，乃临河而叹曰："美哉水，洋洋乎！丘之不济[3]，此命也夫！"子贡趋而进曰："敢问何谓也？"

孔子曰："窦犨鸣犊、舜华，晋之贤大夫也。赵简子未得志之时，须此二人而后从政。及其已得志也，而杀之。丘闻之，刳胎杀夭[4]，则麒麟不至其郊；竭泽而渔，则蛟龙不处其渊；覆巢破卵，则凰凰不翔其邑，何则？君子违[5]伤其类者也。鸟兽之于不义，尚知避之，况于人乎。"遂还，息于邹，作《盘操》[6]以哀之。

注释

①河：指黄河。

②赵简子：即赵鞅，赵武子之孙，晋定公时为卿士。

窦犨 chōu 鸣犊：春秋时晋国大夫，姓窦名犨，字鸣犊，或作"鸣铎"。舜华：亦晋国大夫。

③济：渡河，渡过。

④刳 kū 胎杀夭：剖胎残害幼小的生命。

刳，剖，剖挖。夭，幼小的东西。

⑤违：通"讳"。忌讳。⑥《盘操》：琴曲名。

译文

孔子想要从卫国到晋国去，到达黄河边上的时候，听到赵简子杀死了窦犨鸣犊和舜华两位贤大夫，于是孔子在河边感叹道："壮美啊，奔流不息的河水！但是我却不能渡河过去，这难道是我的宿命吗！"子贡快步上前问道："冒昧地问问老师您说的是什么意思啊？”孔子说：“窦犨鸣犊和舜华是晋国的贤明大夫。赵简子还没有得志的时候，需要这两个人的辅佐然后才能从政。等到他自己已经得志的时候，却又把他们俩杀害。我听说，剖胎残害幼小的生命，那么麒麟就不会出现在他的城外；排干了水去打渔，那么蛟龙就不会再居住在那儿的深渊；打翻鸟巢还打破鸟卵，那么凤凰也不会飞到他的都邑上空。为什么呢？因为君子忌讳看到别人伤害到自己的同类。鸟兽对于不义，尚且知道去躲避，更何况是人呢。”于是孔子就回去了，在邹地停了下来，作了《盘操》这首琴曲来哀悼此事。

三

子路问于孔子曰：“有人于此，夙兴夜寐，耕芸树艺[1]，手足胼胝[2]，以养其亲，然而名不称孝，何也？”孔子曰：“意者身不敬与？辞不顺与？色不悦与？古之人有言曰：‘人与己与，不汝欺。[3]’”“今尽力养亲而无三者之阙[4]，何谓无孝之名乎？”孔子曰：“由，汝志之！吾语汝，虽有国士之力，而不能自举其身，非力之少，势不可矣。夫内行不修，身之罪也；行修而名不彰，友之罪也；行修而名自立。故君子入则笃行，出则交贤，何谓无孝名乎？”

注释

①耕芸树艺：耕地除草种植庄稼。

芸，通“耘”。除草。树，栽培。艺，种植。

②手足胼胝 piánzhī：手脚上的老趼。

③人与己与，不汝欺：别人的事和自己的事在道理上都是相同的，是不会欺骗你的。④阙：缺失，缺点，过错。

译文

子路问孔子说："有这样一个人，每天早早起来，晚上很晚才睡下，手脚上都磨出了老趼，这样来奉养自己的父母，但是却不被称为孝顺，为什么呢？"

孔子说："想来可能是自己不够恭敬吗？言辞不够顺从吗？脸色不够愉悦吗？古人说过：'别人的事和自己的事在道理上都是相同的，是不会欺骗你的。'"

子路说："他现在是尽力奉养自己的父母而且没有您说的那三种过错，为什么还是没有孝顺的名声呢？"

孔子说："仲由啊，你记住！我告诉你，即使有全国著名的勇士的力气，也不能把自己的身体举起来，并不是因为力气不够，而是因为形势不对啊。内在的德行得不到修养，这是自己的过错；德行修养了，但是名声还是没有得到彰显，这是朋友的过错；内在德行修养了，名声就会自然地树立起来了。因此君子在家就要行为切实，在外就要结交贤良，这样怎么会没有孝的名声呢？"

四

孔子遭厄于陈蔡之间，绝粮七日，弟子馁病[①]，孔子弦歌。子路入见曰："夫子之歌，礼乎？"孔子弗应，曲终而曰："由，来！吾语汝，君子好乐，为无骄也；小人好乐，为无慑也。其谁之子，不我知而从我者乎？"子路悦，援戚[②]而舞，三终而出。明日免于厄。子贡执辔曰："二三子从夫子而遭此难也，其弗忘矣！"孔子曰："善，恶何也[③]？夫陈蔡之间，丘之幸也。二三子从丘者，皆幸也。吾闻之，君不困不成王，烈士[④]不困行不彰。庸知其非激愤厉志[⑤]之始于是乎在？"

注释

①馁病：饥饿疲劳。馁，饥饿。病，筋疲力尽。

②援戚：拿，拿起，手持。戚，斧，古代一种兵器。

③恶何也：为什么呢？④烈士：刚烈之士。

⑤激愤厉志：激愤，发奋。厉志，激励志气。

译文

孔子在陈蔡之间遭受了围困，绝粮七天，弟子们都很饥饿疲劳，孔子却在弹琴唱歌。子路进去拜见孔子，说："老师您现在唱歌，是符合礼的吗？"孔子不回答，一曲终了时才说："仲由，你过来，我告诉你，君子喜好音乐，为的是避免骄傲；小人喜好音乐，为的是避免畏惧。你是哪里的人啊，不了解我却还跟随着我？"这样一说，子路就高兴了，手拿着戚舞了起来，直到几支曲子结束才走了出去。第二天孔子就摆脱了困境，子贡拉着马缰绳说："我们这些人跟随着老师遭受到这样的困顿，大概是都不会忘记的。"孔子说："说得好啊，为什么呢？遭难于陈蔡之间，这是我的幸运，你们跟随着我，也是幸运的啊。我听说过，君主不经受困顿，就不能成就王业；刚烈之士不经受困顿，他的品行就得不到彰显。怎么知道不是在困顿之时才开始激发了他们的志气的呢？"

五

孔子之宋，匡人简子[1]以甲士围之。子路怒，奋戟[2]将与战。孔子止之曰："恶有修仁义而不免世俗之恶者乎？夫《诗》《书》之不讲，礼、乐之不习，是丘之过也。若以述[3]先王，好古法而为咎者，则非丘之罪也，命之夫。由，歌，予和[④]汝。”子路弹琴而歌，孔子和之，曲三终，匡人解甲而罢。

注释

①匡人简子：匡，地名，春秋时属宋国，在今河南睢县西。简子，事迹不详，大概是匡人首领。

②奋戟：举起戟。奋，举起。戟，古兵器，合戈、矛为一体，既可以直刺，又可以横击。

③述：遵循，依照。④和：跟着唱，附和。

译文

孔子到宋国去，匡人简子用军队将他们包围了起来。子路非常愤怒，举起戟就要跟他们战斗。孔子制止了他，说到：“哪里有修行仁义但是还不能免于世俗的恶行的呢？《诗经》《尚书》得不到讲习，礼、乐得不到演练，这是我的过错。如果说遵循先王之道，爱好古代法度却还是遭受灾祸，这不是我的罪过，是命啊。仲由，你来唱歌吧，我跟着你唱。”子路于是弹琴唱歌，孔子跟着一起唱，几支曲子过后，匡人就卸甲退去了。

六

孔子曰：“不观高崖，何以知颠坠之患[①]？不临深泉，何以知没溺之患[②]？不观巨海，何以知风波之患？失之者其不在此乎[③]？士慎此三者，则无累[④]于身矣。”

子贡问于孔子曰：“赐既为人下[⑤]矣，而未知为人下之道，敢问之。”子曰：“为人下者，其犹土乎。汨[⑥]之深则出泉，树其壤则百谷滋[⑦]焉，草木植焉，禽兽育焉，生则出焉，死则入焉。多其功而不意[8]，弘其志而无不容。为人下者以此也。”

注释

①颠坠之患：从山上坠落的灾难。颠，通“巅”。山巅。

②没溺之患：落水溺死的灾难。

③失之者其不在此乎：造成过失的原因难道不在这些方面吗？

④累：忧患，祸害。⑤为人下：为人谦虚。下，歉下，谦虚。

⑥汩 hú：通“扣”。掘，挖掘。

⑦滋：滋生，滋长，培植。

⑧多其功而不意：颂扬它的功劳，它也不以为意。

多，颂扬，称赞。 不意，不以为意，不放在心上。

译文

孔子说：“不去观看高高的山崖，怎么会知道从高山上坠下的灾难呢？不靠近观看深渊，怎么会知道落水溺死的灾难呢？不去观看大海，怎么会知道风波的灾难呢？造成过失的原因难道不在这些方面吗？士谨慎地对待这三个方面，就不会有灾祸降临到自己身上了。”

子贡问孔子说：“我为人已经很谦逊了，但是却还不知道为人谦逊的道理，因此冒昧地问问老师。”

孔子说：“为人谦逊的人，大概就像是这土地吧。挖深了就会流出泉水来，在土壤里播种，就会生长出百谷来。草木在它上面生长，禽兽在它上面生育，活的东西是从它那里出来的，死的东西又要回到它那里去。颂扬它的功德它却还不以为意，它的胸怀宽广以至于无所不容。为人谦逊的道理就在这里。”

七

孔子适郑，与弟子相失[①]，独立东郭门外[②]。或人谓子贡曰："东门外有一人焉，其长九尺有六寸，河目隆颡[③]，其头似尧，其颈似皋繇[④]，其肩似子产，然自腰已[⑤]下，不及禹者三寸，累然[⑥]如丧家之狗。"子贡以告，孔子欣然而叹曰："形状未也，如丧家之狗，然乎哉！然乎哉！"

注释

①失：失散，迷失。

②东郭门外：城东的门外。郭，即外城，古代在城的外围加的一道城墙。《管子·度地》："内为之城，城外为之郭。"

③河目隆颡 sǎng：眼眶像河一样平正而直，额头高而突起。颡，额。④皋繇：即皋陶。

⑤已，即以。

⑥累然：不得意的样子。

译文

孔子到达郑国之后，与弟子们失散了，自己一个人站在城东的门外面。有人告诉子贡说："东门的外面有一个人，他的身高有九尺六寸，眼眶像河一样平直，额头高而隆起，头长得像尧，脖子长得像皋陶，肩膀长得像郑国的子产，但是从腰部以下，却比禹短三寸，失意得就像一只丧家犬一样。"子贡把这些话告诉了孔子，孔子高兴地感叹道："容貌形状倒未必一样，但是说像丧家犬一样，说得对啊！说得对啊！"

八

孔子适卫，路出于蒲，会公叔氏以蒲叛卫而止之①。孔子弟子有公良儒②者，为人贤长有勇力，以私车五乘从夫子行，喟然曰："昔吾从夫子遇难于匡③，又伐树于宋④，今遇困于此，命也夫！与其见夫子仍⑤遇于难，宁我斗死⑥。"挺剑而合众，将与之战。蒲人惧，曰："苟无适卫，吾则出子⑦。"以盟⑧孔子，而出之东门。孔子遂适卫。子贡曰："盟可负⑨乎？"孔子曰："要我以盟⑩，非义也。"卫侯闻孔子之来，喜而于郊迎之。问伐蒲，对曰："可哉！"公曰："吾大夫以为蒲者，卫之所以恃⑪晋楚也。伐之，无乃不可乎？"孔子曰："其男子有死之志⑫，吾之所伐者，不过四五人⑬矣。"

公曰："善！"卒不果伐⑭。他日，灵公又与夫子语，见飞雁过而仰视之，色不悦。孔子乃逝⑮。

注释

①会公叔氏以蒲叛卫而止之：正好碰到公孙戌据蒲反叛卫国，于是就把孔子拦截下来。公叔氏，即公孙戌，卫国大夫，其父发，献公之孙；戌富而骄，为卫君所逐，后奔鲁。

②公良儒：亦作"公良孺"，孔子弟子，字子正，陈国人。

③遇难于匡：即上文所提到的被匡人简子所阻之事。

④伐树于宋：孔子在宋国时，与弟子习礼于大树之下，宋司马桓魋欲害之，故先伐其树。

⑤仍：多次，屡次。

⑥宁我斗死：即我宁斗死，意思是我宁愿战斗而死。

⑦苟无适卫，吾则出子：只要你不去卫国，就可以放你走。

苟，如果。适，去。出，动词，放……出去。

⑧盟：盟誓，与……签订盟约。

⑨负：违背，背叛。

⑩要 yāo 我以盟：受到要挟才订立的盟约。要，威胁，要挟。

⑪恃：防御，抵御。

⑫其男子有死之志：指蒲地男子宁死也不愿叛乱。

⑬四五人：指与公叔氏共同作乱的人。

⑭卒不果伐：最后还是没有征伐蒲地。果，成为事实，实现。

⑮逝：往，去，离开。

译文

孔子要到卫国去，路过蒲地，正好遇上公叔氏据蒲地反叛卫国，于是就把孔子一行人阻止了下来。孔子有个弟子叫公良儒，为人贤良，有长者之风且甚有勇力，用自己私人的五辆车马跟从孔子周游，他感叹地说："从前我跟随老师在匡地遭遇困难，后来在宋国的时候又被桓魋伐去习礼的大树，如今又再次遇难，这是命吧！与其看到老师您再次陷于围困，我宁愿为您战斗而死。"于是举起剑来，集合众人，将要与敌人战斗。蒲人开始害怕了，于是说："只要你们不去卫国，就可以放你们走。"因此蒲人就和孔子订立盟约，并且把孔子一行人从东门放了出去。孔子于是就去了卫国。子贡说："盟约难道是可以违背的吗？"

孔子说："那是受到要挟才订立的盟约，是不合道义的。"

卫灵公听说孔子来了，欢喜地到郊外去迎接孔子，并向孔子询问征伐蒲地的事情。孔子回答说："蒲地是可以征伐的。"灵公说："我国的大夫认为蒲地是卫国用来防御晋楚两国的战略要地。蒲地恐怕是不可以征伐的吧？"孔子说："蒲地的男子宁死也不肯随从叛乱，我们所要征伐的，就是那么四五个叛乱的人而已。”灵公说：“说得好！”但是最后还是没有征伐蒲地。有一天，灵公又和孔子谈话，看见天上有大雁飞过，于是就抬头看，脸上露出不悦的神情。因此孔子就离开了卫国。

九

卫蘧伯玉[①]贤而灵公不用，弥子瑕[②]不肖反任之。史鱼[③]骤[④]谏而不从。史鱼病，将卒，命其子曰：“吾在卫朝不能进蘧伯玉、退弥子瑕，是吾为臣不能正君也。生而不能正君，则死无以成礼。我死，汝置尸牖下，于我毕矣[⑤]。”其子从之。

灵公吊焉，怪而问焉。其子以其父言告公。公愕然失容[⑥]曰：“是寡人之过也。”于是命之殡于客位[⑦]，进蘧伯玉而用之，退弥子瑕而远之。

孔子闻之曰：“古之列谏[⑧]之者，死则已矣。未有若史鱼死而尸谏，忠感其君者也，不可谓直乎？”

注释

①蘧伯玉：名瑗，卫国贤大夫。孔子出道卫国时，尝住于其家。

②弥子瑕：卫国大夫，灵公之宠臣。

③史鱼：即史鳅，字子鱼，春秋时卫国大夫。

④骤：屡次，多次。

⑤汝置尸牖下，于我毕矣：把我的尸体停放在窗户下面，对于我来说就是足够的了。

⑥愕然失容：惊讶得脸色大变。愕然，惊讶的样子。

⑦殡于客位：把灵柩停放在正堂。殡，停放灵柩。客位，指正堂。

⑧列谏：极力劝谏。列，通“烈”。强烈，极力。

译文

卫国的蘧伯玉是个贤才，但是灵公却不能任用；弥子瑕是无能之辈，但是灵公反而信任他。史鱼屡次进谏但是灵公都没有听从。史鱼病重，将要去世，命令他的儿子说：“我在卫国朝廷不能进荐蘧伯玉，不能屏退弥子瑕，这说明我作为臣下但是却不能匡正君主。活着的时候不能匡正君主，那么死的时候就不能用全套的礼仪。我死了之后，你把我的尸体停放在窗户下面，这对于我来说就是足够的了。”他的儿子遵从了父亲的话。

灵公前去吊唁史鱼，看到之后感到非常奇怪，于是就问史鱼的儿子。史鱼的儿子把他的话告诉了灵公。灵公惊讶得面容大变，说道：“这真是我的过错啊！”于是命令将史鱼尸体停放在正堂，进用蘧伯玉，斥退弥子瑕。

孔子听说这件事之后，说：“古时候那些极力劝谏的人，最多到死的时候就停止了。没有像史鱼这样死了还要用尸体来进谏的，忠心感动了君主，这能不说是正直吗？”

执　辔

题解

本篇孔子以御马形容为政，认为“夫人君之政，执其辔策而已”，故以“执辔”为篇名。

孔子的为政思想中一直都有“德”“刑”之两端，而非只是以德治国。但是“德”“刑”两者却不是平行的，而是“德主刑辅”，即以德为主。人君能“以德法为衔勒”，就可以“御天下数百年而不失”。本篇形象，简明，对于我们理解孔子的为政思想很有帮助。

一

闵子骞[1]为费[2]宰，问政于孔子。子曰：“以德以法。夫德法者，御民之具，犹御马之有衔勒[3]也。君者，人也；吏者，辔[4]也；刑者，策[5]也。夫人君之政，执其辔策而已。”

注释

①闵子骞：孔子弟子。姓闵，名损，字子骞，鲁国人，在孔子弟子中以德行著称。

②费：地名，春秋时属鲁国，在今山东费县西北。

③衔勒：衔，横在马口中以备抽勒用的铜或铁。勒，套在马头上带嚼口的笼头。

④辔：驾驭牲口的缰绳。⑤策：马鞭子。

译文

闵子骞担任费地长官，向孔子请教为政之道。孔子说："为政要用德和法。德、法二者，就是治理百姓的工具，就好像驾驭马匹要有马嚼子和马笼头一样。君主就好比是人，而官吏则是马缰绳，刑罚就是马鞭子。君主的为政之道，只不过是拿着缰绳和鞭子罢了。"

二

子骞曰："敢问古之为政。"孔子曰："古者天子以内史为左右手[①]，以德法为衔勒，以百官为辔，以刑罚为策，以万民为马，故御天下数百年而不失。善御马，正衔勒，齐辔策，均马力，和马心，故口无声而马应辔，策不举而极千里；善御民，壹其德法，正其百官，以均齐民力，和安民心，故令不再[②]而民顺从，刑不用而天下治。是以天地德[③]之，而兆民怀[④]之。夫天地之所德，兆民之所怀，其政美，其民而众称之[⑤]。今人言五帝三王者，其盛无偶，威察若存[⑥]，其故何也？其法盛，其德厚，故思其德必称其人，朝夕祝[⑦]之，升闻于天，上帝俱歆[⑧]，用永厥世[⑨]，而丰其年。"

注释

①古者天子以内史为左右手：古时天子把内史当做自己最得力的助手。内史，官职名，西周时始置，协助天子管理爵禄、废置等政务。春秋时沿置。左右手，以左手和右手最易为自己支配，比喻二者相互配合、帮助，后用以比喻最得力的助手。

②再：重复，又一次。③德：动词，以……为有德。

④怀：感怀，归顺。

⑤其民而众称之：他的百姓也受到众人的赞誉。

⑥其盛无偶，威察若存：他们盛德无人能比，其声威和明鉴好像还存在。偶，双，成对。威，声威，功德。察，明，明鉴，清明。

⑦祝：祈祷，祷告。

⑧歆 xīn：飨。指祭祀时神灵嗅食（食物的香气）。

⑨用永厥世：使他们世系绵长。用，以。永，绵长，延长。厥，其。

译文

闵子骞说："我冒昧地问一下老师古时候君主是怎样为政的。"孔子说："古时候天子以内史作为自己的左膀右臂，以德法作为马嚼子和马笼头，以百官作为马缰绳，以刑罚作为马鞭子，以万民为马匹，因此可以治理天下数百年而不会亡国。善于驾驭马匹的人，端正好马嚼子和马笼头，整齐好马缰绳和马鞭子，平均好马的用力，集合马的心志，因此嘴里虽然没有声音但是马都会听从缰绳的命令，不用举起马鞭也能驰骋千里；善于治理百姓的人，统一起来德行和法度，端正官吏们的行为举止，以均平来整齐百姓的力量，用祥和来安定百姓的心志，因此法令不需重复而百姓就会顺从，不需用刑罚就会使天下得到治理。因此天地都会以他们为有德，而百姓也会感怀他们。天地所感激的，百姓所感怀的，他们的政治很美好，他们的百姓也会得到别人的称赞。现在的人说到五帝三王，他们的盛德无人能比，其声威和明鉴好像还存在，这是什么原因呢？他们的法度充盈，德行深厚，因此感怀他们的德行必然会称赞他们的为人，早晚向他们祝祷，声音一直上升到天上，上天和天帝都听到了，因而使他们世系绵长，年年丰收。"

三

“不能御民者，弃其德法，专用刑辟[①]，譬犹御马，弃其衔勒而专用棰策，其不制也，可必矣。夫无衔勒而用棰策，马必伤，车必败；无德法而用刑，民必流，国必亡。治国而无德法，则民无修[②]，民无修则迷惑失道。如此，上帝必以其为乱天道也。苟乱天道，则刑罚暴，上下相谀，莫知念忠，俱无道故也。今人言恶者，必比之于桀纣，其故何也？其法不听，其德不厚，故民恶其残虐，莫不吁嗟[③]，朝夕祝之，升闻于天。上帝不蠲[④]，降之以祸罚，灾害并生，用殄[⑤]厥世。故曰德法者御民之本。”

注释

①刑辟 bì：刑法，刑律。②修：循，遵循。

③吁嗟 xūjiē：哀叹，叹息。

④蠲 juān：除去，减免。⑤殄 tiǎn：断绝，灭绝。

译文

“不能治理百姓的君主，丢弃德行和法度，而专用刑罚治理百姓。这就好像是驾驭马匹一样，丢弃马嚼子和马笼头却专用棍棒和鞭子，这不能制服马匹是一定的。没有马嚼子和马笼头而用棍棒和鞭子，马匹必然会受到伤害，车子也必然会受到破坏；没有德法而专用刑罚，百姓必然会流亡，国家也必然会灭亡。治理国家却没有德行和法度，那么百姓就不知道遵循什么，百姓没有可以遵循的就会迷惑以至做出无道之事。如果这样的话，天帝必定会认为他扰乱了天道。如果扰乱了天道，那么刑罚就会残暴，上下就会相互阿谀谄媚，没有谁会心存忠信，这都是无道的缘故。现在人们提到邪恶，都会和桀纣相比较，这是为什么呢？他们的法令得不到听从，他们的德行浅薄，因此百姓厌恶他们的残虐，没有不叹息的，他们不分朝夕地向上天祷告，声音一直向天上升去。上帝没有直接夺取暴君的地位，而是把灾祸降临到他们身上，导致各种灾害相继发生，以至导致了他们的灭亡。因此说德行和法度是治理百姓的根本。”

四

“古之御天下者，以六官总治焉[①]：冢宰之官以成道[②]，司徒之官以成德[③]，宗伯之官以成仁[④]，司马之官以成圣[⑤]，司寇之官以成义[⑥]，司空之官以成礼[⑦]。六官在手以为辔，司会均仁以为纳[⑧]，故曰：御四马者执六辔，御天下者正六官。是故善御马者正身以总[⑨]辔，均马力，齐马心，回旋曲折，唯其所之[⑩]，故可以取长道，可赴急疾[⑪]。此圣人所以御天地与人事之法则也。天子以内史为左右手，以六官为辔，已而与三公为执六官，均五教[⑫]，齐五法[⑬]。故亦唯其所引，无不如志，以之道则国治，以之德则国安，以之仁则国和，以之圣则国平，以之礼则国安，以之义则国义，此御政之术。”

注释

①以六官总治焉：以六官负责全面治理。六官，指下文提到的冢宰、司徒、宗伯、司马、司寇、司空之官。总，统领，统管。

②冢宰之官以成道：设置冢宰官职以成就道义。
冢宰，官职名称，周代六卿之一，《周礼》天官之属，为辅佐天子之官。后世以冢宰为宰相之称。

③司徒之官以成德：设置司徒之官以成就德行。
司徒，官职名称，相传少昊始置，唐虞因袭，周代六卿之一，曰地官大司徒，掌管国家的土地和人民的教化。

④宗伯之官以成仁：设置宗伯之官以成就仁义。
宗伯，官职名称，周代六卿之一，掌管宗庙祭祀等事，《周礼》谓为春官，即后世礼部之职。

⑤司马之官以成圣：设置司马的官职以成就圣明。
司马，官职名称，相传少昊始置，周代六卿之一，曰夏官大司马，掌管军旅之事。

⑥司寇之官以成义：设置司寇的官职以成就道义。
司寇，官职名称，夏殷时已设，周代六卿之一，曰秋官大司寇，掌管刑法。春秋各国多沿置。

⑦司空之官以成礼：设置司空的官职以成就礼仪。
司空，官职名称，相传少昊始置，周代六卿之一，曰冬官大司空，掌管工程建筑。

⑧司会 kuài 均仁以为纳：司会均行仁义以作为总缆。
司会，官职名称，《周礼》天官之属，主管财政、经济及对百官政绩的考察。纳，总揽，总归。

⑨总：持，总揽。⑩唯其所之：可以想到达哪里就到达哪里。

⑪可以取长道句：可以到达很远的路程，也可以急速地奔驰。

⑫均五教：施行五教。均，调和，调节。五教，五常之教，指父义、母慈、兄友、弟恭、子孝五种伦理道德的教育。

⑬齐五法：整治五法。齐，使……齐，整顿，整治。
五法，指仁、义、礼、智、信之法。

译文

“古代治理天下的人，用六官来负责治理：设置冢宰之官以成就道术，设置司徒之官以成就仁德，设置宗伯之官以成就仁义，设置司马之官以成就圣明，设置司寇之官以成就道义，设置司空之官以成就礼仪。六官抓在手里以作为缰绳，再用司会均行仁义以作为总揽，所以说：‘驾驭马车的人要掌握好六条缰绳，治理天下的人要端正六官的职责。’因此善于驾驭马匹的人，端正自己的身体，握住缰绳，平均马的力气，整齐马的心志，回旋曲折，想要去哪里就可以去哪里，可以到达极远的路程，也可以快速地奔驰。这就是圣人治理天地和人事的法则。天子用内史作为自己的左右手，用六官作为缰绳，继而和三公一起执掌六官，均行五教，整齐五法，所以只要是君王想要引导的，没有不随心的。用道术引导就会使国家得到治理，用德行来引导就会使国家安平，用仁义来引导就会使国家和乐，用圣明引导就会使国家太平，用礼仪来引导就会使国家安定，用道义来引导就会使国家正义，这就是驾驭政治的办法。”

五

“过失①，人之情莫不有焉，过而改之，是为不过。故官属不理，分职不明②，法政不一，百事失纪曰乱，乱则饬③冢宰；地而不殖④，财物不蕃⑤，万民饥寒，教训⑥不行，风俗淫僻⑦，人民流散曰危，危则饬司徒；父子不亲，长幼失序，君臣上下乖离⑧异志曰不和，不和则饬宗伯；贤能而失官爵，功劳而失赏禄，士卒疾怨，兵弱不用曰不平，不平则饬司马；刑罚暴乱，奸邪不胜⑨曰不义，不义则饬司寇；度量⑩不审，举事失理，都鄙[11]不修，财物失所曰贫，贫则饬司空。故御者同是车马，或以取千里，或不及数百里，其所谓进退缓急异也；夫治者同是官法，或以致平，或以致乱者，亦其所以为进退缓急异也。”

注释

①过失：因过失而犯的错误。

②官属 shǔ 不理，分 fèn 职不明：官吏上下级关系不顺，职分不明确。官属，指官吏的属官，也泛指各级官吏。理，顺。分职，即职分。

③饬：敕，告诫。④殖：种植。⑤蕃：繁殖，增长。

⑥教训：教导训诫。⑦淫僻：放纵而偏邪。

⑧乖离：相互抵触，不一致。⑨胜：战胜，制服。

⑩度量：度量衡，度量标准。⑪都鄙：都城及边邑。

译文

“因过失而犯错误，这是人之常情，犯错之后能够改正，这就是没有犯错误。因此，管理上下级关系不顺，职分不明确，法令、政教不一致，各种事情都失去了纲纪，这就叫做乱，出现混乱就应该追究冢宰的责任。土地得不到种植，植物得不到蕃息，百姓饥寒交迫，教化训令得不到推行，风俗放纵而偏邪，百姓流离失所，这就叫做危险，出现了危险就应该追究司徒的责任。父子之间不相亲相爱，长幼之间不讲秩序，君臣上下相互抵触，离心离德，这就叫做不和，不和就应该追究宗伯的责任。贤能的人失去官爵，有功之人失去赏禄，士兵们怨恨上级，导致军力衰弱，不堪一击，这就叫做不平，不平即应该去追究司马的责任。刑罚残暴混乱，奸邪之人得不到制止，这就叫做不义，不义就应该去追究司寇的责任。度量的标准不准确，做事失去条理，都城和边邑都得不到修治，财物分配不均，这就叫做贫困，贫困就应该去追究司空的责任。因此，不同的人驾驭同一辆车，有的可以驰骋千里，有的却还不能到达几百里的地方，这就是因为在进退缓急上的处理方法不同。治理天下的人用的同样是法度，有的得以致天下于太平，也有导致乱亡的，这也是在进退缓急上的处理方法不同的缘故。”

六

“古者，天子常以季冬①考德正法，以观治乱：德盛者治也，德薄者乱也。故天子考德，则天下之治乱，可坐庙堂②之上而知之。夫德盛则法修，德不盛则饬法，与政咸德而不衰③。故曰：王者又以孟春论吏之德及功能④，能德法者为有德，能行德法者为有行，能成德法者为有功，能治德法者为有智。故天子论吏而德法行，事治而功成。夫季冬正法，孟春论吏，治国之要。”

注释

①季冬：冬季的最后一个月。②庙堂：指朝廷。

③与政咸德而不衰：使它与政教都合于德行而不衰败。

④王者又以孟春论吏之德及功能：天子又在春季的第一个月考论官吏的德行及功劳、能力。

孟春，春季的第一个月，即农历正月。

译文

“古代的时候，天子常常在冬季的最后一个月考察德行，端正法度，以此来观察社会的治乱兴衰：德行充盈，那么天下安平；德行鄙陋，那么天下混乱。因此天下的治乱兴衰，在朝廷之上就可以了解的。德行充盈，那么法度就得到了修饬，德行不兴就要整饬法度，使其与政事都依德而行而不衰败。所以说：王者在春季的第一个月考论官吏的德行与功劳，能够重视德法的人就认为其有德，能够施行德法的人就认为其有品行，能够成就德法的人就认为他有功劳，能够研习德法的人就认为他有智慧。因此天子考论官吏而德法也得到了施行，政事得到了治理而成就了功德。在冬季的最后一个月整顿礼法，在春季的第一个月考论官吏，这就是治理国家的关键。”

七

子夏[①]问于孔子曰：“商闻易[②]之生人及万物、鸟兽、昆虫，各有奇耦，气分不同[③]。而凡人莫知其情，唯达德者能原其本焉[④]。天一、地二、人三，三三如九[⑤]。九九八十一，一主日，日数十，故人十月而生[⑥]；八九七十二，偶以从奇，奇主辰，辰为月，月主马，故马十二月而生[⑦]；七九六十三，三主斗[⑧]，斗主狗，故狗三月而生；六九五十四，四主时，时主豕，故豕四月而生；五九四十五，五为音，音主猿，故猿五月而生；四九三十六，六为律[⑨]，律主鹿，故鹿六月而生；三九二十七，七主星[⑩]，星主虎，故虎七月而生；二九一十八，八主风，风为虫，故虫八月而生[⑪]。其余各从其类矣。鸟、鱼生阴而属于阳，故皆卵生。鱼游于水，鸟游于云，故立冬则燕雀入海化为蛤[⑫]。蚕食而不饮，蝉饮而不食，蜉蝣[⑬]不饮不食，万物之所以不同。介鳞夏食而冬蛰[⑭]，龁吞者八窍而卵生[⑮]，龃嚼者九窍而胎生[⑯]，四足者无羽翼，戴角者无上齿，无角无前齿者膏，无角无后齿者脂⑰。昼生者类父，夜生者似母，是以至阴主牝⑱，至阳主牡⑲。敢问其然乎？”

孔子曰：“然，吾昔闻老聃亦如汝之言。”

注释

①子夏：孔子弟子。姓卜，名商，字子夏，以文学见长，曾于西河设帐教学，对儒家经学的传播有很重要的贡献，为魏文侯师。

②易：《周易》。

③各有奇耦 jīoǔ，气分 fèn 不同：奇耦，单数和双数。气分，指人或物所秉受元气的分限。分，分际，合适的界限。

④达德者能原其本焉：只有通于德行的人才能推原它的根本。原，动词，推原，推究。

⑤三三如九：九，阳数之极。下文中其余的数字都与九相乘。

⑥一主日，日数十，故人十月而生：一主象天干，天干数是十，所以人怀胎十个月后出生。

⑦偶以从奇，奇主辰，辰为月，月主马，故马十二月而生：双数承接奇数，奇数主象地支，地支主象月份，月份主象马，所以马怀胎十二个月后出生。

⑧三主斗：三主象北斗。

⑨律：古代乐律有阳律、阴律各六，阳律曰律，包括黄钟、太蔟、姑洗、蕤宾、夷则、无射。

⑩七主星：七主象星宿。

⑪“八主风”句：八主象八风，八风主象虫，所以虫经过八个月衍化而成。风，八风，东方曰明庶风，东南曰清明风，南方曰景风，西南曰凉风，西方曰阊阖风，西北曰不周风，北方曰广莫风，东北曰融风。风动虫生，故虫八日而化。

⑫立冬则燕雀入海化为蛤 gé：立冬时燕雀飞到海中，化而为蚌蛤。蛤，一种有介壳的软件动物，有各种类别，产于江河湖海中。古人认为它们是由燕雀转化而成。

⑬蜉蝣 fúyóu：虫名，有数种。幼虫生活在水中，成虫体细狭，长数分，有四翅，后翅短，腹部末端有长尾须两条。生存期最短的昆虫，短者几小时，长者六七天。

⑭介鳞夏食而冬蛰 zhé：长有鳞甲的动物夏进食而冬蛰伏。介鳞，甲虫与鳞虫，指龟鳖和龙之类。

蛰，蛰伏，动物冬眠潜于土中或洞中不食不动的状态。

⑮龁 hé 吞者八窍而卵生：不用咀嚼而吞食的动物长有八个器官而卵生。龁吞，不用咀嚼而吞食。

窍，指耳目口鼻等器官的窍孔。

⑯龃嚼者九窍而胎生：嚼碎食物的动物长有九个器官而胎生。

⑰"无角无前齿者膏"句：没有角而且前齿不发达的动物长得肥，没有角并且后齿不发达的动物身上多油脂。

膏、脂，指油脂，凝结者为脂，呈液态者为膏。

⑱牝 pìn：指禽兽的雌性，与牡相对。⑲牡：指禽兽的雄性。

译文

子夏问孔子说："我听说《易》理能够产生人类以及万物、鸟兽、昆虫；他们各有单数与双数，这是因为他们所禀受的元气不同。但是普通的人不能够了解这其中的玄机，只有通于德性的人可以推究这其中的本原。天为一，地为二、人为三，三三为九。九九八十一，一主于太阳，太阳的数是十，因此人都要十月怀胎才能出生；八九七十二，偶数跟随者奇数，奇数主于星辰，星辰为月亮，月亮主于马，因此马要怀胎十二个月才能出生；七九六十三，三主于北斗，北斗主于狗，因此狗要怀胎三个月才能出生；六九五十四，四主于四时，四时主于猪，因此猪要怀胎四个月才能出生；五九四十五，五主于五音，五音主于猿，因此猿要怀胎五个月才能出生；四九三十六，六主于六律，六律主于鹿，因此鹿要怀胎六个月才能出生；三九二十七，七主于星宿，星宿主于虎，因此虎要怀胎七个月才能出生；二九一十八，八主于风，风主于虫，因此虫要经过八个月才能生成。其他的物种都是各自根据自己的种类而生成的。鸟、鱼生在阴处，但是却生活在阳处，因此都是卵生动物。鱼是游在水里的，鸟是飞翔在天上的，因此到了冬天的时候鸟雀就会进入海中化为蛤。蚕只吃东西但是不喝水，蝉只喝水却不吃东西，蜉蝣不吃也不喝，这就是万物之所以不同的根本之所在。长有鳞甲的动物夏天进食而冬天蛰伏，不用咀嚼而吞食的动物长有八个器官而卵生，嚼碎食物的动物长有九个器官而胎生，四只脚的动物没有翅膀，长角的动物没有上牙齿，没有角而且前齿不发达的动物长得肥，没有角并且后齿不发达的动物身上多油脂。白天出生的动物像父亲，晚上出生的像母亲，因此极阴的地方主于牝，极阳的地方主于牡。老师您说是这个道理吗？”

孔子说：“是的，我从前听老聃说过跟你说的一样的话。”

八

子夏曰：“商闻《山书》[①]曰：‘地东西为纬，南北为经；山为积德，川为积刑；高者为生，下者为死；丘陵为牡，溪谷为牝；蚌蛤龟珠，与日月而盛虚[②]。’是故坚土之人刚，弱土之人柔，墟土[③]之人大，沙土之人细[④]，息土[⑤]之人美，耗土[⑥]之人丑。食水者善游而耐寒，食土者无心而不息[⑦]，食木者多力而不治[⑧]，食草者善走而愚，食桑者有绪而蛾[9]，食肉者勇毅而捍[10]，食气者神明而寿[11]，食谷者智惠而巧，不食者不死而神。故曰：羽虫[12]三百有六十，而凤为之长；毛虫三百有六十，而麟为之长；甲虫三百有六十，而龟为之长；鳞虫三百有六十，而龙为之长；倮[13]虫三百有六十，而人为之长。此乾坤之美也，殊形异类之数[14]。王者动必以道动，静必以道静，必顺理以奉天地之性，而不害其所主，谓之仁圣焉。”

子夏言终而出，子贡进曰：“商之论也何如？”

孔子曰：“汝谓何也？”对曰：“微[15]则微矣，然则非治世之待[16]也。”孔子曰：“然，各其所能。”

注释

①《山书》：当是古代的一种讲述山川地理之书，已经散失。

②盛虚：盈虚，充满或空虚。③墟土：丘陵之地。

④细：矮小，瘦小。⑤息土：肥沃的土地。⑥耗土：疏薄之地。

⑦食土者无心而不息：以泥土为食的动物没有心脏也不需呼吸。食土者，以泥土为食的动物，指蚯蚓之类。

心，心脏。不息，不需呼吸。

⑧食木者多力而不治：吃草木的动物力气大且不易制服。

治，驯服，制服。

⑨食桑者有绪而蛾：以桑叶为食的动物能够吐丝并能变成飞蛾。食桑者，以桑叶为食的动物，指桑蚕之类。

绪，丝，这里指能吐丝。

⑩捍：通“悍”。勇猛，强悍。

⑪食气者神明而寿：食用元气的动物神明而且长寿。

⑫羽虫：长羽翼的虫。⑬倮 luǒ：通“裸”。赤身。

⑭数：天数，命数。⑮微：精微，微妙。⑯待：依靠。

译文

子夏说："我听说《山书》上说：'大地的东西方向称作纬，南北方向称作经；山是积累德行的，川是积累刑罚的；在高位者象征着生，在下位者象征着死，丘陵代表着牡，溪谷代表着牝；蚌蛤龟珠随着时间的变化而改变着自己的盈虚。'因此生长在坚硬土地上的人刚强，生活在松软土地上的人软弱，生活在丘陵的人身材高大，生活在沙土上的人身材纤细，生活在肥沃土地上的人模样俊俏，生活在贫瘠土地上的人相貌丑陋。以水为食的动物擅长游泳又耐得住寒冷，以泥土为食的动物没有心脏也不用呼吸，以树木为食的动物力气很大而且难以驯服，以草为食的动物善于奔跑但是却很愚笨，以桑为食的动物能够吐丝而且会变成飞蛾，吃肉的动物勇猛而强悍，以气为食的动物通于神明而且长寿，以五谷为食的动物有智慧而且非常灵巧，不吃东西的动物不会死去而且通于神灵。因此说：'长有羽翼的动物有三百六十种，而以凤凰为首；长有毛皮的动物有三百六十种，而以麒麟为首；长有甲壳的动物有三百六十种，而以龟为首；长有鳞片的动物有三百六十种，而以龙为首；没有羽毛鳞甲的动物有三百六十种，而以人为首。'这就是天地之大美之所在，也是物种形状种类不同的天数之所在。王者的一举一动都要符合道义的要求，安静的时候也要顺从天理，这就不妨害他们所主象的事物，这样就可以叫做仁圣了。"

子夏说完之后走了出来，子贡上前向孔子说道："子夏所说的言论怎么样啊？"孔子说："你以为怎么样呢？"

回答说："精微倒是很精微了，但是不是治理国家的依靠。"

孔子说："对啊，但是这也是各自发挥自己的才能啊。"

本命解

题解

本篇记载了孔子与鲁哀公的一次谈话，涉及了孔子对“命”与“性”的看法，因此以“本命”为篇名。

“本”为“推本，推原，探究”之意。

子贡说：“夫子之言性与天道，不可得而闻。”但是在本篇中，孔子却大谈“性”“命”，那么子贡所言“不可得而闻”当然不是说孔子不讲性与天道，而是若子贡之辈对孔子所讲的性与天道的问题难以理解的意思。

本篇对“性”“命”问题的阐述细致入微，对于我们理解孔子的这一思想是大有裨益的。

一

鲁哀公问于孔子曰：“人之命与性何谓也？”

孔子对曰：“分于道[①]，谓之命；形于一[②]，谓之性；化于阴阳，象形而发[③]，谓之生；化穷数尽，谓之死。故命者，性之始也；死者，生之终也。有始，则必有终矣。人始生而有不具者五焉：目无见，不能食，不能行，不能言，不能化。及生三月而微煦[④]，然后有见；八月生齿，然后能食；三年腮合[⑤]，然后能言；十有六而精通，然后能化。阴穷反阳，故阴以阳变；阳穷反阴，故阳以阴化。是以男子八月生齿，八岁而龀[⑥]；女子七月生齿，七岁而龀，十有四而化。一阳一阴，奇偶相配，然后道合化成。性命之端，形[⑦]于此也。”

注释

①分于道：从天道中分化而来的。

②形于一：生来就形成具有的，称作性。形，形成。一，最初，开始。

③化于阴阳，象形而发：变化于阴阳，根据各自的形体而产生。象形，依据，模仿形体。发，产生，发生。

④眴：指眼睛可以转动。

⑤腮合：腮颊长合完好。

⑥龀 chèn：指换牙，乳牙脱落。男八月生齿，八岁而龀；女七月生齿，七岁而龀。

⑦形：成，形成。

译文

鲁哀公问孔子说：“人的命与性指什么呢？”

孔子回答说：“从天道中分化而来的 ，就称作命；生来就形成具备的，则叫做性；变化于阴阳，根据各自的形体而产生的，叫做生；变化与天数穷尽了，叫做死。所以命是性的开始；死是生命的终结。有开始就必然会有终结。人刚出生的时候有五个方面还没有具备：眼睛看不见，不能吃东西，不能行走，不能说话，不能生育。出生之后三个月，眼睛就微微睁开，然后才能看见东西；出生之后八个月才开始生出牙齿，然后才能吃东西；出生三年，腮颊才长合完好，然后才能说话；十六岁精气畅通，然后才能生育。阴到了尽头就会转变为阳，因此阴依靠阳才能变化；阳到了尽头就会转变为阴，因此阳依靠阴才能变化。因此男子出生后八月长出牙齿，八岁开始换新牙；女子出生后七月长出牙齿，七岁开始换新牙，十四岁可以生育。一阴一阳，奇偶相配，然后天地之道相合才能化生万物。性与命的开始，是在这里形成的。”

二

公曰：“男子十六精通，女子十四而化，是则可以生民矣。而礼，男子三十而有室①，女子二十而有夫也，岂不晚哉？”孔子曰：“夫礼言其极，不是过也②。男子二十而冠③，有为人父之端；女子十五许嫁，有适人④之道。于此而往，则自婚矣⑤。群生闭藏乎阴⑥，而为化育之始。故圣人因时以合偶男女⑦，穷天数也极。霜降而妇功成，嫁娶者行焉⑧；冰泮而农桑起，婚礼而杀于此⑨。男子者，任⑩天道而长⑪万物者也。知可为，知不可为；知可言，知不可言；知可行，知不可行者。是故审其伦⑫而明其别，谓之知，所以效⑬匹夫之听⑭也。女子者，顺男子之教而长其理者也。是故无专制之义，而有三从之道⑮：幼从父兄，既嫁从夫，夫死从子。言无再醮⑯之端，教令不出于闺门，事在供酒食而已。无阃外之非仪也⑰，不越境而奔丧。事无擅为，行无独成⑱，参知⑲而后动，可验而后言，昼不游庭，夜行以火⑳，所以效匹妇之德也。”

注释

①室：家室，妻子。

②“夫礼言其极”句：把礼仪说到极点，也不会超过这些。“不是过”即“不过是”。

③冠：施行冠礼。古代男子20岁举行冠礼，表示已经成人。

④适人：嫁人。⑤“于此而往”句：指16岁之后，就可以自主地决定结婚年龄了。

⑥群生闭藏乎阴：指物种在冬天潜藏起来。
闭藏，潜藏，眠藏。阴，冬天。

⑦因时以合偶男女：根据时节让男女成婚。
因，依据，根据。时，时节，时令。

⑧霜降而妇功成，嫁娶者行焉：等到霜降的时候妇人的工作结束了，需要嫁娶的人就可以行动了。霜降，农历二十四节气之一，在阳历十月二十三日或二十四日。妇功，即女红，中国古代社会妇女所做的家务及纺织等事情。成，完成。

⑨“冰泮 pàn 而农桑起”句：冰雪消融之后农事将要开始，而婚娶的事情从此就减少了。泮，消融。农桑，农桑之事，代指农事。起，开始。杀，减少，降低。

⑩任：担任。⑪长：动词，使成长，长养。⑫伦：类，类别。

⑬效：显示。⑭听：指品德。

⑮三从之道：指下文的“幼从父兄，既嫁从夫，夫死从子”。

⑯再醮 jiào：再嫁。醮，指妇女出嫁。

⑰无阃 kǔn 外之非仪也：在闺门之外举止没有不符合礼仪之处。阃，原意指门坎，此处指妇女的居室。非仪，违犯礼仪。

⑱行无独成：出行不独自一个人。⑲参知：参悟理解。

⑳夜行以火：夜间行路要以火照明。

译文

哀公说：“男子到了十六岁的时候精气畅通，女子到了十四岁的时候可以生育，这样就可以生养后代了。而据礼来说，男子到十三岁就应该有自己的家和妻子，但是女子要到二十岁才有自己的丈夫，这不是晚了吗？”孔子说：“将礼仪说到极点，也不过就是这些。男子二十岁举行冠礼，这是为人父的开始；女子到了十五岁就可以允许出嫁，在这之后就可以嫁人为妻了。在这个年龄之后，男女都可以自主地选择结婚的年龄。许多物种在冬天都隐藏起来，而这正是孕育新生的开始。所以圣人根据时令使男女成婚，以穷尽天数的极限。到了霜降节气的时候妇女们的工作都已经结束了，需要嫁娶的人也就可以行动了；到了冰雪消融的时候，农事就要开始了，而婚娶之事从此之后就开始减少了。男子是要担当天道而长养万物的。知道什么该做，什么不该做；知道什么该说，什么不该说；知道什么可以行得通，什么行不通。因此观察事物的种类就会明白事物之间的分别，这就是智慧，这才能显现出男子的德行。女子应该顺从女子的教化而增益其中的道理，因此女子没有专断的道理，而有三从的准则：年幼的时候应该听从于父兄，嫁人之后就应该听从于丈夫，丈夫死后就要听从于儿子。这就是说妇女没有再嫁的道理，教令不应当出于闺门之外，其所做之事就在于供奉酒食。在闺门之外一举一动都应没有违犯礼仪的地方，不能越过国境去奔丧。做事不擅自做主，外出行走不独自一人，事情得到了验证之后才能行动，言辞得到验证之后才能说出，白天不能游于庭院，夜间走路也要以灯火照明，这些都是为了显示妇女的德行。”

三

孔子遂言曰：“女有五不取[①]：逆家子者[②]，乱家子者[③]，世有刑人子者[④]，有恶疾子者[⑤]，丧父长子者[⑥]。妇有七出三不去[⑦]。七出者：不顺父母出者，无子者，淫僻者，嫉妒者，恶疾者，多口舌者，窃盗者。三不去者：谓有所取无所归[⑧]，与共更[⑨]三年之丧，先贫贱后富贵。凡此，圣人所以顺男女之际，重婚姻之始也。”

注释

①取：同“娶”。

②逆家子者：家有逆德之人的女子。

③乱家子者：家中有淫乱之人的女子。

④世有刑人子者：祖上有受过刑罚的女子。

⑤有恶疾子者：患有恶疾的女子。

⑥丧父长子者：父亲去世而自己又是长女的女子。

⑦妇有七出三不去：妇人有七种情况应该休掉，三种情况不能抛弃。出，休妻。去，抛弃，遗弃。

⑧有所取无所归：有人娶而无娘家可归。

归，指出嫁女儿返回娘家。

⑨更：经历，经过。

译文

孔子于是就说：“有五种女子不能娶：家有逆德之人的女子，家中有淫乱之人的女子，祖上有受过刑罚的人，患有恶疾的女子，父亲去世而自己又是长女的女子。有七种妇女应该休掉，三种妇女不应该抛弃。七种应该休掉的妇女是指：不顺从父母的，没有儿子的，淫乱奸邪的，嫉妒心强的，患有恶疾的，多口舌者。以及盗窃者。三种不能抛弃的妇女是指：有人娶而无娘家可归者，一同经历过三年之丧者，丈夫原先贫困而后来富贵者。所有这些，都是圣人用来和顺男女之间的关系，以重视婚姻为出发点而制定的。”

四

孔子曰："礼之所以象[1]五行也，其义[2]四时也。故丧礼有举焉，有恩有义，有节有权[3]。其恩厚者其服重，故为父母斩衰三年，以恩制者也[4]。门内之治恩掩义，门外之治义掩恩[5]。资于事父以事君而敬同[6]。尊尊贵贵，义之大也。故为君亦服衰三年[7]，以义制者也。三日而食，三月而沐，期而练，毁不灭性，不以死伤生[8]；丧不过三年，齐衰不补，坟墓不修[9]；除服[10]之日鼓素琴，示民有终也。凡此以节制者也。资于事父以事母而爱同。天无二日，国无二君，家无二尊，以一治之。故父在为母齐衰期者[11]，见[12]无二尊也。百官备，百物具，不言而事行者，扶而起[13]；言而后事行者，杖而起[14]；身自执事行者，面垢而已[15]。此以权制者也。亲始死，三日不怠，三月不懈，期悲号[16]，三年忧，哀之杀也[17]。圣人因杀以制节也。"

注释

①象：效法，象征。

②义：意义，内涵。

③"丧礼有举焉"句：指举行丧礼的时候，有根据恩情制定的礼仪，也有根据道义制定的礼仪，既有礼制的节度，也要有权变的通达。

有，语助词。节，节度，制约。权，全变，通变。

④其恩厚者其服重，故为父母斩衰 cuī 三年，以恩制者也：对于恩情厚的人丧服也要厚，因此要为父母服丧三年，这是通过恩情决定的。斩衰，是丧礼五服中最重的一种丧服，

用粗麻布做成，左右和下边不缝边，服期三年。衰，通“缞”。

⑤“门内之治恩掩义”句：在家庭之内恩情大于道义，在家庭之外道义大于恩情。

门内，在家庭之内。掩，掩盖。门外，在家庭之外。

⑥资于事父以事君而敬同：依照侍奉父亲的原则来侍奉国君，那么敬爱之心应该是相同的。

资，按照，依照，借助。事，侍奉。敬，恭敬，敬爱。

⑦为君亦服衰三年：为君主居丧也和为父亲服丧一样，应当服斩缞三年。

⑧“三日而食，三月而沐，期jī而练”句：父母去世三天后孝子可以吃饭，三个月后可以沐浴，一周年后举行练祭，心情哀痛过度但不要毁灭心性，不能因为死去的人而伤害活着的人。沐，沐浴。期，周年，一年。

练，古时父母死后十一个月在家庙里举行的祭祀（其时可以穿着熟绢制的衣服）。《礼记·杂记下》：“丧之期，十一月而练。”

毁，意为居丧时悲哀过度而损害到了身体健康。

⑨齐衰不补：齐衰不缝补。齐衰，丧礼五服的一种，在斩缞之下，用粗麻布制成，因其缉边缝齐，故称“齐衰”。

⑩除服：除去，脱掉丧服，即指丧期结束。

⑪故父在为母齐衰期者：父亲在的时候就只为母亲服齐衰一年。期，一整年。

⑫见xiàn：同“现”。显示。

⑬不言而事行者，扶而起：对于那些不用说话丧事就可以照常举行的人，他们要哀痛到自己站不起来而要别人扶起来才行。不言而事行者，指服丧者本人不参与到丧事的管理与操办上。扶而起，指十分哀痛，需要别人搀扶才能起来。

⑭“言而后事行者”句：需要发话管理丧事，丧事才能举行的人，需要哀痛到自己依靠丧杖才能站起来才行。杖，动词，拄着拐杖。

⑮“身自执事行者”句：需要自己亲自料理丧事的人，只需要蓬头垢面地哭泣就可以了。

⑯期悲号：父母去世后一周年，要悲痛地哭号。号，哭号。

⑰哀之杀 shài 也：这就是悲哀的等级。杀，降杀，降低，降少。

译文

孔子说：“礼仪效法五行，其道理则仿效四时，举行丧礼的时候，有根据恩情制定的礼仪，也有根据道义制定的礼仪，既有礼节的节度，也要有权变的通达。对于恩情厚的人所服的丧服也要重，因此要为父母服最重的斩缞三年，这就是根据恩情制定的。在家庭之内恩情大于道义，在家庭之外道义大于恩情。依照侍奉父亲的原则来侍奉国君，那么敬爱之心应该是相同的。尊重位尊者，尊贵高贵者，这就是道义最为重要的原则。因此也要为国君服斩缞三年，这就是根据道义来制定的。父母去世三天后孝子可以吃饭，三个月后可以沐浴，一周年后举行练祭，心情哀痛过度但不要毁灭心性，不能因为死去的人而伤害活着的人。服丧的期限不应当超过三年，在这期间，齐缞不缝补，坟墓也不修葺。除去丧服的那天要弹奏素琴，以让民众知道凡事皆有终了，这就是礼制的节度。依照侍奉父亲的礼节来侍奉母亲，那么敬爱也是相同的。天上不应该有两个太阳，国家不应该有两个君主，家族不应该有两个尊者，必须要统一于一人。因此父亲在的时候只能为母亲服齐缞一年，以此来显示家庭没有两个尊者。料理丧事的人员齐备，举行丧事的物品齐全，对于那些不用说话丧事就可以照常举行的人，他们要哀痛到自己站不起来而要别人扶起来才行；需要发话管理丧事，丧事才能举行的人，需要哀痛到自己依靠丧杖才能站起来才行；需要自己亲自料理丧事的人，只需要蓬头垢面地哭泣就可以了，这就是要以权变通达行事。父母刚刚去世的三天之内，不能有丝毫倦怠；三月之内，也不能有所懈怠；周年的时候还要悲痛哭号；三年丧期结束之后，心里要怀着忧伤，这就是哀情的等级变化。圣人就是根据哀情的等级来制定礼仪以为节度的。”

五刑解

题解

本篇是孔子与其弟子冉有谈论“五刑”的记载，故以“五刑”为篇名。

孔子虽然没有放弃使用刑罚作为治理百姓的手段，但是坚持刑罚绝对不是主要的，而是处于次要的辅助地位。“礼乐不兴则刑罚不中”，因此不能单纯地以刑罚治民，而是首先要以礼乐教民，以德为本。

世人常以“刑不上大夫，礼不下庶人”来批评孔子轻视百姓，本篇记述了孔子对这一问题的看法。孔子认为之所以如此，是因为“所谓礼不下庶人者，以庶人遽其事而不能充礼，故不责之以备礼也”，可以看到孔子并没有贱视百姓的意思。这对于我们正确理解孔子的思想是很有帮助的，“以民为本”是孔子一贯的思想。

一

冉有[①]问于孔子曰：“古者三皇五帝[②]不用五刑[③]，信[④]乎？”孔子曰：“圣人之设防，贵其不犯也；制五刑而不用，所以为至治也。”

注释

①冉有：姓冉，名求，也称冉求，字子有，孔子高徒。

②三皇五帝：我国上古时期的帝王。五帝在三皇之后。具体所指说法很多。三皇是指伏羲氏，燧人氏，神农氏；五帝指黄帝、颛顼、帝喾、唐尧、虞舜。

③五刑：我国古代五种主要刑罚，各个朝代都有所不同。早期五刑：墨，在犯人的额头上刺字后，染上黑色；劓，割掉犯人的鼻子；剕，又称刖，斩去犯人的足部；宫，男子割去生殖器，女子幽闭；大辟，死刑。见于《尚书·吕刑》。而《周礼·秋官·司刑》的记载略有差别，指墨、劓、宫、刖、杀。

④信：真的，真实的。

译文

冉有问孔子说："古代的时候，三皇五帝不用五刑就能治理好百姓，这是真的吗？"孔子说："圣人设定礼法以防范百姓，所看重的是百姓不去触犯；制定了五刑却置而不用，这才是治理国家的最高境界。"

二

"凡夫之为奸邪、窃盗、靡法[①]、妄行[②]者，生于不足[③]，不足生于无度[④]。无度则小者偷盗，大者侈靡，各不知节[⑤]。是以上有制度，则民知所止，民知所止则不犯。故虽有奸邪、贼盗、靡法、妄行之狱[⑥]，而无陷刑之民[⑦]。"

注释

①靡法：无法，非法。靡，无，没有。②妄行：胡作非为。

③不足：不满足，不知足，贪心。

④度：节度，限度。

⑤节：节度，节制，节约。

⑥狱：刑罚，罪名。

⑦而无陷刑之民：却不会使百姓陷于刑罚之中。

译文

“凡是那些奸邪、盗窃、无视法度胡作非为的人，他们都是因为贪欲得不到满足才那样做的，而不满足是由于自己没有节度而引起的。没有节度的话，轻者就会偷盗，重者就会奢侈糜烂，都不知道有所节度。因此说君上制定了制度，那么百姓就会知道什么不该做，百姓知道什么不该做就不会去触犯法度。因此即使有奸邪、盗窃、无视法度、胡作非为的罪名，也不会有百姓陷于刑罚之中。”

三

“不孝者生于不仁，不仁者生于丧祭之无礼，明丧祭之礼所以教仁爱也。能教仁爱，则丧思慕[1]祭祀，不解人子馈养之道[2]。丧祭之礼明，则民孝矣。故虽有不孝之狱，而无陷刑之民。”

注释

①慕：向往，思慕。

②“不解 xiè”句：如同双亲在世时一样，毫不懈怠地奉行为人子孝顺父母的赡养之道。解，通“懈”。懈怠，松弛。

译文

“不孝顺父母是由于缺少仁爱造成的，缺少仁爱是由于丧礼和祭祀时没有礼仪才造成的。让百姓学习祭祀时的礼仪以此来教育他们懂得仁爱。能够教给百姓懂得仁爱，那么丧葬的时候就会渴望祭祀父母，就如同双亲还在世一样，毫不懈怠地奉行为人子孝顺父母的赡养之道。百姓懂得了丧葬和祭祀时的礼仪，那么百姓就会孝顺了。因此即使有不孝的罪名，也不会有百姓陷于刑罚之中。”

四

“杀[①]上者生于不义义，所以别贵贱明尊卑也。贵贱有别、尊卑有序，则民莫不尊上而敬长。朝聘之礼[②]者，所以明义也，义必明则民不犯。故虽有杀上之狱，而无陷刑之民。”

注释

①杀 shài：贬抑，减损，不尊重，侮慢。

②朝聘之礼：古代诸侯定期朝见天子的礼仪。春秋时诸侯自相朝见也叫朝聘。聘，问。

译文

“侮慢在上位者的都是由于没有仁义造成的。仁义就是用来区分贵贱彰显尊卑的。贵贱得到了区分，尊卑秩序井然，那么百姓就都会尊敬在上位者和长者。朝聘的礼仪，也是用来彰明道义的，道义只有得到了彰明，百姓才不会侵犯长上。因此就是有侮慢长上的罪名，也不会有百姓陷于刑罚之中。”

五

“斗变者生于相陵[1]，相陵者生于长幼无序而遗[2]敬让。乡饮酒之礼[3]者，所以明长幼之序，而崇敬让也。长幼必序，民怀敬让，故虽有斗变之狱，而无陷刑之民。”

注释

①斗变者生于相陵：发生争斗是由于相互欺凌而引起的。斗变，争斗，私斗。陵，欺侮，欺凌。②遗：遗忘。

③乡饮酒之礼：古代嘉礼的一种，一般于正月吉日举行。乡人以时聚会宴饮的礼仪，其意义在于序长幼，别贵贱，以敦养风俗，达到德治教化的目的。此种礼仪可以分为四类：第一，三年大比，诸侯之乡大夫向其君举荐贤能之士，在乡学中与之宴饮，待以宾礼；第二，乡大夫以宾礼宴饮国中贤者；第三，州长于春秋会民习射，射前饮酒；第四，党正于季冬蜡祭饮酒。

译文

“发生争斗是由于相互欺凌而引起的，相互欺凌是因为长幼无序而彼此遗忘了尊敬谦让。乡饮酒之礼就是为了彰明长幼之间的秩序，以崇尚尊敬谦让。长幼之间必须遵守一定的秩序，百姓也要心怀尊敬谦让，因此即使有争斗的罪名，也不会使百姓陷入刑罚之中。”

六

“淫乱者生于男女无别，男女无别，则夫妇失义。礼聘享[1]者，所以别男女，明夫妇之义也。男女既别，夫妇既明，故虽有淫乱之狱，而无陷刑之民。”

注释

①礼聘享：婚聘宴享的礼仪。

译文

“淫乱者是由于男女之间没有区别造成的，男女之间没有区别，那么夫妇之间就失去了道义。婚聘宴享的礼仪，就是为了彰明男女之间的区别和夫妇之间的道义。男女之间区别开了，夫妇之间的关系得到了彰显，因此即使有淫乱的罪名，也不会有百姓陷于刑罚之中。”

七

“此五者，刑罚之所以生，各有源焉。不豫[①]塞[②]其源，而辄绳之以刑[③]，是谓为民设阱而陷之[④]。刑罚之源，生于嗜欲不节。夫礼度者，所以御[⑤]民之嗜欲，而明好恶，顺天之道。礼度既陈，五教毕修，而民犹或未化，尚必明其法典，以申固之[⑥]。其犯奸邪、靡法、妄行之狱者，则饬[⑦]制量之度[⑧]；有犯不孝之狱者，则饬丧祭之礼；有犯杀上之狱者，则饬朝觐之礼；有犯斗变之狱者，则饬乡饮酒之礼；有犯淫乱之狱者，则饬婚聘之礼。三皇五帝之所化民者如此，虽有五刑之用，不亦可乎？”

注释

①豫：预先，事先。②塞：堵塞。

③绳之以刑：用刑罚来制裁。绳，治理，约束，制裁。

④设阱而陷之：挖设陷阱使民入其中。

⑤御：驾驭，治理，管理。

⑥“尚必明其法典”句：还须使百姓明白法度与典章制度，通过反复地申诫使之得到巩固。

申，申诫，训诫。固，巩固，使坚固。

⑦饬：整饬，治理。

⑧制量之度：法度方面的标准。

译文

“这五项都是刑罚产生的原因，而且各自有各自的渊源。如果不预先堵塞住事情的源头，就直接用刑罚来制裁，这就无异于挖设陷阱而让百姓向里面跳。刑罚的渊源，是由于人的嗜欲没有节制。而礼仪法度是用来管理百姓的嗜欲的，以此来彰明好恶的区别，来顺应天之道。礼仪法度已经展现到了百姓的面前，五教也得到了修饬，但是百姓还是不能得到教化的，那么就还要明确法度和典章制度，通过反复地申诫使之得到巩固。如果有犯奸邪，无视法度，胡作非为的罪行的，就需要整饬法度方面的标准；如果有犯不孝的罪行的，就需要整饬丧葬祭祀方面的礼仪；如果有犯侮慢长上的罪行的，就需要整饬朝觐方面的礼仪；如果有犯私斗的罪行的，就需要整饬乡饮酒方面的礼仪；如果有犯淫乱罪行的，就需要整饬婚聘宴享方面的礼仪。三皇五帝教化百姓的方法就是这样，即使有五刑也置而不用，这不也是可以的吗？”

八

孔子曰：“大罪有五，而杀人为下。逆[①]天地者罪及[②]五世，诬文武者罪及四世，逆人伦者罪及三世，谋鬼神者罪及二世，手杀人者罪及其身。故曰大罪有五，而杀人为下矣。”

注释

①逆：违反，违背。②及：牵连，牵涉。

译文

孔子说："最为重大的罪行有五种，其中杀人罪是最轻的。违背天道的人的罪行要牵连五代亲属，污蔑周文王周武王的人的罪行要牵连四代亲属，违背人伦之道的人的罪行要牵连三代亲属，不敬鬼神的人的罪行要牵连两代亲属，亲手杀人的人的罪行只需自身伏罪。因此说，最为重大的罪行有五种，但是杀人罪是最轻的。"

九

冉有问于孔子曰："先王制法，使刑不上于大夫，礼不下于庶人。然则大夫犯罪，不可以加刑；庶人之行事，不可以治于礼乎？"孔子曰："不然。凡治君子，以礼御其心，所以属[1]之以廉耻之节也。故古之大夫，其有坐[2]不廉污秽[3]而退放[4]之者，不谓之不廉污秽而退放，则曰'簠簋不饬'[5]；有坐淫乱男女无别者，不谓之淫乱男女无别，则曰'帷幕不修'[6]也；有坐罔上[7]不忠者，不谓之罔上不忠，则曰'臣节未著'；有坐罢软[8]不胜任者，不谓之罢软不胜任，则曰'下官不职'[9]；有坐干[10]国之纪者，不谓之干国之纪，则曰'行事不请'[11]。此五者，大夫既自定有罪名矣，而犹不忍斥然[12]正以呼之也，既而为之讳，所以愧耻之。是故大夫之罪，其在五刑之域[13]者，闻而谴发[14]，则白冠厘缨[15]，盘水加剑[16]，造[17]乎阙而自请罪，君不使有司执缚牵掣而加之[18]也；其有大罪者，闻命则北面再拜，跪而自裁，君不使人捽引[19]而刑杀，曰：'子大夫自取之耳，吾遇[20]子有礼矣。'以刑不上大夫，而大夫亦不失其罪者，教使然也。所谓礼不下庶人者，以庶人遽其事而不能充礼[21]，故不责之以备礼也。"冉有跪然免席[22]，曰："言则美矣！求未之闻。"退而记之。

注释

①属 zhǔ：通"嘱"。叮嘱，告诫。

②坐：犯罪，犯法。

③污秽：指贪污受贿。

④退放：斥退，放逐。

⑤簠簋 fǔguǐ 不饬：簠和簋不整齐。这里是一种委婉的说法，意思是官员不够廉洁。簠、簋，古代食器，后主要用作礼器，放黍、稷、稻、粱。饬，整齐。

⑥帷幕不修：帐幕没有整理好。帷幕，帐幕，用于遮挡的大块布帛等，在旁的称"帷"，在上的称"幕"。

⑦罔上：欺骗长上。罔，蒙蔽，欺罔，欺骗。

⑧罢 pí 软：软弱无能。罢，通"疲"。

⑨职：动词，称职。

⑩干 gān：触犯，冒犯。

⑪行事不请：没有请示即擅自行事。

⑫斥然：斥责的样子。

⑬域：范围。

⑭闻而谴发：听到自己罪行暴露。
谴，罪责，罪过。发，揭露，暴露，掀开。

⑮白冠厘缨：戴着用兽毛作缨的白帽子。
白冠，丧服。厘，整理，厘定，这里是"插"的意思。

⑯盘水加剑：盘中加水，放上剑，用以自刎。

⑰造：到，去。

⑱“君不使有司执缚”句：君主不让官吏捆绑牵引而凌辱他们。牵掣，牵引，拽。加，凌驾，凌辱。

⑲捽 zuó 引：这里是“揪抓”的意思。捽，揪着头发。

⑳遇：待，对待。

㉑“以庶人遽 jù”句：因为平民百姓忙于事务而不能充分地施行礼仪。遽其事，即遽于其事，指忙于事务。遽，急迫，仓促。充礼，充分地遵行礼仪。充，充实，充分。

㉒跪然免席：跪然，崇拜。免席，离席。

译文

冉有问孔子说：“先王制定法度，使刑罚不对上加于大夫，礼不对下施行于百姓。这样的话，如果大夫犯罪了，就不可以对其加刑；百姓在伦常日用中，就不可以施行礼仪了吗？”孔子说：“不是这样的。凡是治理君子，都要用礼仪来驾驭他们的内心，就是要告诫他们要明于礼仪廉耻的节操。因此对于古代的大夫，如果犯了贪污受贿的罪行而被放逐的，不说他们是因为不够廉洁而被流放，而说是‘簠簋不够整齐’；有犯了淫乱男女无别的罪行的，不说是淫乱男女无别，而说是‘帐幕没有整理好’；有犯了欺犯长上不够忠诚的罪行的，不说他们是欺犯长上不够忠诚，而说是‘臣子的节操不够明显’；有犯了软弱无能不能胜任工作的，不说是他们软弱无能不胜任工作，而说他们是‘下属管理不称职’；有犯了违犯国家的法纪的，不说是违犯了国家的法纪，而说是‘没有请示即擅自行事’。这五件事，大夫们已经明确了这些罪名了，但是还是不忍心正面称呼这些罪名，还要为他们避讳，是因为他们感到羞愧而耻辱。因此如果大夫所犯的罪行在五刑之内的，一旦听说罪行暴露，他们就会戴着用兽毛作缨的白帽子，拖着一个盛满水的盘子，上面放上剑，亲自前往朝廷去请罪，君主也不让官吏捆绑牵引而凌辱他们；如果是犯了大罪的官员，听说君令之后，便向北方拜两拜，然后跪地自裁，君主也不会派人揪按着加以刑杀，只是说：'大夫您是自取其罪，我待你也算是有礼了。'刑罚不对上施行于大夫，但是大夫也逃脱不了罪责，这都是因为教化的缘故才这样。所说的礼仪不对下施行于平民，是由于平民忙于劳作，没有时间充分地施行礼仪，所以不能责成他们的礼仪完备。"

冉有听完这番话之后，激动地离开了坐席，恭敬地说："老师您讲得真是太好了！我还从来没有听说过。"回去之后便把孔子所说的话记录了下来。

刑　政

题解

本篇记录了孔子与其弟子仲弓的对话，主要谈论了刑法之于政治教化的关系，因此以“刑政”为篇名。

孔子主张“德主刑辅”，虽然他很重视德治，但是绝对不是排斥刑罚。孔子对刑罚狱讼之事是有着自己独到的看法的，而且每每闪耀着人本主义的光辉。如本篇所载“疑狱则泛与众共之，疑则赦之，皆以小大之比成也”，这与当代司法中的“疑罪从无”原则是不谋而合的，不得不引起我们的注意。

一

仲弓①问于孔子曰：“雍闻至刑②无所用政，至政③无所用刑。至刑无所用政，桀纣之世是也；至政无所用刑，成、康之世④是也。信乎？”孔子曰：“圣人之治，化也，必刑政相参⑤焉。太上⑥以德教民，而以礼齐之；其次以政焉导民，以刑禁之，刑不刑也⑦。化之弗变，导之弗从，伤义以败俗，于是乎用刑矣。颛五刑必即天伦⑧。行刑罚则轻无赦，刑，侀⑨也；侀，成也，壹⑩成而不可更，故君子尽心焉。”

注释

①仲弓：孔子弟子，姓冉，名雍，鲁国人，以德行著称。

②至刑：一味地施行惩罚。至，极，最。

③至政：最高境界的政治教化。

④成、康之世：周成王、周康王的时候。

⑤参：参互。

⑥太上：最高，最上或太古，上古。

⑦刑不刑也：惩罚那些不遵守法度的。

刑，动词，惩罚。不刑，无视刑罚、不遵守法度的人。

⑧颛五刑必即天伦：专用刑罚也必须符合天道。颛，通“专”。专擅，专用。五刑，古代的五种重刑。即，就，接近。

⑨侀 xing：通“型”。原指铸造器物的模型，引申为“定型”“完成”的意思。

⑩壹：一旦，一经。

译文

仲弓问孔子说：“我听说如果一味地施行刑罚就没有办法来施行政治教化，至高境界的政治是不需要刑罚的。一味施行刑罚就不能实行政治教化，桀纣的时候就是这样；至高境界的政治教化是不需要刑罚的，周成王、康王的时候就是这样的。情况确实是这样的吗？”孔子说：“圣人治理国家，用的是政治教化，必定会将刑罚与政治教化交互使用。上古的时候用德义来教化百姓，用礼来使百姓行为整齐；其次是用政治来引导百姓，而以刑罚来禁残止暴。如果施行教化不能改变百姓的行为，加以引导也不听从，损害道义而败坏风俗，于是乎就要使用刑罚。专用刑罚的话也必须遵行天道。施行刑罚的时候，即使是很轻的罪行也不能轻易赦免。刑即是侀，也就是成型的意思，刑罚一旦施行就不能更改，所以君子对此不能不尽心尽力。”

二

仲弓曰："古之听讼[①]，尤罚丽于事，不以其心[②]。可得闻乎？"孔子曰："凡听五刑之讼，必原[③]父子之情，立君臣之义，以权[④]之；意论轻重之序[⑤]，慎测浅深之量[⑥]，以别之；悉[⑦]其聪明，正其忠爱，以尽之。大司寇正刑明辟[⑧]以察狱，狱必三讯[⑨]焉。有指无简，则不听也[⑩]；附从轻，赦从重[⑪]；疑狱则泛与众共之，疑则赦之，皆以小大之比成也[⑫]。是故爵人[⑬]必于朝，与众共[⑭]之也；刑人必于市，与众弃之也。古者公家不畜[⑮]刑人，大夫弗养也，士遇之涂[⑯]，以弗与之言，屏[⑰]诸四方，唯其所之，不及与政，弗欲生之也。"

注释

①听讼：处理诉讼，审理案件。听，处理，判断。

②尤罚丽于事：特别重视自己的判刑要和事实相符，不能完全用自己的主观判断来量刑。丽，附，依附。

③原：推原，推究。④权：权衡，权量。

⑤意论轻重之序：详细论证犯罪情节的轻重。

⑥慎测浅深之量：审慎地分析犯罪动机的深浅程度。

⑦悉：动词，倾尽所有。⑧辟：罪，罪行。

⑨狱必三讯：审理案件必须实行"三讯"制度。迅，询问，征求意见。三迅，指一讯群臣，二讯群吏，三讯万民。

⑩有指无简，则不听也：对于那些有作案动机，但是却无作案事实的，就不应该判刑。

指，意，指犯罪动机。简，诚，指犯罪事实。

⑪附从轻，赦从重：施加刑罚的时候依从"从轻"的原则，

赦免时依从“从重”的原则。附，附加，施加。

⑫“疑狱则泛与众共之，疑则赦之”句：对于有疑点的案例，要广泛地与众人共同商量审理，确有疑点时，就要将嫌疑人赦免。这些都是依据以往的大小案例来制定的。比，仿效前代故事，比照已行之法。这是中国最早的“疑罪从无”的原则，对后世有很深的影响。

⑬爵人：册封，给人以封爵。⑭共：通“恭”。恭敬，尊敬。

⑮畜：蓄养，收留。⑯涂：路途，道路。

⑰屏 bǐng：拒绝，摒弃。

译文

仲弓说：“古时候审理案件，尤其注重个人的判断要和事实相符合，不能完全按照自己的主观判断。我可以听听这方面的言辞吗？”孔子说：“凡是审理需要判处在五刑范围之内的案件，都必须体谅父子之间的亲情，树立君臣之间的大义，以此来权衡量刑。详细论证犯罪情节的轻重，审慎地分析犯罪动机的深浅程度，这样来加以区别对待。穷尽自己所有的聪明才智，端正自己的仁爱之心，以期彻底查清案情。大司寇负责正定刑律明辨罪行，以此来公平审理一切案件，审理案件时必须实行‘三讯’制度。对于那些有作案动机，但是却没有作案事实的，就不应该判刑；施加刑罚的时候依从‘从轻’的原则，赦免时依从‘从重’的原则；对于有疑点的案例，要广泛地与众人共同商量审理，确有疑点时，就要将嫌疑人赦免释放。这些都是依据以往的大小案例来制定的。因此给人封爵的时候必须要在朝堂上举行，这是为了让众人都去尊敬他；给人行刑的时候一定要在市场上，这是为了让众人都去唾弃他。古代的时候，公卿之家不收留受过刑罚的人，大夫也不准收养他们，士在路上遇见他们，也不与他们说话，任何地方都不会接待他们，无论他们到了哪里，都不能参与政治，这样做的意思就是不想让他们生存下去。”

三

仲弓曰："听狱，狱之成[①]，成何官？" 孔子曰："成狱成于吏，吏以狱成告于正[②]。正既听之，乃告大司寇。听之，乃奉于王。王命三公卿士参听棘木之下[③]，然后乃以狱之成疑[④]于王。王三宥[⑤]之，以听命而制刑焉，所以重之也。"

注释

①狱之成：指案件的审理完成。②正：狱正，狱官之长。

③王命三公卿士参听棘木之下：天子命令三公卿士参与审理，协助断案。参听，参与审理，协助断案。棘木，据《周礼·朝士》说，外朝左即东边种有九棵棘树，是公卿大夫之位；右即西边种有九棵棘树，是公侯伯子男之位；南边种有三棵槐树，是三公之位。因外朝主要用棘树标位，故曰"听棘木之下"。

④疑 níng：通"凝"。汇集，聚集。

⑤三宥：三种可以从轻处理的犯罪：一是无知而犯罪，二是偶然的而不是预谋的犯罪，三是精神错乱而犯罪。

译文

仲弓说："审理案件的时候，由什么官员负责定案呢？"孔子说："案件的判决成于吏之手，吏将判决完的案件告诉给狱正。狱正审查完之后，再把结果告诉给大司寇。大司寇审查完毕，就上报于君王。君王再命令三公卿士参加审理，协助断案，最后才把案件的最后审理结果汇集到君王那里去。君王参照可以减刑的三种具体情况，给以相应的宽赦，最后根据各种审理意见才能做出最终的判决。这表现了对案件审理的慎重。”

四

仲弓曰：“其禁①何禁②？”孔子曰：“巧言破律③，遁名改作④，执左道⑤与乱政者，杀；作淫声⑥，造异服，设伎奇器，以荡⑦上心者，杀；行伪而坚⑧，言诈而辩，学非而博，顺非而泽，以惑众者，杀；假于鬼神、时日、卜筮，以疑众者，杀。此四诛者，不以听⑨。”

注释

①禁：名词，禁令，法令。②禁：动词，禁止。

③巧言破律：花言巧语曲解法律。

巧言，花言巧语。破律，指曲解法律。

④遁 xún 名改作：假借名目擅改法度。

遁名，假借名目偏私徇情。遁，通“循”。曲从，偏私。

改作，指擅改法度。作，法则，法度。

⑤左道：邪道，邪术。⑥淫声：浮靡不正派的乐曲。

⑦荡：动摇，惑乱。⑧行伪而坚：行为诡诈而又顽固坚持。

⑨不以听：无需再经过审理。听，审理。

译文

仲弓说：“法令所禁止的是什么呢？”孔子说：“花言巧语曲解法令的，假借名目擅改法令的，偏信邪道以及扰乱政令执行的，杀；创作浮靡的乐曲，制造奇装异服，设计怪异奇特的器械，以此来扰乱君心的，杀；行为虚伪而顽固，言辞诡诈而雄辩，学习歪门邪道而且知识广博，顺从胡作非为之人而广施恩泽，以此来迷惑众人的，杀；假托鬼神、时日、卜筮来使百姓疑心的，杀。犯了这四种死罪的，无需经过审理。”

五

仲弓曰：“其禁尽于此而已？”孔子曰：“此其急者，其余禁者十有四焉：命服命车[①]，不粥于市[②]；圭璋璧琮[③]，不粥于市；宗庙之器，不粥于市；兵车旍旗[④]，不粥于市；牺牲秬鬯[⑤]，不粥于市；戎器兵甲，不粥于市；用器不中度[⑥]，不粥于市；布帛精粗不中数，广狭不中量，不粥于市；奸色[⑦]乱正色，不粥于市；文锦珠玉之器，雕饰靡丽，不粥于市；衣服饮食，不粥于市；果实不时[⑧]，不粥于市；五木不中伐，不粥于市；鸟兽鱼鳖不中杀，不粥于市。凡执此禁以齐众者，不赦过也。”

注释

①命服命车：君王按照官职的等级赏赐的车马服饰。

②不粥于市：不在市场上买卖。粥，通“鬻”。卖。

③圭璋璧琮 cóng：圭、璋、璧、琮是四种尊贵的玉器名称，常用作朝聘、祭祀等的礼器。

④旍 jīng 旗：旗帜的总称。旍，通“旌”。古代旗的一种，主要用于指挥或开道，缀旄牛尾于竿头，下有五彩羽毛。

⑤牺牲秬鬯 jùchàng：祭祀用的牺牲、祭酒。秬鬯，以黑黍和香草酿造的酒，用于祭祀。

⑥用器不中zhòng度：不符合规格的日常器具。

中，符合，适合。

⑦奸色：颜色不纯正者。

⑧果实不时：果实尚未成熟。

译文

仲弓说："法令所禁止的就只是这些吗？"孔子说："这些只是急需禁止的，其他应该禁止的，尚且有十四种情况：君王根据官吏的等级所赏赐的车马服饰，不能在市场出售；圭、璋、璧、琮等贵重的礼器，不能在市场出售；宗庙中用于祭祀的礼器，不能在市场上出售；兵车战旗，不能在市场上出售；祭祀用的牺牲祭酒，不能在市场上出售；兵器铠甲，不能在市场上出售；不符合规格的日常器物，不能在市场上出售；布帛的精粗达不到标准，不能在市场上出售，长宽达不到标准，也不能出售。颜色不纯混淆正色的东西，不能在市场上出售；有纹饰的锦绣以及珠宝玉器等雕饰异常华丽的，不能在市场出售；现成的衣服与饮食不能在市场上出售；不成熟的果实，不能在市场上出售；取火用的五种树木，尚未成材就已经砍伐的，不能在市场上出售；鸟兽鱼鳖未到宰杀的时候，不能在市场上出售。凡是用这些禁令来治理民众时，是不能赦免违犯者的罪过的。"

辩乐解

题解

本篇主要记载了孔子“乐”的理论，因此以“辩乐”为篇名。

“孔子以诗、书、礼、乐、教”，乐教是孔门教学中的一个重要组成部分。“广博易良，乐教也。”音乐对于平易人的心态，启迪人的心志以及教化百姓有着不可替代的作用，因此孔子十分重视乐教，而且对音乐理论有着十分深入的研究。

一

孔子学琴于师襄子[①]。襄子曰：“吾虽以击磬为官，然能于琴[②]。今子于琴已习，可以益[③]矣。”

孔子曰：“丘未得其数[④]也。”

有间，曰：“已习其数，可以益矣。”

孔子曰：“丘未得其志[⑤]也。”

有间，曰：“已习其志，可以益矣。”

孔子曰：“丘未得其为人也[⑥]。”

有间，孔子有所谬然[⑦]思焉，有所睪然[⑧]高望而远眺，曰：“丘迨[⑨]得其为人矣。近黮[⑩]而黑，颀然[⑪]长，旷如望羊[⑫]，奄有四方[⑬]，非文王其孰能为此？”师襄子避席叶拱[⑭]而对曰：“君子圣人也，其传曰《文王操》。”

注释

①师襄子：春秋时的鲁国乐官，孔子曾向其学琴。

②能于琴：指擅长弹琴。③益：增加，指学习其他曲目。

④数：技巧，弹奏的手法。

⑤志：通过乐曲所表达出的思想感情。

⑥丘未得其为人也：指尚不知道创作这首乐曲的是什么样的人。

⑦谬 mù 然：穆然深思的样子。谬，通“穆”。

⑧睪 gāo 然：高高的样子。睪，通“皋”。

⑨迨 dài：至，及，等到。⑩黮 dǎn：黑。

⑪颀然：指身材修长的样子。

⑫旷如望羊：志向高远。旷，志存高远。望羊，远视也。

⑬奄有四方：统括四方。奄，覆盖，包。

⑭叶拱：古时的一种礼仪，即两手相合靠近胸前。

译文

孔子向师襄子学习弹琴。襄子说：“我虽然担任击磬的官职，但是也很擅长弹琴。现在你已经学会弹奏这首曲子了，可以改学其他的曲子了。”

孔子说：“我还没有熟练掌握弹奏这首曲子的技巧呢。”

过了一段时间，师襄子说：“你已经熟练了这首曲子的技巧，可以改学其他的曲子了。”

孔子说：“我还没有领悟出这首曲子所表达出的内在思想呢。”

又过了一段时间，师襄子说：“你已经领悟了这首曲子的内在思想，可以改学其他的曲子了。”

孔子说：“我还不知道创作这首曲子的人是什么样子呢。”

又过了一段时间，孔子开始穆然深思起来，脸上满是志存高远的样子，极目眺望着远方，说：“我已经知道创作这首曲子的是什么人了。他皮肤很黑，身材修长，志存高远，广有四方，除了文王谁还能作出这样的曲子呢？”

师襄子听到孔子的话之后，赶紧离开座位，双手放在胸前向孔子行礼道：“您真是圣人啊，这首曲子就是流传的《文王操》。”

三

子路鼓琴，孔子闻之，谓冉有曰：“甚矣！由之不才也。夫先王之制音也，奏中声[①]以为节[②]，流入于南，不归于北。夫南者，生育之乡[③]；北者，杀伐之域[④]。故君子之音温柔居中，以养生育之气。忧愁之感，不加于心也；暴厉之动，不在于体也。夫然者[⑤]，乃所谓治安之风[⑥]也。小人之音则不然，亢丽微末[⑦]，以象杀伐之气。中和之感，不载于心；温和之动，不存于体。夫然者，乃所以为乱之风。昔者舜弹五弦之琴，造《南风》之诗，其诗曰：‘南风之熏[⑧]兮，可以解吾民之愠兮；南风之时[⑨]兮，可以阜[⑩]吾民之财兮。’唯修此化，故其兴也勃[⑪]焉，德如泉流，至于今，王公大人述[⑫]而弗忘。殷纣好为北鄙之声[⑬]，其废也忽[⑭]焉，至于今，王公大人举以为诫。夫舜起布衣，积德含和，而终以帝。纣为天子，荒淫暴乱，而终以亡，非各所修之致乎？由，今也匹夫之徒，曾无意于先王之制，而习亡国之声，岂能保其六七尺之体哉？”

冉有以告子路，子路惧而自悔，静思不食，以至骨立[⑮]。夫子曰：“过而能改，其进矣乎。”

注释

①中声：中和之声，和谐，中和的音乐。②节：节度，节制。

③生育之乡：适合生育的地方。

④杀伐之域：充满杀伐征战的地方。⑤夫然者：这样的情况。

⑥治安之风：和平安乐的风气。

⑦亢丽微末：指声音尖细。亢，高亢激烈。⑧熏：温暖，温和。

⑨时：及时，按时，适时。⑩阜：增长，增多。

⑪勃：突然，迅速。⑫述：称述。

⑬北鄙之声：流行于商代北部边境的音乐，粗俗不雅。

⑭忽：迅速。⑮骨立：极言人的消瘦。

译文

子路弹琴，孔子听到了，对冉有说："唉，仲由真是太不成材了啊！先王创制的音乐，所奏的都是中和之音以节制人的性情，这种音乐传入南方，就没有再传回北方。南方，是适合生育的地方；北方是充斥着杀伐征战的地方。因此君子弹奏出的音乐温柔适中，这样可以调养生存繁育之气。忧愁的感情，不会在心中产生；粗暴的举动，也不会出现在身体上。这样的情况，就是所谓的和平安乐的风气。小人所弹奏的音乐就不是这样了，声音高亢尖细，象征着杀伐争斗的气息。中和的感情，不存在内心里；温和的行为，也不存在于身体上。这样的情况，就是引起动荡不安的风气。从前，舜弹奏五弦琴，创作出《南风》这样的诗歌。诗中这样说：'多么温柔和暖的南风啊，可以解除百姓胸中的怨气；多么及时的南风啊，可以增加百姓的财富。'正是由于施行了这样的教化，所以他才能兴起得如此之快，他的德行就像泉水一样涌流不息，直到现在，王公大人还在称述他的功德，丝毫没有忘记。商纣王喜欢弹奏北方边境地区的粗俗的音乐，因此他的灭亡是很迅速的，直到现在，王公大人还都要引以为诫。舜起于平民布衣，积累德行，胸怀中和之道，最终成为帝王。商纣本来为天子，但是他荒淫暴乱，最终灭亡，这难道不是由于他们各自不同的修养所导致的吗？仲由现在只是一个平民百姓，丝毫不留意于先王之制，却喜欢弹奏亡国之音，这怎么能保全他的性命呢？”

冉有把孔子说的话告诉了子路，子路很害怕而且后悔，整日静下心来思考，不吃一点东西，以至于骨瘦如柴。

孔子说：“有了过错就能及时地改正，这就是进步啊！”

三

周宾牟贾[①]侍坐于孔子。孔子与之言，及乐，曰：“夫《武》之备诫之以久[②]，何也？”对曰：“病疾[③]不得其众。”

“咏叹之[④]，淫液之[⑤]，何也？”对曰：“恐不逮事[⑥]。”

“发扬蹈厉之已蚤[⑦]，何也？”对曰：“及时事[⑧]。”

“《武》坐致右而轩左[⑨]，何也？”对曰：“非《武》坐。”

“声淫及商[⑩]，何也？”对曰：“非《武》音也。”

孔子曰：“若非《武》音，则何音也？”对曰：“有司失其传也。”

孔子曰：“唯，丘闻诸苌弘[⑪]，亦若吾子之言是也。若非有司失其传，则武王之志荒[⑫]矣。”

注释

①宾牟贾：孔子弟子，精通音乐。宾牟，姓。贾，名。

②夫《武》之备诫之以久：《武》舞开始之前长时间地击鼓儆诫。《武》，即《大舞》，周代六舞之一，模仿武王伐纣故事而作。

③疾病：担心。④咏叹之：拉长声音歌唱。

⑤淫液之：形容声音连绵不绝，拖得很长。淫，过度，过分。

⑥不逮事：不能完成任务。逮，及，达到，完成。

⑦发扬蹈厉之已蚤：乐舞一开始就猛烈地手足舞蹈。发扬蹈厉，猛烈地挥舞双手，顿脚踏地。厉，疾。蚤，通“早”。

⑧及时事：寻找时机出击迎敌。

⑨《武》坐致右而轩左：《武》舞中右膝跪地，左膝抬起。《武》坐，《武》舞跪地的姿势。致右，以右脚跪地。轩，起。

⑩声淫及商：声音的浮靡赶上了商朝的音乐。及，逮，赶上。

⑪苌弘：春秋周敬王时的大夫，擅长音乐，相传孔子曾向他学习雅乐。⑫志荒：心志迷乱。

译文

宾牟贾陪着孔子坐着。孔子和他谈话，谈到了音乐，孔子问道：“《武》舞开始的时候长时间地击鼓儆诫，这是为什么呢？”宾牟贾回答说：“这是担心不能得到士众的支持。”

孔子问：“乐舞的声音拖得很长，这是为什么呢？”

回答说：“这是武王担心自己不能完成灭商大业。”

孔子问：“乐舞在一开始就猛烈地手舞足蹈，这是为什么呢？”回答说：“这是抓住时机进行战斗的时候。”

孔子问：“《武》舞中的坐姿都是用右腿跪地而左腿却不跪地，这是为什么呢？”回答说：“这不是《武》舞的坐姿。”

孔子问：“《武》舞中音乐的浮靡赶上了商朝的音乐，这是为什么呢？”回答说：“这不是《武》的音乐。”

孔子说：“如果不是《武》的音乐，那么是什么音乐呢？”

回答说：“这是乐官传授失误的缘故。”

孔子说：“是的，以前我从周大夫苌弘那儿也听说了，他的看法跟你的看法一样。如果不是因为乐官之间的传授出现失误，那么就真是武王心志迷乱了。”

四

宾牟贾起，免席[①]而请[②]曰：“夫《武》之备诫之以久，则既闻命矣。敢问迟矣而又久立于缀[③]，何也？”

子曰：“居，吾语尔。夫乐者，象成者也[④]。总干而山立[⑤]，武王之事也。发扬蹈厉，太公[⑥]之志也。《武》乱[⑦]皆坐，周、邵[⑧]之治也。且夫《武》，始成[⑨]而北出[⑩]，再成而灭商，三成而南反，四成而南国是疆[⑪]，五成而分陕，周公左邵公右[⑫]，六成而复缀[⑬]，以崇其天子焉。众夹振焉而四伐[⑭]，所以盛威于中国。分陕而进，所以事蚤济[⑮]。久立于缀，所以待诸侯之至也。”

注释

①免席：避席，离席，离开座位。②请：请教。

③迟 zhì 矣而又久立于缀：表演者站在舞位上久久不动。迟，等待。缀，指表演者所处的位置。

④夫乐者，象成者也：音乐就是取象于以往的事实。

⑤总干而山立：将盾牌聚拢在一起，如山岭般站立。总，聚合，聚拢。干，盾牌。山立，像山一样站立。

⑥太公：即姜太公，又名姜尚、吕尚。西周初年任太师，辅佐周武王灭商，后封于齐。

⑦乱：乐曲的最后一章。⑧周、邵：指周公旦和邵公奭。

⑨始成：乐曲的第一章节。
成，乐曲一终为一成，指乐曲的一个段落。

⑩北出：北上出征殷商。

⑪南国是疆：使南方成为自己的疆土。

⑫“五成而分陕”句：第五章表示以陕为界，将国家分而治之，周公治理东方，邵公治理西方。

⑬复缀：各自返回原来站立的地方。

⑭众夹振焉而四伐：有表演者在舞者的两边摇动金铎，舞者则挥动矛戈随着铎声有节奏地向四方刺击。

夹振，指舞队两边有人夹着舞者摇动金铎（古代用来传布命令的大铃），表示周武王伐纣时鼓动士气的情节。

四伐，指舞者按铎声的节奏向四方击刺，以表示周武王东讨西伐，南征北战，威震四方。伐，一刺一击叫一伐。

⑮蚤济：蚤，通“早”。济，成，成功。

译文

宾牟贾站了起来，离开座位向孔子请教说：“《武》舞刚开始长时间击鼓儆诫众人的象征意义，已经知道是怎么回事了。那么请问乐舞开始后表演者站在自己的位置上，长时间地等待，这又是什么意思呢？”

孔子说：“坐下来，我告诉你。乐舞都是取象于已经发生过的事实的。将盾牌聚拢在一起，就像山岭一样站立着，这是武王时候的故事。猛烈地手舞足蹈，这是太公击败殷商的志向。《武》的结尾全体表演者都整齐地跪坐，象征着周公旦、邵公奭辅佐成王治理国家。再说《武》的那些章节，第一章表示武王北上出征殷商，第二章表示翦灭殷商，第三章代表事成南下，第四章表示占领南方诸国，第五章代表以陕为界限，分成两部分，周公治理陕以东的地方，邵公治理陕以西的地方。第六章的时候表演者都回到自己的位置上，表示天下诸侯都要尊崇天子。有表演者在舞者的两边摇动金铎，舞者则挥动矛戈随着铎声有节奏地向四方刺击，表示讨伐四方不愿服从的不义国家，显示了周的威严充斥于中国。舞者随后又分成两列前进，象征着分陕而治，表示战事早已成功。刚开始的时候表演者之所以久久地站在原地，就是为了等待四方诸侯前来共同灭商。”

五

“今汝独未闻牧野之语①乎？武王克殷而反商之政②，未及下车，则封黄帝之后于蓟③，封帝尧之后于祝④，封帝舜之后于陈⑤；下车又封夏后氏之后于杞⑥，封殷之后于宋⑦，封王子比干之墓⑧，释箕子⑨之囚，使人行商容之旧⑩，以复其位，庶民弛⑪政，庶士倍禄⑫。既济河西⑬，马散之华山之阳⑭而弗复乘，牛散之桃林之野而弗复服⑮，车甲则衅⑯之而藏之诸府库，以示弗复用。倒载⑰干戈而包之以虎皮，将率⑱之士使为诸侯，命之曰鞬櫜⑲，然后天下知武王之不复用兵也。散军⑳而修郊射㉑，左射以《狸首》，右射以《驺虞》㉒，而贯革㉓之射息㉔也；裨冕搢笏㉕，而虎贲之士脱剑㉖；郊祀后稷㉗，而民知尊父焉；配明堂㉘，而民知孝焉；朝觐，然后诸侯知所以臣；耕籍㉙，然后民知所以敬亲。六者天下之大教也。食三老五更于太学㉚，天子袒而割牲㉛，执酱而馈㉜，执爵而酳㉝，冕而总干㉞，所以教诸侯之弟㉟也。如此，则周道四达，礼乐交通㊱。夫《武》之迟久，不亦宜乎？”

注释

①牧野之语：即周武王牧野之战的传说。

周武王召集四方各国军队，大败殷师于牧野。

②武王克殷而反商之政：周武王攻克了殷都，就宣布要把当地的统治权交还给殷商的后裔。

此当是指武王封纣子武庚承殷之祀，统帅殷遗民。

③蓟：地名，在今北京市西南。

④祝：国名，在今山东长清县东北。

⑤陈：国名，在今河南濮阳与安徽亳县交接一带，相传武王封舜的后代妫满于此。

⑥杞：国名，在今河南省杞县，武王封夏禹后代东楼公于此。

⑦宋：国名，在今河南商丘，封商纣王庶兄微子启于此。

⑧封王子比干之墓：封，堆土成坟。比干，商纣王的叔伯父，屡次向纣王进谏，被剖心而死。与微子启，箕子合称撑殷商“三任”。

⑨箕子：纣王的叔伯父，封地在箕（今山西太谷），他曾因规劝纣王而遭囚禁，后被武王释放，居留镐京。

⑩行商容之旧：查访商容的下落。行，巡查，查访。

商容，商代的礼官，当时的贤人，传说他曾被纣贬斥，周武王灭商后，曾到他的家乡对其予以表彰。

⑪弛：解除，废弛。

⑫倍禄：俸禄翻倍。

⑬既济河西：周武王灭商之后，率军渡过黄河，还师镐京。济，渡过。

⑭华山之阳：华山的南面。华山，在今陕西省华阴县南。阳，指山的南面、水的北面。

⑮服：用，使用。

⑯衅 xìn：血祭。杀牲后，以牲血涂于所祭器物之上。

⑰载：置，放置。⑱率：通“帅”。

⑲鞬橐 jiāngāo：盛弓箭的器具，此处当为动词，意思是收藏。

⑳散军：解散军队。

㉑修郊射：在郊区的学官中修习射箭。

㉒《狸首》《驺虞》：皆为射礼中用来表示节奏的音乐。

㉓贯革：穿透皮革。贯，穿透，贯穿。

㉔息：止，停息。

㉕裨冕搢笏：臣子们身穿礼服，头戴官帽，腰插笏板。裨，古代祭祀时穿的次等礼服。搢，插。笏，古代朝见时大臣所执的手板。

㉖虎贲之士脱剑：战士们都解下自己的佩剑。虎贲之士，指勇猛的战士。脱，解，解下。

㉗后稷：周的始祖，名弃。

㉘明堂：古代帝王宣明政教的地方，凡朝会、祭祀、庆赏、选士、养老、教学等大典，均在此举行。

㉙耕籍：即“籍礼”。每逢春耕前，由天子诸侯执耒耜在籍田上来回推几次，作为象征性礼仪，以示重农。

㉚食三老五更于太学：在太学中宴请三老五更。古代朝廷设三老五更之位，天子需以父兄之礼养之，以示敬老。

㉛袒而割牲：袒露左臂，亲自切割牲肉。

㉜执酱而馈：拿着肉酱向他们进献。酱，肉酱。馈，进献食物。

㉝执爵而酳 yìn：天子亲自端着酒爵请三老五更们饮酒漱口。爵，酒爵。酳，古代的一种礼节，在宴会或祭祀时，食毕以酒漱口。

㉞冕而总干：戴上帽子，手持盾牌跳舞。

㉟弟：同“悌”。尊敬兄长。

㊱交通：通行于各处。

译文

“到现在你还没有听说过武王牧野之战的传说吧？武王在灭掉殷商之后，就把治理殷商遗民的权力交给了殷商后裔。

还没有进入商都，就决定把黄帝的后裔封在陈，把尧的后裔封在祝，把帝舜的后裔封在陈；进入商都之后，又把夏后氏的后裔封在杞，把殷商的后裔封在宋，整修王子比干的坟墓，释放了被囚禁的箕子，派人去查访商容的下落，而且恢复了他的官位。解除了压在庶民身上的苛政，官吏的俸禄也得到了成倍的增加。渡过黄河，回到镐京之后，将战马都散放于华山的南面而不再去乘用，把牛都散放于桃林之野不再使用，在战车和铠甲上都涂上牲口的血并且藏在府库中，以表示永不使用。将盾牌，长矛等都倒置并且包上虎皮，把将帅都分封各地去做诸侯，这些行动总称为‘鞬櫜’，即封存战争物资。之后全天下都知道武王不会再用兵征战了。将军队解散而到郊外的学宫中去修习射箭，在东边的学宫修习射箭的时候，奏《狸首》之乐，在西边的学宫中修习射箭的时候，奏《驺虞》之乐，如此则能穿透皮革的射箭行为就会停止了；臣子们身穿礼服，头戴官帽，腰插笏板，将士们也要把配剑解下来；在郊外举行祭祀后稷的礼仪，那么百姓都知道尊敬父辈长者了；在明堂里祭祀天地而以祖先配享，那么百姓就都会知道孝顺父母了；施行朝觐之礼，然后诸侯就会知道该怎样臣服于天子了；亲自参加耕籍之礼，然后百姓就会知道尊敬双亲。这六项，是天下最重要的教化。在太学中宴请三老五更，天子袒露左臂，亲自切割牲肉，拿着肉酱向他们进食，食罢，又亲自端着酒杯请他们漱口，然后，天子戴着帽子，拿着盾牌跳起舞来，这就是为了教导诸侯们懂得尊敬兄长。这样的话，周朝的教化就会达于四方，礼乐也会通行于各处。如此看来，《武》舞开始的时候表演者站在原地久久地等待，不也是很应当的吗？”

问　玉

题解

本篇的篇名取自于第一章，孔子将玉的品性与君子的德行联系在一起，阐释了“君子贵玉”的原因，故以“问玉”为篇名。

本篇第二部分记述了孔子关于六经之教的思想。六经是儒家思想的载体，其中灌注了孔子的教化思想。孔子之所以重视六经，就是因为六经中包含了先王修身和教化的思想。六经穿越数千年而历久弥新，就在于其中包含着修身、治国思想的缘故。

一

子贡问于孔子曰：“敢问君子贵玉而贱珉[①]，何也？为玉之寡而珉多欤？”孔子曰：“非为玉之寡故贵之，珉之多故贱之。夫昔者君子比德于玉：温润而泽，仁也；缜密以栗[②]，智也；廉而不刿[③]，义也；垂之如坠，礼也；叩之，其声清越而长，其终则诎然[④]，乐矣；瑕[⑤]不掩瑜[⑥]，瑜不掩瑕，忠也；孚尹旁达[⑦]，信也；气如白虹，天也；精神见于山川，地也；圭璋特达[⑧]，德也；天下莫不贵者，道也。《诗》云：‘言念君子，温其如玉。[⑨]’故君子贵之也。”

注释

①珉 mín：似玉的美石。

②缜密而栗：细密而坚实。栗，坚实，坚硬。

③廉而不刿：有棱角而不伤人。廉，有棱角。刿，割伤，划伤。

④诎 qū 然：戛然而止的样子。

⑤瑕：玉上面的斑点。

⑥瑜：玉的光彩。

⑦孚尹 yún 旁达：晶莹剔透，闪耀四方。

孚，通“浮”。尹，通“筠”。指玉的色彩。

⑧达：通达，尊贵。

⑨“言念君子”句：出自《诗经·秦风·小戎》。

想念远方的君子啊，温厚如同碧玉般。言，发语词，无实意。

译文

子贡问孔子说：“我想冒昧地问老师，君子都把玉看得很贵重，而把珉看得很轻，这是为什么呢？是因为玉的数量很少而珉的数量很多吗？”孔子说：“并不是因为玉少就把它看得贵重，也不是因为珉很多就把它看得轻贱。从前君子都把德行比作玉：温润而有光泽，这就好比是仁；细密而坚实，这就好比是智慧；有棱角但是却不会划伤人，这就好比是义；悬吊着就会往下坠，这就好比是礼；敲打它，就会发出清脆而悠扬的声音，结束的时候戛然而止，这就好比是乐；瑕不掩瑜，瑜不掩瑕，这就好比是忠；玉的光泽晶莹剔透，闪耀四方，这就好比是信；玉身上的光气如同白色的长虹，这就好比是天；玉的精神同于山川，这就好比是地；玉做的圭璋特别的尊贵，这就好比是道。《诗经》上说：‘想念远方的君子啊，温厚如同碧玉般。’因此君子都会以玉为贵。”

二

孔子曰："入其国，其教可知也。其为人也，温柔敦厚[1]，《诗》教也；疏通知远，《书》教也；广博易良[2]，《乐》教也；洁静精微[3]，《易》教也；恭俭庄敬[4]，《礼》教也；属辞比事[5]，《春秋》教也。故《诗》之失愚[6]，《书》之失诬[7]，《乐》之失奢，《易》之失贼[8]，《礼》之失烦[9]，《春秋》之失乱。其为人也，温柔敦厚而不愚，则深于《诗》者矣；疏通知远而不诬，则深于《书》者矣；广博易良而不奢，则深于《乐》者矣；洁静精微而不贼，则深于《易》者矣；恭俭庄敬而不烦，则深于《礼》者矣；属辞比事而不乱，则深于《春秋》者矣。

天有四时者，春夏秋冬，风雨霜露，无非教也。地载神气，吐纳雷霆，流形庶物[10]，无非教也。清明在躬[11]，气志如神，有物将至，其兆必先。是故，天地之教与圣人相参[12]。其在《诗》曰：'嵩高惟岳，峻极于天。惟岳降神，生甫及申。惟申及甫，惟周之翰。四国于蕃，四方于宣。[13]'此文武之德。'矢其文德，协此四国[14]'，此文王之德也。凡三代之王，必先其令问[15]。《诗》云：'明明天子，令问不已。[16]'三代之德也。"

注释

①温柔敦厚：温和宽厚。②广博易良：宽广博大，平易善良。

③洁净精微：内心纯净，明于微毫。

④恭俭庄敬：恭敬节俭，仪态端庄。

⑤属辞比事：连缀文辞，排比史事。⑦诬：失实，不真实。
⑧贼：悖谬，不正。⑨烦：繁琐。
⑩流形庶物：万物在自然的滋润下生长繁育。
⑪躬：身，自身。⑫参：比，并，参互。
⑬"嵩高惟岳……四方于宣四"句：山岳巍巍，直入云端。神灵降临，甫侯、申伯生于人间。正是申伯和甫侯，成为周的中流砥柱。使四方各国来屏卫，天子的德行传于四方。语出《诗经·大雅·崧高》。嵩，山大而高。岳，高大的山。甫，即甫侯。申，即申伯。翰，干。
⑭"矢其文德"句：语出《诗经·大雅·江汉》。宣扬文德，协和万方。王肃注："《毛诗》：'矢其文德。'矢，陈。协，和。"协，今本《毛诗》作"洽"。
⑮令问：美誉。令，美好的。问，通"闻"。声闻，声誉。
⑯明明天子，令问不已：见《诗经·大雅·江汉》。勤勉的天子，美好的声闻从不间断。明明，即"勉勉"。勤勉的样子。

译文

孔子说："进入到一个国家，就可以看到它的教化。那里的百姓温和宽厚，这就是以《诗经》教化的结果；博古通今而且有远见，这就是以《书》教化的结果；宽广博大平易善良，这就是以《乐》教化的结果；内心洁净明于微毫，这就是以《易》教化的结果；恭敬节俭仪态端庄，这就是以《礼》教化的结果；连缀文辞排比史事，这就是以《春秋》教化的结果。因此以《诗经》教化的不足就是容易愚钝不知变通；以《书》教化的不足就是容易失去事物的真实性；以《乐》教化的不足就在于容易导致奢侈；以《易》教化的不足就是容易产生怪诞而伤害正道；以《礼》教化的不足就是容易导致礼仪的繁琐；以《春秋》教化的不足就是容易导致社会的纷乱。如果为人温和宽厚而且不愚钝，那么他必是深谙于《诗经》的；如果为人博古通今有远见而且所记之事都不失实，那必是深谙于《书》的；如果为人宽广博大平易善良而且不奢侈的，那必是深谙于《乐》的；如果为人内心洁净明于秋毫而且合于正道的，那必是深谙于《易》的；如果为人恭敬节俭仪态端庄而且不繁琐的，那必是深谙于《礼》的；连缀文辞排比史事而不混乱，那必是深谙于《春秋》的。

“天地有春夏秋冬四个季节，以及风霜雨露等现象，这些无不和教化有关。大地负载着万物之精气，变化出风雨雷霆，万物都在自然的滋养下生长发育，这些也无不和教化有关。清明之德在于己身，气志如有神助，将要有新事物出现的时候，必然会有预先的征兆出现。因此，天地的教化与圣人的教化是相互参成的。在《诗经》上有这样一句话：‘山岳巍巍，直入云端。神灵降临，甫侯、申伯生于人间。正是申伯和甫侯，成为周的中流砥柱。使四方各国来屏卫，天子的德行传于四方。’这就是文王、武王的德行。宣扬文德，协和万方，这是文王的德行。凡是三代时候的圣明君王，在其称王之前必是已经有了美好的声誉。《诗经》上说：‘勤勉的天子，美好的声誉从不间断。’这就是三代圣王的德行。”

三

子张问圣人之所以教。孔子曰：“师乎，吾语汝。圣人明于礼乐，举而措[①]之而已。”子张又问。孔子曰：“师，尔以为必布几筵[②]，揖让升降，酌献酬酢[③]，然后谓之礼乎？尔以必行缀兆[④]，执羽籥[⑤]，作钟鼓，然后谓之乐乎？言而可履[⑥]，礼也；行而可乐，乐也。圣人力[⑦]此二者，以躬己南面[⑧]。是故天下太平，万民顺伏，百官承事，上下有礼也。夫礼之所以兴，众之所以治也；礼之所以废，众之所以乱也。目巧之室则有隩阼[⑨]，席则有上下，车则有左右，行则并随[⑩]，立则有列序，古之义也。室而无隩阼，则乱于堂室矣；席而无上下，则乱于席次矣；车而无左右，则乱于车上矣；行而无并随，则乱于阶涂[⑪]矣；列而无次序，则乱于着[⑫]矣。昔者明王圣人，辩贵贱长幼，正男女内外，序亲疏远近，而莫敢相逾越者，皆由此涂[⑬]出也。”

注释

①措：施行。

②几筵：几，几案。筵，竹制的垫席。

③酌献酬酢 zuò：酌，斟酒。献，献酒。酬，主人向客人敬酒。酢，客人向主人敬酒。

④缀兆：跳舞时的行列位置。

⑤羽龠 yuè：舞者所持的舞具和乐器。

⑥履：施行，践行。

⑦力：勉励施行，力行。

⑧南面：古代以坐北朝南为尊位。天子诸侯接见群臣皆南面而坐。

⑨目巧之室则有隩阼 àozuò：目测巧思建造之房屋，则有内室与台阶之分。目巧之室，指用目测巧思建造的房子。隩，室中的西南角，是尊贵的位置。阼，东面的台阶，主人迎接宾客的地方。

⑩行则并随：并行和随行。

⑪涂：路途，道路。

⑫着：站立的位置。

⑬涂：同“途”。引申为道，道理。

译文

子张向孔子请教圣人是怎样施行教化的。

孔子说：“子张啊，我告诉你。圣人明于礼乐教化，只不过是把他们施行于天下而已。”

子张没有听明白，又问了一遍。

孔子说：“子张，你以为必须摆下案几筵席，彼此揖让周旋，斟酒献客，相互敬酒，才能叫做礼仪吗？你以为必须排列好舞者的位置，拿着舞具和乐器，敲钟击鼓，才能叫做乐吗？说过的话能够去施行，这就是礼；做起来能够感受到快乐，这就是乐。圣人力行这几个方面，南面而坐，治理天下。因此天下太平，百姓顺服，百官尽职，上下之间恭顺有礼。礼制能够兴盛，百姓就会得到治理；礼制废弛，社会就会混乱。通过目测巧思所建造的房屋必然会有隩阼之分；坐席也会有上下之分，坐在车上就会有左右尊卑之分，走路的时候就会有并行和随行的区别，站着的时候也有队列的顺序，这都是自古已然的道理。房屋如果没有隩阼的区分，那么堂室的制度就混乱了；坐席没有上下之分，筵席的秩序也就混乱了；坐车没有左右尊卑之分，那么车上的秩序也混乱了；走路的时候没有前后顺序，那么走路的秩序也混乱了；队列没有顺序，人们的位置就混乱了。昔日明王圣人区分贵贱长幼，端正男女内外的区别，排列亲疏远近的等级关系，没有敢逾越的，这都是根据这个道理而来的。”

本姓解

题解

本篇追述了孔子的先世，所以名之曰“本姓”。

孔子本商汤后裔，其先祖乃宋国国君，其十世祖弗父何是宋襄公之子，本当继承宋国君位，但是却让位于其弟，因此说孔子乃圣人之后。孔子虽无圣人之位，却有圣人之德，所以称孔子为素王。

一

孔子之先，宋之后也。微子启[①]，帝乙[②]之元子[③]，纣之庶兄。以圻[④]内诸侯，入为王卿士。微，国名，子，爵。初，武王克殷，封纣之子武庚于朝歌[⑤]，使奉汤祀[⑥]。武王崩，而与管、蔡、霍三叔作难[⑦]。周公相[⑧]成王，东征之。二年，罪人斯得，乃命微子于殷后，作《微子之命》[⑨]，由之与国[⑩]于宋，徙殷之子孙。唯微子先往仕周，故封之贤[⑪]。其弟曰仲思，名衍，或名泄，嗣微之后，故号微仲，生宋公稽。胄子[⑫]虽迁爵易位，而班级[⑬]不及其故者，得以故官为称。故二微虽为宋公，而犹以微之号自终，至于稽乃称公焉。宋公生丁公申，申生缗公共及襄公熙，熙生弗父何及厉公方祀，方祀以下，世为宋卿。

注释

①微子启：殷纣王的同母庶兄，封于微。殷亡后投周朝，因纣子武庚叛乱，微子启被封于宋。

②帝乙：商王名，为微子启和商纣王的父亲。③元子：长子。

④圻：通“畿”。指京城四周千里之地。

⑤朝歌：殷代末期的别都，在今河南淇县。

⑥奉汤祀：承奉对商汤的祭祀。

⑦“与管、蔡、霍”句：是指武庚联合管叔、蔡叔、霍叔三监作乱，后被周公平定。⑧相：辅佐。

⑨《微子之命》：《尚书》中的一篇，记载了周公平定叛乱之后，封微子启于宋之事。⑩与国：分封国家。与，给。

⑪贤：多。⑫胄子：古代帝王或者贵族的长子。

⑬班级：官爵等级。

译文

孔子的先世，是宋国的后裔。微子启，是商王帝乙的长子，商纣王的庶兄。他以王畿内诸侯的身份，得以入朝为纣王的卿士。微是国名，子是爵位。起初，武王克殷的时候，把商纣王的儿子武庚封在朝歌，让他来承奉商汤的祭祀。武王去世之后，武庚与管叔、蔡叔、霍叔三监共同作乱。周公辅佐成王，东征武庚及三叔。两年之后，有罪之人就得到了应有的惩罚，周公于是就让微子启来继承商的国祚，还作了《微子之命》，因此就将其分封在宋国，并且迁徙了殷商的移民。因为微子启首先去周朝做官，因此封赐给他的东西很多。他的弟弟叫做仲思，名衍，或者泄，继承微子启做了宋的国君，因此称他为微仲，微仲生子宋公稽。天子或者国君的长子如果变换了官爵，但是等级还不如以前，就用以前的旧的官爵来称呼。因此微子启及微仲虽然做了宋国的国君，但是还以微作为称号，一直到微仲死去，直到稽的时候才称宋公。宋公生丁公申，申生缗公共以及襄公熙，熙生弗父何以及厉公方祀，从方祀以下，孔子的先祖世世代代都做宋国的卿士。

二

弗父何生宋父周，周生世子胜，胜生正考甫，考甫生孔父嘉。五世亲尽，别为公族[①]，故后以孔为氏焉。一曰，孔父者，生时所赐号也，是以子孙遂以氏族[②]。孔父生子木金父，金父生睪夷，睪夷生防叔，避华氏之祸而奔鲁[③]。防叔生伯夏，伯夏生叔梁纥。曰："虽有九女，是无子。"其妾生孟皮，孟皮一字伯尼，有足病。于是乃求婚于颜氏。颜氏有三女，其小曰徵在。颜父问三女曰："陬大夫[④]虽父祖为士，然其先圣王之裔。今其人身长十尺，武力绝伦，吾甚贪[⑤]之，虽年长性严，不足为疑[⑥]，三子孰能为之妻？"二女莫对，徵在进曰："从父所制[⑦]，将何问焉？"

父曰："即尔能矣。"遂以妻之。

注释

①五世亲尽，别为公族：古代行嫡长子继承制以及五服制，五世之后，血缘关系逐渐疏远，故分出别为一族，另立氏号。

②氏族：以之作为自己氏族的氏。氏，动词，以……为氏。

③避华氏之祸而奔鲁：孔父嘉为宋大司马，其妻貌美，太宰华督欲夺之，后遂杀孔父嘉。其子木金父降为士，孔氏受

排挤，不容于华氏，防叔遂奔鲁。

④陬大夫：即叔梁纥。陬，鲁国邑，在今山东曲阜东南五十里，叔梁纥因功封陬邑大夫。

⑤贪：欲，希望，希求。⑥疑：疑虑，顾虑。⑦制：定，裁定。

译文

弗父何生宋父周，周生世子胜，胜生正考甫，正考甫生孔父嘉。从弗父何到孔父嘉，已经出了五服，与宋国公室的亲缘已尽，因此需要分开另立一族，因此就以孔为氏号。另外一种说法是，孔父是孔父嘉在世的时候被赐予的称号，因此子孙就以孔作为自己氏族的氏号。孔父嘉的儿子叫木金父，金父生睪夷，睪夷生孔防叔，孔防叔为了躲避华督的祸害就逃奔到了鲁国。孔防叔生伯夏，伯夏生叔梁纥。叔梁纥说："我虽然生了九个女儿，但是却没有一个儿子。"他的小妾生了一个儿子叫孟皮，孟皮一字伯尼，但是他的脚有残疾。于是叔梁纥就求婚于颜氏。颜氏有三个女儿，最小的女儿叫颜徵在。颜父问三个女儿："陬大夫叔梁纥的父亲和祖父虽然都是士，但是他却是古代圣王商汤的后代。如今叔梁纥身高十尺，武艺高超，我非常希望你们有谁能嫁给他。虽然他年纪大了而且脾性暴躁，但是这都不值得疑虑。你们三人谁愿意做他的妻子呢？"其他的两个女儿都没有说话，只有徵在向前说道："听从父亲的裁决，还有什么好问的呢？"颜父说："就是你肯这样做了。"于是就把颜徵在嫁给了叔梁纥。

三

徵在既往，庙见①，以夫之年大，惧不时②有男，而私祷③尼丘之山④以祈⑤焉。生孔子，故名丘，字仲尼。孔子三岁，而叔梁纥卒，葬于防[6]。至十九，娶于宋之并官氏[7]。一岁而生伯鱼。鱼之生也，鲁昭公以鲤鱼赐孔子。荣君之贶[8]，故因以名曰鲤，而字伯鱼。鱼年五十，先孔子卒。

注释

①庙见：古婚礼，妇女嫁到夫家，第二天天明才能见夫之父母，若夫之父母已死，则于三月后到庙中参拜，称庙见，这才能成为夫家之妇，然后择日而祭。

②不时：不及时。③祷：祷告，祈祷。

④尼丘之山：即尼山，在今山东曲阜东南约五十里，有夫子洞，相传为孔子出生地。

⑤祈：祈祷，祈求。

⑥防：即防山，在曲阜东三十里，有梁公林，为孔子父母葬处。

⑦并官氏：当作“亓官氏”。⑧贶 kuàng：赐，赐予，赠送。

译文

徵在嫁到孔家之后，举行了庙见之礼。因为丈夫的年龄较大，担心不能及时怀上男孩，因此就偷偷地到尼山去祈求生子。后来生了孔子，因此就起名为丘，字仲尼。孔子三岁的时候叔梁纥就去世了，葬于防山之阳。孔子到了十九岁的时候，娶了宋国的亓官氏之女为妻。过了一年就生下了伯鱼。伯鱼出生的时候，鲁昭公正好赏赐了孔子鲤鱼。承蒙国君的赏赐，因此就取名为鲤，字伯鱼。伯鱼五十岁的时候，先孔子而死。

四

齐太史子与适鲁，见孔子。孔子与之言道。子与悦，曰："吾鄙人[1]也，闻子之名，不睹子之形久矣，而求知之宝贵也。乃今而后知泰山之为高，渊海之为大。惜乎，夫子之不逢明王，道德不加于民，而将垂[2]宝以贻[3]后世。"

注释

①鄙人：粗鄙固陋之人。②垂：流传下去，流传。

③贻：贻留，流传。

译文

齐国的太史子与到鲁国去，拜见了孔子。孔子与他谈论道义。子与十分高兴，说："我真是粗鄙固陋之人啊，听说过您的名字已经很久了，但是却一直没见过您的样子。我在您这儿学到的知识是很宝贵的，从今以后我终于知道了泰山有多么高，大海有多么宽广。可惜啊，先生您没有遇见圣明的君王，您的道德教化没有办法推行于百姓之中，但是以后必将会留给后世无穷的珍宝。"

五

遂退而谓南宫敬叔[1]曰："今孔子先圣之嗣，自弗父何以来，世有德让[2]，天所祚[3]也。成汤以武德王天下，其配在文[4]。殷宗[5]以下，未始有也。孔子生于衰周，先王典籍，错乱无纪，而乃论百家之遗记，考正[6]其义，祖述尧舜，宪章文武[7]，删《诗》述《书》，定《礼》理《乐》，制作《春秋》，赞明[8]《易》道，垂训后嗣，以为法式，其文德著矣。然凡所教诲，束脩[9]已上，三千余人。或者天将欲与素王[10]之乎，夫何其盛也。"

敬叔曰："殆[11]如吾子之言，夫物莫能两大[12]，吾闻圣人之后，而非继世之统，其必有兴者焉。今夫子之道至矣，乃将施之无穷。虽欲辞天之祚，故未得耳。"

子贡闻之，以二子之言告孔子。子曰："岂若是哉？乱而治之，滞而起之，自[13]吾志，天何与焉。"

注释

①南宫敬叔：孔子弟子，孟僖子之子。

②自弗父何以来，世有德让：孔子的十世祖弗父何本来是襄公的太子，按理应该继承宋国君位，但是却将王位让给自己的弟弟厉公。此句即以此事而言。

③祚：保佑，赐福。

④文：文德，即文治教化。

⑤殷宗：指殷商历代君王。

⑥考正：考辩订正。考正文献使其正确之意。

⑦祖述尧舜，宪章文武：遵循尧舜的治国之道，效法文王、武王的典章制度。尧舜时间较早，因此只能祖述之；文王、武王距离较近，其典章制度尚在，故可以宪章效法。

⑧赞明：阐明。

⑨束脩：十条干肉。这在古代是薄礼。还有人说古代儿童十五岁行束脩礼，故以"束脩"代指十五岁。

⑩素王：指有帝王之德而无帝王之位的人，后专指孔子。素，空，白。

⑪殆：大概。

⑫两大：两全，两全其美。

⑬自：本，本来，原来。

译文

于是，太史子与退出来对南宫敬叔说："孔子是古代圣王商汤的后裔，自弗父何以来，世世代代都有德让的美称，这真是上天的保佑啊！成汤是依靠武德而统治天下的，与其相配的就是文德。但是自殷商帝王以来，却一直都没有出现过这样的人。孔子生活在周朝衰败的境地之中，先王的典籍早已错乱无序，于是孔子就论述了各个学派流传下来的记载，考辩订正了其中的内容，遵循尧舜的治国之道，效法文王、武王的典章制度，删定《诗经》，编述《书》，订正《礼》，整理《乐》，制作《春秋》，阐明《易》理，对后世垂训教化，以作为后世治理天下的法则。孔子的文德是非常显著的啊！他所教诲过的学生，行过束脩礼的就有三千余人。难道上天将要以他为素王吗？不然为何如此兴盛？"

南宫敬叔说："大概就像您说的那样，凡事都没有两全的。我听说圣人的后裔，如果不是继承大统的那个支脉，必将会有圣人出现。现在先生的学说已经达到极致了，他的思想必会长久地流行于后世。即使想要推辞上天的福佑，也是不可能的了。"

子贡听说了这些话，将两个人的谈话告诉了孔子。孔子说："怎么会像他们说的呢？天下混乱，所以我欲治理之；天下顿塞，所以我想疏导之。这本来就是我的志向，跟上天又有什么关系呢？"

终记解

题解

本篇记载了孔子去世之前的言行及其死后哀公和众弟子对孔子的哀悼。圣人亦有终老，故以“终记”为篇名。

自知寿将不长，孔子曳杖悲歌：“泰山其颓乎！梁木其坏乎！哲人其萎乎！”

孔子一生栖栖遑遑，不为世用，其临终哀叹，感人之心！

一

孔子蚤[①]晨作[②]，负手曳[③]杖，逍遥[④]于门，而歌曰：“泰山其颓[⑤]乎！梁木[⑥]其坏乎！哲人其萎[⑦]乎！”既歌而入，当户而坐。

注释

①蚤：通“早”。②作：起来。③曳：拖。

④逍遥：悠闲自得的样子。⑤颓：坍塌。

⑥梁木：栋梁。⑦萎：植物的枯萎，引申为人的死亡。

译文

孔子早上起来，背着手，拄着拐杖，在门口悠闲自得地散步，吟唱道：“泰山就要坍塌了，栋梁就要折坏了，圣人的生命就要终结了！”唱完歌就走进屋子，对着门口坐着。

二

子贡闻之，曰："泰山其颓，则吾将安仰[①]？梁木其坏，吾将安杖[②]？哲人其萎，吾将安放[③]？夫子殆将病也。"遂趋而入。夫子叹而言曰："赐[④]，汝来何迟？予畴昔[⑤]梦坐奠于两楹之间[⑥]。夏后氏殡[⑦]于东阶之上则犹在阼[⑧]，殷人殡于两楹之间即与宾主夹之，周人殡于西阶之上则犹宾之，而丘也即殷人。夫明王不兴[⑨]，则天下其孰能宗[⑩]余，余逮将死。"

遂寝病，七日而终，时年七十二矣。

注释

①仰：仰望。②杖：通"仗"。依托，依靠。

③放 fǎng：通"仿"。效仿、效法。

④赐：子贡，名赐，孔子高徒。⑤畴昔：往昔，过去，从前。

⑥两楹之间：堂屋正中的位置。⑦殡：停柩，安放棺材。

⑧阼 zuò：堂前东阶，主人迎接客人的位置。

⑨兴：出现。⑩宗：尊奉，尊崇。

译文

子贡听见了，说："泰山如果坍塌了，将来我们仰望什么？栋梁如果毁坏了，将来我们依靠什么？圣人的生命如果终结了，将来我们效仿谁？老师大概是病重了。"于是赶快走进去拜见孔子。孔子感慨地说："赐啊，你怎么才来啊？前些日子我曾经梦见自己坐在两楹之间接受祭奠。夏朝的人把灵柩停放在东阶之上，那是主人迎接客人的位置；殷人把灵柩停放在两楹之间，那是介于主客之间的位置，周人把灵柩停放在西阶之上，那是宾客所在的位置，而我孔丘是殷人的子孙啊。

倘若没有贤明的君王出现，那么天下有谁能够尊奉我的思想学说呢？我大概快要死了。”不久，孔子卧病在床，七天后去世了，享年七十二岁。

三

哀公诔[①]曰：“昊天不吊[②]！不慭[③]遗一老，俾屏[④]余一人以在位，茕茕[⑤]余在疚[⑥]，於乎哀哉，尼父[⑦]！无自律。”子贡曰：“公其不没[⑧]于鲁乎！夫子有言曰：‘礼失则昏，名失则愆。失志为昏，失所为愆[⑨]。’生不能用，死而诔之，非礼也；称一人，非名[⑩]。君两失之矣。”

注释

①诔 lěi：在丧礼中叙述死者德行，表示哀悼。

②吊：吊唁，祭奠死者。③慭 yìn：愿意，宁愿。

④俾屏 bǐbǐng：俾，使。屏，除去，放弃，放逐。

⑤茕茕 qióng：孤独的样子。⑥疚：感到痛苦、悔恨或惭愧。

⑦尼父：指孔子。父，古时对男子的尊称。

⑧没 mò：同“殁”。死亡。

⑨失所为愆：不讲身份名位就会有差失。失所，指不在其应处之所。愆，过错，差错。

⑩一人：王肃注：“一人，天子之称也。”

译文

哀公哀悼孔子说：“苍天不怜悯我啊，不愿意留下这位仁慈的老人，让我一个人居于王位，孤单难过，忧伤成疾！唉，尼父啊，失去你，我再也没有可以学习效仿的人了！”子贡说：“国君您大概不想在鲁国善终了吧！夫子曾经说过：‘丧失礼仪就会昏暗不清，丧失名分就会出现差错。失去理智就会迷茫，不讲身份名位就会出错。’老师生前没有得到您的重用，他去世了您却又哀悼他，这不合礼仪；自称为‘一人’，和您国君的身份不相符。您把礼仪和名份都失去了啊。”

四

既卒[①]，门人所以疑服[②]夫子者，子贡曰："昔夫子之丧[③]颜回也，若丧其子而无服，丧子路亦然。今请丧夫子如丧父而无服。"于是弟子皆吊服而加麻。出有所之，则由绖[④]。子夏曰："入宜绖可居，出则不绖。"子游曰："吾闻诸夫子：丧朋友，居则绖，出则否；丧所尊，虽绖而出，可也。"

注释

①卒：死。

②服：丧服。古代丧礼按照死者与服丧者关系的亲疏远近有斩衰、齐衰、大功、小功、缌麻五种不同的丧服，表示不同的丧期。

③丧：守丧礼，办丧事。

④绖 dié：古代丧服中的麻带，系在腰间或者头上。

译文

孔子去世后，弟子们不知道该穿什么样的丧服来哀悼老师。子贡说："以前先生为颜回服丧的时候，就像为自己的儿子服丧一样，但是没有穿丧服，为子路服丧的时候也是这样。那么现在大家就应该像为自己的父母服丧一样来为老师服丧，也不必穿戴相应的丧服。"于是，孔门弟子就都穿上丧服并且系上麻带。出门的时候就只束上麻带。子夏说："在家里的时候可以束着麻带，出门的时候就没有必要再束了。”子游说：“我记得先生曾经说过：为朋友服丧在家里束着麻带，出门的时候就不必了；为自己尊敬的人服丧，即使外出，束着麻带也是允许的。”

五

孔子之丧，公西①掌殡葬焉。唅以疏米三贝②，袭衣十有一称③，加朝服一，冠章甫④之冠，珮⑤象环，径五寸而綦组绶⑥，桐棺四寸，柏棺五寸。饬庙置翣⑦。设披⑧，周也；设崇⑨，殷也；绸⑩练、设旐⑪，夏也。兼用三王⑫礼，所以尊师，且备⑬古也。

注释

①公西：姓氏，指公西赤，字子华，孔子的弟子。

②唅 hàn 以疏米三贝：口里含着粳米和三贝。唅，古代的一种葬仪，殡殓时把珠、玉、贝、米之类放在死人嘴里。疏米，粳米。

③袭衣十有一称 chèn：穿着十一套衣服。

袭衣，整套的衣服。称，指配合齐全的一套（衣服）。

④章甫：古代成年男子戴的一种礼帽。⑤珮：佩带。

⑥径五寸而綦 qí 组绶：直径为五寸用苍艾色的丝带系好。

綦，苍艾色。组，一种有花纹的用丝织成的阔带子。

绶，指佩玉上系玉的丝带。

⑦饬庙置翣 shà：灵柩停放的地方也作了装饰，棺柩外也装置了翣扇。庙，灵柩停放的地方。翣，古时出殡时棺材上的装饰，扇形。

⑧披：古代的一种丧具，用布帛做成，供送葬的人使用。

⑨崇：旌旗四周的齿状装饰物。⑩绸：缠缚。

⑪旐 zhào：指出丧时在前面引路的旗子，俗称引魂幡。

⑫三王：指夏禹，商汤，周文王和武王。

⑬备：使具备，齐备，完备。

译文

在为孔子办理丧事期间，殡葬事宜是由公西赤负责的。把粳米和三贝放入孔子口中含着，置备了十一套衣服，外加上朝的官服一套，头戴着章甫帽子，佩带着象牙环佩，它直径五寸大小并用苍艾色的丝带系好，四寸厚的内棺是由桐木做成的，五寸厚的外棺是由柏木做成的。就连灵柩停放的地方也稍作了装饰，棺柩外还装置了翣扇。按照周朝的礼仪设置了披具；按照殷人的礼仪设置了崇牙，按照夏人的礼仪用白帛制成了引魂幡。兼用三代君王的礼仪，不但是为了尊敬老师，同时也是为了使古代的礼制能够保存下来。

六

葬于鲁城北泗水上，藏入地，不及泉。而封为偃斧之形，高四尺，树松柏为志①焉。弟子皆家于墓，行心丧之礼。既葬，有自燕来观者，舍于子夏氏②。子贡谓之曰："吾亦人之葬圣人，非圣人之葬人。子奚观焉？昔夫子言曰：'见吾封若夏屋③者，见若斧矣。'从若斧者也，马鬣④封之谓也。今徒一日三斩板而以封，尚⑤行夫子之志而已。何观乎哉！"

注释

①志：标记，记号。②子夏氏：子夏，孔子的学生。

③夏屋：在夏朝流行的中间高四周低的房屋。

④马鬣 liè：长在马颈上的长毛。⑤尚：几乎，差不多。

译文

孔子去世以后，弟子们把他安葬在鲁国都城北部的泗水边上，棺木下葬没有触碰到地下的泉水，坟墓垒封成仰斧状，高四尺，旁边种上松柏作为标志。弟子们都为他守丧三年，内心充满了悲痛之情。安葬完毕以后，有人从燕国赶过来观丧，住在子夏家里。子贡对他说："我们这是普通人安葬圣人，又不是圣人安葬普通人，有什么可观看的呢？以前老师就说过：'我见过把坟墓筑成像夏朝的房屋状的，也见过像斧子状的。'我赞成这种斧状的坟墓，民间把它称为马鬣封。作为老师的弟子，我们为他筑坟，也就是在一天中换了三次板来封土，基本上表达了老师生前的愿望罢了。有什么可参观的呢？"

七

二三子①三年丧毕，或②留或去，惟子贡庐③于墓六年。自后群弟子及鲁人处于墓如家者，百有余家，因名其居曰孔里焉。

注释

①二三子：孔子本人及别人对其弟子的称呼。

②或：有的。

③庐：临时搭盖小屋居住。

译文

孔子的弟子们服完三年之丧以后，有的在当地留了下来，有的离开了，唯有子贡一待就是六年。自此以后，众多弟子及鲁国人在孔子墓边安家落户的，有一百多家，于是就把这个地方命名为孔里。